东北师范大学文库
DONGBEI SHIFAN DAXUE WENKU

古代西亚塞姆语和印欧语楔形文字和语言

吴宇虹等　著

东北师范大学出版社
长　春

图书在版编目（CIP）数据

古代西亚塞姆语和印欧语楔形文字和语言/吴宇虹等著. —2 版. —长春：东北师范大学出版社，2015.3
（2024.8重印）

ISBN 978 - 7 - 5681 - 0365 - 7

Ⅰ.①古…　Ⅱ.①吴…　Ⅲ.①塞含语系—研究—西亚—古代　②印欧语系—研究—西亚—古代　③楔形文字—研究—西亚　Ⅳ.①H67　②H7

中国版本图书馆 CIP 数据核字（2015）第 006721 号

□责任编辑：梅亦粿　□封面设计：李冰彬
□责任校对：张含鋆　□责任印制：刘兆辉

东北师范大学出版社出版发行
长春净月经济开发区金宝街 118 号（邮政编码：130117）
网址：http：//www.nenup.com
东北师范大学出版社激光照排中心制版
河北省廊坊市永清县晔盛亚胶印有限公司
河北省廊坊市永清县燃气工业园榕花路 3 号（065600）
2015 年 3 月第 2 版　2024 年 8 月第 3 次印刷
幅面尺寸：148mm×210mm　印张：11.625　字数：340 千

定价：65.00 元

目　录

第一编　阿卡德语楔形文字入门

第二编 赫梯语法初探

第三编 古代乌旮瑞特塞姆语楔形字母文字语法研究

第一编

阿卡德语楔形文字入门

东北师范大学
世界古典文明史研究所

亚述学和楔形文字基本知识

第一节：体　例

本书前十二课讲解阿卡德语经典时期的古巴比伦语法，后五课（13—17课）介绍其他时期的语法特点和语音变化，课后均附有部分引用的 *Caplice*，*Introdution to Akkadian* 一书中的练习题。全书附录有关于古代两河流域使用的数字、日期度量衡进位和换算表、练习答案和单词表。

学生掌握阿卡德语的语法知识和单词以及苏美尔语词符的主要手段是循序渐进地做练习，同时也要有意地背诵语法变化表格和单词。全书省略了总词汇表，每课后面列出于练习中出现的拉丁化单词表。我们知道，直接阅读阿卡德语楔形文献需要正确地选择一符多音、多意的楔形符号在不同行文中的不同读音，直接学习楔形文献对初学者来说难度较大，所以，本书的阿卡德语练习主要是以学者们已经拉丁化了的音译形式出现，但同时也提供了少量的楔形符号练习题。

楔形文字符号及其音值和词符在书中逐渐增加，学生可以逐渐地提高选择楔形文字的音节符号的各种音值和苏美尔词符的能力。楔形符号练习中的字体没有用 Caplice 和一般教科书中的标准的新亚述字体，而是用了早期的复杂的乌尔第三王朝和巴比伦石刻古体符号。阿卡德语句子是从古巴比伦文献中选出的，符号表中的音值主要是古巴比伦语使用的常用值，但古巴比伦之后时期的主要音值也给出来了。

第二节：阿卡德语法著作和亚述学基本工具书

专门研究阿卡德语法的权威著作是 W. von Soden 所著的德文

Grundriss der Akkadischen Grammatik（GAG，第三版 1995）。Richard Caplice 的 *Introduction To Akkadian*（*Studia Pohl* 9，Biblical Instutute Press）一书以经典的古巴比伦语法为研究对象，用汉穆腊比①法典中的词汇和句子为例子和练习，系统而简明，本书的编写基本采用了他的体例和练习，但楔形符号采用了乌尔第三王朝时期苏美尔体即古巴比伦时期石刻体的字符，反映了文献的真实字体，并且增加了"晚期语法特点"一章。自亚述学建立以来，教授学生学习阿卡德语带有词汇和练习和原文选的语法书有许多种，下面介绍古典所图书馆现有的几种：

L. W. King（英国，大英博物馆助理司库），*First Steps in Assyrian, A Book for Beginners*。第一部分是基本语法带亚述体字符表、数符号、月名、偏旁部首、神名和地名表，楔形符号采用的现代人刻制的亚述印刷体符号，语法叙述详尽但杂乱，繁多，术语和符号陈旧。第二部分选用了 42 段新亚述印刷体楔形文进行拉丁化和翻译，包括汉穆腊比王铭、阿达德尼腊瑞第一以来等各种亚述王铭、新巴比伦和居如斯、大流士、安条克·索特等王铭、马尔杜克创世纪、洪荒故事、伊斯塔尔下地狱、伊斯塔尔的爱情、安朱鸟反叛、埃塔那骑鹰上天、鹰、蛇和太阳、阿达帕折断南风翅、埃腊颂、萨尔贡的传说、赞美诗和祷告词、驱邪咒语、新亚述书信、埃及阿马尔那信件、亚述星象学者的报告、古巴比伦法和格言、寓言等等。第三和第四部分是一些练习用的铭文选段和词汇表，无拉丁化，对初学者难度很大。本书内容丰富，但作用已被后来语法书取代。

S. Mercer（美国芝加哥、加拿大多伦多大学），*Assyrian Grammar*，带亚述体字符表和单词表，楔形符号采用的亚述体印刷符号，忽视了原始文献的手写字体的时代、地区和个人特点，楔形原文节选多，语法分析和论述简单粗糙（122 页中语法仅 65 页），主要是晚期的亚述语法和铭文，没有苏美尔语词符的发音，练习和文献全部为楔形文字，无拉丁化

① 旧译"汉谟拉比"，本文外文专译名均根据"东北师大古典所中西文专有名词对译字表"给出。

转写。作用已被后来语法书取代，不再使用。

A. Ungnad（德国），*Grammatik de Akkadischen*，Munchen，1949，德文，207页，比较系统、清晰地介绍了阿卡德语言，全部用拉丁化字母，词汇表、练习和阅读文选中没有楔形文字，有参考价值。

L. Lipin（俄国），*Akkadian Language*，Moscow 1973，苏联科学院东方学研究所，188页带亚述体字符表。除了语法形态外，还介绍了楔形文字的起源，在语音学和词汇学方面比较了阿卡德和其他塞姆语的关系。附有楔形字表，没有练习和词汇。有参考价值，不适合初学者。

K. Riemshcneider的德文书*Lehrbuch des Akkadischen*译成英文*An Akkadian Grammar*，Marquette University Press，Milwaukee，1974，27章251页加单独的46页词汇表，也很详尽地描述古巴比伦时期的语法及晚期的语法特殊变动，但书中无楔形符号练习和字符表，篇幅对初学者也多了一些。词汇和所有的句子练习（前19章）都是选自古巴比伦占卜文献，有些单调和脱离日常生活。从13章开始，句子练习之后增加了文献阅读，20章开始只有文献阅读，是一本有助于掌握语法功能、熟记词汇的好书。

D. Marcus（美国纽约哥伦比亚大学），*A Manual of Akkadian*，University Press of America，Lanham—New York，1978，21章182页，带亚述体字符表和单词表。第一、二章介绍符号、语音、弱动词和转写方法，然后每章选用古巴比伦语的《汉穆腊比法典》1—29条（字符改写了）、标准巴比伦语的《伊什塔尔的沦落（地府）》1—125行和《辛那赫瑞布编年纪》六面泥棱柱的前三面的铭文的楔形文字为阅读材料，开展语法分析和注释，字符采用人工书写的晚期的亚述体。对熟悉亚述体楔形符号有益处，但语法体系被各章割断，不系统。该书简洁易懂，适合初学者。

R. Borger（德国哥廷根大学），*Babylonisch-Assyrische Lesestu : cke*，An. Or 54，Heft 1 die Texte in Umschrift，heft 2 Elemente der Grammatik und der Schrift Glossar，Texte in Keilschrift，Pontificium Institutum Biblicum，Roma，1979，《巴比伦语亚述语读本》是分为两

卷的高水平的德文语言教材。第一卷是 9 篇楔文文献的拉丁化和非常详尽的注释。第二卷是基本语法、590 个基本字符表、词汇表和 9 个楔形铭文的临摹件。作者把《汉穆腊比法典》原文中的法律条文部分的苏美尔—古巴比伦碑刻字符改写成简化的新亚述字符了。R. Caplice, *Introduction to Akkadian*，1980，简洁明快，共有 12 课介绍古巴比伦语，本书前 12 课借用了他的体裁。缺点是对各种方言没有介绍。

最新出版的很详细的一部英文语法兼教科书是 J. Huehnergard, *A Grammar of Akkadian*，Eisenbrauns 2000，应该是集大成者，但需要许多时间读完。

标准的词典是英文《芝加哥阿卡德语词典》（*Assyrian Dictionary*）（CAD，20 卷本巨著，1956—2010？尚未编完）和 W. von Soden 所著德语《阿卡德语简明词典》（AHW，3 卷）。J. Black，A. Geroge and N. Postgate 著的《简明阿卡德语词典》（2000 年）对学生最为合适。

掌握符号形体的演变和读音的发展以及符号意义的基本工具书是 R. Labat 所著法语的 *Manuel d'epigraphie akkadienne* 和 R. Borger 所著 *Assyrisch Babylonische Zeichenliste*。符号音值大全是 A. Deimel 所著德语 *Sumerisches Lexicon*。楔形符号在不同时期表示的不同音节值范畴在 W. von Soden-W. Rollig 所著 *Das Akkadische Syllabar* 中可以找到。

基本上，亚述学研究领域 1974 年之前出版的所有的成果都可以在 R. Borger 所著 *Babylonisch-assyrische Lesesticke*（Analecta Oriantalia 54，1979）和同作者所著的 *Handbuch der Keilschriftliteratur*（1—3 卷）找到，他为亚述学的研究成果作了详尽的索引。从 1974 年开始，意大利出版的 *Orientalia* 杂志的专栏索引 Keilschriftbibliographie 开始汇总前一年的国际亚述学领域出版的所有的论文和专著。

第三节：语 言

亚述学研究的中心地区是古代 Mesopotamia（中译为“两河流域”），这个希腊名字的意思是“两河之间的土地”，是古代希腊和罗马人对底格里斯河和幼发拉底河流域的称呼，大致相当于今伊拉克。在公元前第二千年纪和第一千年纪，这一地区被分成两部分：北部亚述国，南部巴比伦国。更早的第三千年纪时，文明起源的南部地区又被分成苏美尔和阿卡德两部分，苏美尔人和阿卡德人同时住在这一地区。两河流域地区最早的书写记录所用的语言是苏美尔语，并不是阿卡德语。

苏美尔语是一种黏着语，目前还没有任何一种语言、语系与它有直接的继承关系。阿卡德语词汇最先被证实在法腊时期（Fara，公元前2600年的苏美尔城邦舒如帕克遗址）的苏美尔文献中：其中有苏美尔字符拼写的阿卡德语的人名。公元前2290年塞姆语的古阿卡德王朝击败了各个苏美尔城邦，统一了两河流域后，真正意义上的表达阿卡德语言（*lišānum Akkaītum*）的楔形文字文献开始出现了，并逐渐取代苏美尔语文为两河流域的主要语文。然而，由于阿卡德语楔形文字是使用苏美尔语文字符号系统拼写和表达塞姆语的借用文字，它保留了许多苏美尔语的词符用法（像日文中的汉字用法），但是它的音节的拼写符号既不规范也不简洁和严谨（比日文音节拼写符号“假名”要原始和混乱得多）。阿卡德文的单词和语法拼写与现代字母或音节拼写相比，可以说仍处于一种变化的、有缺欠的、不完美的雏形拼写状态。

阿卡德语是塞姆语最古老的一支。塞姆语的传统分类按照地理位置划分为三大类：1. 东北塞姆语：阿卡德语；2. 西北塞姆语：迦南语（包括希伯来语和腓尼基语，有些学者认为还包括乌旮瑞特语、埃卜拉语）和阿拉美亚语；3. 南部塞姆语：古代南塞姆语、阿拉伯语、埃塞俄比亚语。

阿卡德语的使用是从法腊时期（公元前2600年）至公元1世纪，实际上从公元前1世纪开始它就逐渐被阿拉美亚语所取代。两河流域是阿卡德语的发源地，但是在不同时期，阿卡德语的使用远超过它的边界，渗透到从波斯湾到东方，从叙利亚、巴勒斯坦到埃及。在这么长的时间、这么广阔的地域里，阿卡德语自然也发生了变化，习惯上我们把语言的总称定义为“阿卡德语”，称它的各种分支为“方言”。阿卡德语主要方言发现于两河流域的中心地带，其分类如下表（注意各方言的使用时间只是大约年代，参见 J. A. Brinkman，《东方学书目》1996，第 294 页)：

阿卡德语言分类

古阿卡德语（公元前 2300—1900 年）

↙ 南方巴比伦语　　　　北方亚述语 ↘

南方巴比伦语	北方亚述语
古巴比伦语（2000—1530 BC，也用在亚述地区）	古亚述语（1900—1750 BC）
中巴比伦语（1530—1000 BC）	中亚述语（1500—1000 BC）
经典巴比伦语（1500—500 BC），也用在亚述王廷	
新巴比伦语（1000—625 年 BC）	新亚述语、新亚述字体（1000—600 BC）
晚期巴比伦语（625 BC—75 AD）	

从公元前第二千纪到亚述帝国时期，阿卡德语形成了南方巴比伦方言和北方亚述方言。除了这些中心地域的方言外，“外围方言”苏萨、赫梯、阿拉拉赫、奴孜、乌旮里特、阿马尔那的阿卡德语方言被证实存在于第二千纪，这些“外围方言”的书写形式受到不同的本地语言的影响，和两河流域的阿卡德语有一些差别。

现存的阿卡德语文献有以下类型：行政管理、经济管理、法律文件、商业合同、买卖契约、国王铭文、书信、法典和条约、宗教仪式、祷告词、赞美诗、占卜预言、驱邪咒语、智慧文学、学校课本、练习和作业等等。不同的文献类型在各时期、各方言中并不是均衡发展的。南方阿卡德语的巴比伦语保持了文学传统和宗教文献的正规体例，它甚至常用在亚述地区。由于古巴比伦语中的许多典型的古塞姆语法特征在以后语言发展中逐渐消失了，古巴比伦语成为各个时期阿卡德语方言中最为典型的阿卡德语言。因此，本书中所研究和总结的阿卡德语法和词汇形式是取自古巴比伦语的楔形文字文献。

第四节：书写体系

1. 楔形文字符号的形成和形状特点

和大多数的楔形文字一样，阿卡德语文献一般是写在泥板上的。书吏用削尖的芦苇秆或木棒在柔软的泥板上刻写字符，软泥板经过晒干或烤干之后变得坚硬而不变形，这样，文字就永久地留在泥板之上，其他材料如石头、金属、蜡板也有小范围的使用。

苏美尔人发明了最初的楔形符号文字体系。最古老的几个文字符号，似乎是模仿从公元前第九千纪到第二千纪遍布古代近东的各种形状的刻有条纹的泥制或石制的筹码，一种类型的筹码也许代表了一种类型的物品，它们的特征刻写在泥板上就成了字符，例如，表示绵羊的字符⊕可能就是由中间刻十字的圆形筹码演变成的。由筹码形状演变出的几种符号和由图画演变出的绝大多数符号合在一起就形成了两河流域的图画文字或文字画。目前发现的最早的一批泥板文献是出土于乌鲁克的古遗址，距今约 3100 多年，这一时期的图形文字是后来的楔形文字的起源和雏形。人类发明的所有文字（不包括借用的文字）都有它们的创始阶段——原始“图画文字”阶段。当我们的祖先发现图画符号可以代表语言概念时，他们开始了文字创造的第一阶段——图画文字阶段：两河流域的楔形文字的源头是在乌鲁克、杰姆迭特那色和乌尔等地发现的两河流域的古风图画文字，埃及象形文字的源头是埃及“象形文字”成熟前的图画文字阶段，其图画符号的特点一直保持到成熟了的埃及象形文字中。中华文明文字也有原始图画文字阶段，其特点很容易在其后的甲骨文、金文字符中发现。图画文字的特点是所有符号都是只能表示与图形相似的具体名词概念，即都是语义符（ideographs），没有可以和语义符配合形成动词、形容词、介词、连词等语言各种词汇要素，以及表示动词和名词语法变化所必不可少的表示语音的符号。爱斯基摩人和美洲印第安人都有过这种不成熟的图画文字，也许还有古代克里特的图画文字，但它们没有发展成真正的文字。虽然图画文字不能完整、准确地表示人类语言的语法功能，然而它是所有的真正意义的创始文字都必须经过的一种原始的初级阶段。在部分字符得到了表音功能后，尽管符号仍然保留图画文字的象形特点，人类的文字已经从初始的图画文字阶段进化到既能表意又能表音从而能完全表达语言的成熟文字系统，如两河流域的早期的楔形文字、中国的甲骨文、金文以及埃及文字。为了提高书写效率，各种文字系统都开始了简化具有表意和表音功能的文字符号形状、笔画的漫长过程。两河流域文字最初的符号的图画特征较明显，笔画包括圆笔画，笔画的楔形起笔基本看不出来。经过约500年的发展和演变，在法腊时期（公元前2600年），文字发生了大变革：象形的古风符号的圆笔画消失了，文字的楔形笔画特点明显地突出了。楔形符号由于在泥板上被划写，每一笔画都有三角形的起笔和尖形的收笔，因此文字的横、竖、撇、捺、拐、提均以独特的木楔形状出现。以后，每个符号的笔画数的逐渐减少，形状上减少斜笔画，使文字更加容易书写。到经典的古巴比伦时期（公元前2000），由于音节符号拼写取代了许多独立的词符，楔形文字符号的数量逐渐减少，常用的音节符和词符的数量约600。在前一千纪，楔形文字形成了两种字体并行的局面：传统的巴比伦符号和后起的新亚述符号。新亚述字体是公元前1000—600年用于北方的最后的楔形文字简化字，它几乎完全用横笔画代替了斜笔画，非常规范易写。

现代学者编辑的楔形文字字典是以新亚述符号的笔顺为依据排列各个字符的先后次序。两河流域楔形文字符号有4个基本笔画：横画（）、撇或斜画（）、“拐”或折角画（），竖画（）。和汉字词典一样，亚述学工具书中的楔形符号音值和意义表中的符号的排列顺序是按笔画的形状排列的，原则是长横、短横、横加撇、加拐、加竖、拐、长竖、短竖；同类字符中，笔画少在先，同为两横笔画的次序是上短下长、上长下短和同长。各种笔画的先后顺序如下：

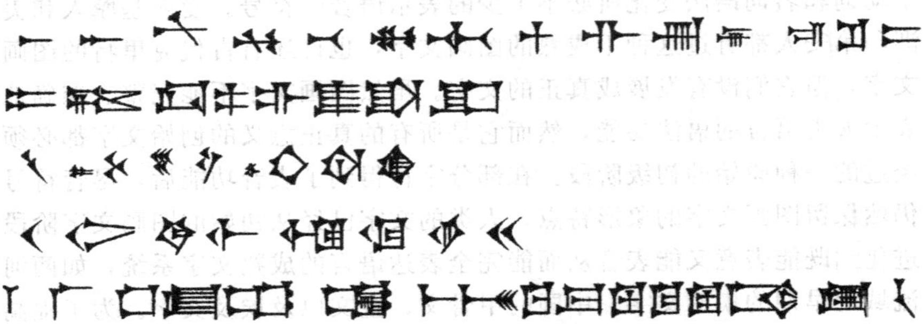

2. 符号的读音和作用

(1) 词符用法

文字符号最初的功能被称为语义符或词符，换而言之，一个符号代表了一个或一个以上明确的概念。一个纯粹的语义符/词符不受任何语言的限制。假如有下列字符，分别代表“三”、“绵羊”、“给”、“庙”，任何一个社会的人都可以理解它们的含义。如在汉语中这些词可以表达为“把三只绵羊献给神庙”，英语可以表达为“Three sheep were given to the temple.”；法语可以表达为“on a donné trios brebis au temple”。最早的两河流域文献处于只有语义符的最早文字阶段，没有语法因素。没有语法因素的制约和限定，最早文献中的各个符号的词义的表达往往不确定，需要大量的词义符号去充分表达口头语言的各种概念。

(2) 音节符的用法

大约在公元前3000年左右，苏美尔人在他们的语义符文字系统里将一些符号赋予了表音功能，也称为音节符号。当一个符号作为表示语法作用或拼写单词发音的音节符号使用时，它原来的词义就不再存在：符号𒀭在苏美尔语里做词符时词义为“天”，读为AN，它也可以作为无词义的音节符，仅表示读音/*an*/，如在ba-an-dù“*他建造*”中，AN作为一个表达动词的主语是第三人称的助代词，读作音节-an-。当阿卡德人借用苏美尔的文字体系来表达他们的语言时，他们承袭了字符的表意用法以及借用一些字符的读音做音节符，同时也发明了一些新的只用于阿卡德语的音节符，如名词符号𒀭在苏美尔语可读为diĝir，词义为*神*，它在阿卡德语中的词义同样是*神*，但读为*ilum*，*ilu*，*il*，它后来就变成了一个新的音节符/*il*/。词符𒅆（igi *眼睛*）可以当做数词符“*千*”，读为lim，同时它也可以当做音节-*lim*-和其他音节一起拼写各种单词，如：*a-wi-**lim*** 人的。

(3) 字符的偏旁部首（“定义符”）用法

楔形文字的部首或“定义符”是一种特殊使用的语义符，它本身有一个表示范畴概念的词义，还可以用在同一类的词符或词符组或者一个音节拼写单词的前面或是后面来确定这个词符或单词是属于什么语义类别，但是它本身在文字组合中不发音，如同汉字中的偏旁部首。常用的部首有：**dinĝir** 用于神名前，**diš** 用于男人名前，**mí** 用于女人名前，**lú** 用于职业和民族前，**ĝiš** 用于木制品前，**urudu** 用于铜制品前，**uru** 用于城名前，**-ki** 用于地名后。比如在^{dingir}Aš-šur 中 dingir *神* 用来表明词义是*阿淑尔神*，而^{uru}Aš-šur 的词义是阿淑尔城。**dingir**（*神*）、**uru**（*城*）这两个部首或定义符就区分了 Aššur 的两个词义。因为定义符是单词的一部分，在拉丁化转写时，我们一般把它们写在所定义的词的前上角，只有表示地点的**-ki** 和复数的**-há** 和**-meš** 写在词的后上角 En-líl^{ki} *尼普尔城*。神名部首 **dinĝir** 简写为 d，男人名部首 **diš** 简写为 ^{m} = male，女人名部首 **mí** 简写为 ^{f} = female，如：^{d}En-líl *恩里勒神*，^{m}*Amar-Sin 阿马尔辛*，^{f}*Šulgi-simtum 舒勒吉西姆吞*。

（4）尾音指示符的用法

所谓的尾音指示符指的是在一些词符的后面增加了一个音节符来确定词符的读音、意义和格尾。例如：𒀭不加尾音指示符时，有两个读音和词义：既可以读作 dingir =阿卡德语 *ilum 神*，也可以读为 an =阿卡德语 šamû *天*。当𒀭加了 *ú* 作为尾音指示符（AN-*ú*）时，就读作 *šamû*^{u} *天*。又如：词符 *é* 𒂍词义为*房*，单独使用时它既可以表示阿卡德语主格读音 *bītum*，也可以表示宾格读音 *bītam* 或属格读音 bītim。然而，当它带有尾音指示符时，它的格就可以确定了：é^{tum}（*bītum*）是主格，而 é^{tim}（*bītim*）是属格。尾音指示符 *-tum* 或*-tim* 用语音指示了语义词符*房* 处于主格还是属格，因为尾音指示符是单词的一部分，它的拉丁化转写一般写在词符的右上角。

3. 楔形文字中一符多音用法

楔形文字的一个重要特点是一个字符可以表示几种不同的读音。读者必须根据一个符号的上下文意思来判断：𒀭 AN 这个符号在文中可以读为 an“*天*”或是 diĝir=*ilu*“*神*”，它作为音节可以读为/*an*/，也可以读为/*il*/。多数情况下，人们是可以根据上下文和前后的音节来辨别一个符号的音值；少数情况下，一组音节可以拼出两个词的意思，这就造成了词义的不确定。

由于阿卡德语中的几个塞姆语特有的辅音，如小舌爆破清音 ***q***，强调摩擦清齿音ṣ和强调爆破清齿音ṭ在苏美尔文字中并不存在，因此早期阿卡德语只能用一个音节表示两个同位置的音节：*ka*＝***qà*** *ga*＝***qá*** *ki*＝***qí*** *ku*＝***qú***，*za*＝***ṣa*** *zi*＝***ṣí*** *zu*＝***ṣú***，*da*＝***ṭa*** *de/i*＝***ṭe/i*** *te*＝***ṭe***$_4$ *tu*＝***ṭú*** *du*＝***ṭù***。

在苏美尔语中，四对发音同位置的清、浊辅音 b/p d/t g/k z/s 在位于元音之后时，仅保留一个（清）辅音，没有对应的（浊）辅音的发音，类似中文古汉语和南方方言中的以 -p，-k，-t 结尾的入声音节。因此，阿卡德语只能用一个苏美尔入声音节符号表示两个或三个同位置的音节——本音和与之对应的音节：*ab*＝*ap* *ib*＝*ip* *ub*＝*up*，*ad*＝*at*＝*aṭ* *id*＝*it*＝*iṭ* *ud*＝*ut*＝*uṭ*，*ag*＝*ak* *ig*＝*ik*＝*iq* *ug*＝*uk*＝*uq*，*az*＝*as*＝*aṣ* *iz*＝*is*＝*iṣ*。

总之，阿卡德语的辅音比苏美尔语的辅音丰富，而且它只能借用辅音缺乏的苏美尔楔形符号表示新辅音是造成一个符号可以表示几个同类的音节符的原因。

4. 用拉丁字母代表楔形文献中的符号的转写方法（楔形文字拉丁化）

（1）同音词符和音节符的拉丁转写的区分和字符的序号

我们已经知道亚述学者在转写楔形符号时用拉丁字母指示代表一个楔形符号的读音（音译）。例如把写成 *an* 或 *ilum*。然而，楔形文字中有大量的不同形而音同的字符，同时，阿卡德语楔形文字的拼写特征（当然这也是苏美尔语特征）是一个既定的音节可以用几个同音异形的符号表示，这样看来，拉丁字母的简单拼写显然无法区分同音而不同形的各个楔形符号。为了使拉丁字母的转写能够表示几个甚至十几个同音而不同形的楔形文字符号，现代学者就用在拉丁音节后面加序号的方法表示的同音异形的不同的楔形符号。法国学者 Francois Thureau-Dangin 因此编辑了一个同音字符标准表，这些音节或词的序号是根据它们的使用频率排序的。如/tu/ 音节就可能用下面的几个符号来表示：*tu* ＝TU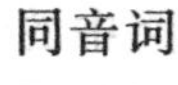，*tú*（＝tu_2）＝ UD ，*tù*（＝tu_3）＝ DU  ，tu_4 ＝ TUM 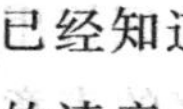等等，在表中，第一个 tu 符号的音节使用频率最高，不用标识序号，第二、第三个 *tu* 音节就用了重音符或汉语拼音的声调

符来表示该符号的*tu* 音序号，第四以后的同音符号都用数字表示。tu_x这个标记表示一个新的 tu 音尚未列入 tu 音的符号序列，大家要注意的是，这些音节的序号在单词中并不发音，同音的符号 *tu*，*tú*，*tù*，tu_4在拼写中都代表同一个音值。

（2）苏美尔词符的写法

阿卡德语文献常用苏美尔词符或语义符表示阿卡德语单词。在阿卡德语楔形文献拉丁化过程中，词符必须和阿卡德语音节符区别开：我们用斜体拉丁字母表示阿卡德语拼写音节，如：*ša-ar-rum*，*bi-i-tum*，用正体（或大写）拉丁字母表示词符（苏美尔词），如：lugal，é。

（3）部首定义符在拉丁字母转写中标在一个符号或词的左或右上角，以限定该符号的词义。例如在 ^{d}Aššur 中，定义符“d”是 DINGIR 的缩写，指示其后的词 Aššur 是神名。

（4）在阿卡德语的拉丁化转写中，尾音指示符放在词符的右上角，如 $bitum^{tim}$，$bitum^{tum}$。

（5）“原文转写”（transliteration）和“规范化转写”（transcription）

两者不同之处是原文转写要求直接反映楔形文字原文中的音节拼写和词符混合使用的书写形式：音节拼写词用短横连接，词符用其本来的苏美尔发音表示：它可以正确地反映阿卡德语楔形文字的表意和表音字符混合使用的文字特点。规范化转写是现代学者把音节拼词进一步转化为现代的字母拼写单词，把苏美尔词符转化成阿卡德语拼写单词的形式，它可以正确地反映古代阿卡德人在读写文字时的语言特点，也可以成为单词化转写。早期亚述学的拉丁化转写形式多结合使用用原文转写和规范化转写：音节符用原文转写，词符则直接写成阿卡德语单词，或者在阿卡德语单词后用括弧加上苏美尔语原词。我们在练习中要同时使用原文转写和转写规范化两种形式。

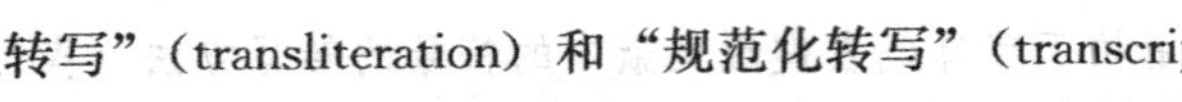

原文转写：*a-na* é ^{d}Utu ^{giš}ig $dù^{-uš}$

规范化转写：*ana* *bīt* ^{d}*Šamaš* *daltam* *īpuš*

合用形式：*a-na* *bīt*（é）^{d}*Šamaš*（^{d}Utu）*daltam*（ig）*īpuš*（$dù^{-uš}$）

For the temple of Shamash, he made a door.. 他为太阳神庙造了一个门。

原文转写要求正确地表达楔形文字原始字符的排列，判断和区分词符和音节拼音符，并且正确地划分音节拼写的单词和句子。规范化转写则把原文转写的音节拼写转换为字母拼写，在单词拼写和语言形式上使阿卡德语单词和句子文献符合现代西方文字的规范。更重要的是它把苏美尔词符转换为其代表的阿卡德语单词，并且使用楔文没有的长元音和缩合元音符号来表示塞姆语词汇特有的弱化辅音和长元音。这种转写形式与现代西方用字母拼写单词的形式一致，并且正确地表达了阿卡德语的发音特点，因此是初学者理解词汇和文献最有用的转写形式，是学生做练习的重点。然而，为了节约版面，学术界发表的研究文献基本上只用原文转写或合并转写的形式。

5. 阿卡德词汇阅读和规范化转写方法

(1) 音节总的来说可以分为以下几种类型：开音节——*ba* 辅音＋元音（C＋V）；闭音节——元音＋辅音（V＋C）和辅音＋元音＋辅音（C＋V＋C）：*ab*、*bab*。闭音节可以用两个符号拼写/*bab*/ ＞*ba-ab*。注意：*ba-ab* 和其他闭音节的拼写并不含有一个长元音（*bāb*）或两个长元音（*ba'ab*），它只读作 *bab*。

(2) 多数词中的元音 *i* 和 *e* 是混淆的，只能根据单词的原形或语法规则来决定是 *e* 还是 *i*，如 PI/PE-*tu-u* *他们打开*，根据语法读作 *pe-tu-ú*（＜＊*patihū*），而不是＊*pi-tu-ú*。

(3) 在阿卡德语原文的音节拼写中，长元音 *ā*，*ē*，*ī*，*ū* 和缩合元音 *â*，*ê*，*û* 用重复写元音的方法明确标明。一般只用于由于两个短元音缩合引起的重读长元音：/*pete 'u*/ ＞ *petû* ＞ *pe-tu-ú* *他们打开*。动词变位中表示复数人称的词尾的自然长元音和其他情况在书写中经常不表示出来。

(4) 规范化转写中的单词中的长元音的表示：

① 在语法形态学上，如在 *pārisum* 中 *ā* 是表示动名词的形态，在语法上它应该发为长元音：*pa-ri-su-um* ＞ *pārisum*。

② 如单词中有弱辅音的丢失，则元音变长，如：＊*hiṭ'um* ＞ *hīṭum*中的长音 *ī* 表示词中有弱辅音 ' 丢失。

③ 如两个元音缩合为一个元音，这是一个缩合长元音，如在 *rabium* >*rabûm* 伟大，*i* + *u* > *û*

在前两种情况下长元音应该用长音符（-）标出，第三种情况长元音用缩合符（^）标出。当一个音节带有一个长元音或是以辅音结尾时，它的音节是长的。

（5）重复的两个相同辅音虽然经常（但不是绝对）在古巴比伦文献中写出来，但在阿卡德语中可以用一个辅音表示两个相同的辅音，如：*išaqqal* 他将称出 可以写成：*i-ša-qal* 或者 *i-ša-aq-qal*。

（6）词首的弱辅音 ’ 在一般情况不标记出，可能它逐渐地从阿卡德语言中消失了。在古巴比伦文献中，有时用词首元音重复的方式表示一个弱辅音 ’ 在词首：*i-il* = /’*il*/，*a-ad* = /’*ad*/）。

（7）*a-a* 可读作 /*ay*/，/*ay*（*y*）*u*/，/*ay*（*y*）*i*/，/*ay*（*y*）*a*/。

（8）单词的重读音节规则：

① 双音节单词中，重音在第一音节（*ábum*，***bē****lum*）。

② 三个或三个以上音节的单词中，如果倒数第二个音节是长音节（*pa****rā****sum*），则重音在它。

③ 其他类型词的重音在倒数第三音节（*mu****pár****risum*）。

④ 由于单词中有弱掉的辅音而元音变成了长元音，重音落在缩合长元音或长元音上（*ru****bûm***）。

6. 转写中的一些非字符的辅助符号的含义

\+ 表示在拉丁化转写过程中表示这个符号是由两个符号或以上符号构成：ù = IGI+UDU。

× 表示一个符号由两个符号构成，而且后一个在前一个的中间：gu_7吃 = KA（口）x NINDA（饼）。

x 表示一个未知的损毁的符号。

[ ] 表示文献有残缺部分，或某符号有部分残缺。括号内的字符是现代编者根据其他材料对缺损字符进行的恢复。

< > 表示古代书吏遗漏的字，被现代学者加以补充的符号。

{ } 或《 》 表示古代书吏错误地书写了无用或重复的符号，被现代学者删除。

! 表示前面的符号是古代书写者的错字，被现代学者改正。

第一课　名词、形容词的词尾变化：名词原态

1.1　名词的原态：Status Rectus

名词的原态是指一个名词在句子和词组中独立出现、有正常格尾变化的形式，即它不和另一个处于属格的名词组成一个词组而相互修饰的状态。当两个名词组成词组相互修饰时，前面的处于主语地位的名词失去格尾，成为结构态。

1.2　名词和形容词的三种格尾

主格或第一格名词在句子中做主语。属格或第二格名词和结构态名词搭配组成词组，做它修饰的名词的定语，指示主词的所属范畴；它还和前置词搭配做句子的地点状语或定语等成分。予格或第三格词在句子中做及物动词的间接宾语，和前置词搭配做目的状语。它在阿卡德语中淡化了，在代词中予格形式还继续使用，在名词中，它的形式合并于属格或第二格。宾格或第四格名词在句子中做及物动词的宾语。以下是各种性、数名词的格尾形式：

指示名词的性、数、格的词尾

格的形式	阳性名词	阴性名词
单数主格(第一格)	*-um*	-(*a*)*t-um*
单数属格（第二格）	*-im*	-(*a*)*t-im*
单数宾格（第四格）	*-am*	-(*a*)*t-am*
双数主格	*-ān*	-(*a*)*t-ān*
双数属宾格	*-n*	-(*a*)*t-īn*

续 表

复数主格	*-ū*	*-āt-um*
复数属宾格	*-ī*	*-āt-im*

形容词的格尾与名词的格尾在单数和阴性复数上是一致的，只有阳性复数的格尾是***-ūtum***（主格）和 ***-ūtim***（属宾格）。形容词无双数形式。

1.3 名词和形容词的性

名词和形容词有两种性：阴性和阳性。阴性名词的一般特征是词尾中有***-t-***或是***-at-***，*šarrum 王*>*šarratum 女王*。无 *t-* 词尾的名词一般是阳性名词，但有例外，如 *ummum 母亲*。

1.4 名词和形容词的数

名词和形容词可以分为单数、双数、复数。双数比较少用，但多用来修饰身体对称部位：*īnān 双眼*，*šēpānu 双脚*，还有"扩展"的意思。*rīšān 顶部*（*rīšum* 转化而来），*emūqān 力量*（*"双臂部"*），*isdān 基础*、*根基*（*"双腿部"*）。注意少数单辅音名词的特殊复数形式是把唯一的辅音双写：*ahum 兄弟*，*abum 父亲*和 *iṣum 树*的特殊复数形式是 *ahhū 兄弟们*，***abbū*** *父亲们*，***iṣṣū*** *树林*。

1.5 名词和形容词的格的语法意义

主格词是做动词的主语和名词句的中心词。属格名词位于前置词的后面形成前置词词组，或跟在一个名词后面修饰它，两者形成结构态名词词组。宾格词在句子中做及物动词的宾语或是做副词表示时间、地点、空间等。除了少数代词外，阿卡德语名词予格词尾和属格词尾合并了。复数名词只有两个格：主格和间接格，间接格兼有属格和宾格的功能。

1.6 格尾的演变和特殊的格尾

(1) 古巴比伦后期出现了少数阳性复数词尾为 ***-ānū***，***-ānī*** 的名词

(特别表示诸神，诸城市)，其后这种用法更为广泛，但是一些学者在它们的拼写、分析和原始含义上持不同意见。我们认为它是双数 ***-ān*** + 复数词尾 ***-ū/ī***。

(2) 在阴性名词中，***-et***，***-ēt*** 是 ***-at***，***-āt*** 发生音变的异体：原始塞姆语词根中的 ***ḥ***、ᶜ、***ġ***（少数情况还有 ***h***）的丢失使与之相拼的元音 ***a*** 变成 ***e***：**baᶜlum>bēlum 主人*（*表示文字中没有出现的原始语言）。在古巴比伦语中，这种 *a>e* 的变化开始发生：乌尔第三王朝和古亚述语的*女主人 *baᶜlat>***bēlat*** 变成古巴比伦语的 ***bēlet***。

(3) 阿卡德语名词格尾中的结束辅音 ***m*** 和 ***n*** 音的丢失：格尾元音 ***u/i/a*** 后附加的 ***m*** 音是阳性单数名词、所有阴性名词和所有形容词的特征；***ā/ī*** 后的 ***n*** 是双数名词的标志。在古巴比伦之后，格尾结束辅音 *-m* 和 *-n* 都丢失了，格尾全都以元音结束了。

(4) 在阿卡德语中，单数名词前不加定冠词或不定冠词。一个词是特指还是泛指必需根据内容判断（*šarrum* = a king 或 the king)。

(5) 在巴比伦时期以后，具有主格、宾格和属格三种格尾的名词变格体系逐渐简化成仅有两个格尾的体系。在各种方言中，格尾体系的具体演化有各自不同的特点。

(6) 有些特殊阴性名词的单数没有 ***-at*** 词尾，如：*ummum 母亲*。这种单数具有阳性形式的阴性名词的复数呈现出典型的阴性词尾形式：*ummum 母亲*，*umm? tum 母亲们*，*abullum*（阴性）*城门*，***abullātum*** *诸城门*，*eqlum*(阳性) *一块田地*，*eql**ētum***(阴性) *几块田地*。

(7) 除了上述提到的三种基本格外，还有两种相对少见的名词格尾在状语中出现：地点格尾 ***-um*** 和方向和相比格尾 ***-iš***。这两种格只有在古巴比伦语文和经典巴比伦语的诗体中出现。地点格的意义＝*ina*＋属格名词，如：*Babil**um*** = ***ina*** *Bābilim 在巴比伦城中*，*puhr**ušš**? unu*< **puhr**um**-šunu* = *ina puhri-šunu 在他们的集会中*，*šē**pum**-ya* = *ina šēpi-ya 在我的脚上*，*qer**bum*** ***Bābilim*** = ***ina qereb Bābilim*** *在巴比伦城的中心*。方向格的 ***-iš*** 的意义等于 *ana*＋属格名词，如：*Babil**iš*** = ***ana*** *Bābilim 到巴比*

伦城，*dārîš ūmī* = *ana dār ūmī* 直到长远的日子，永远。

在公元前 1300 年后，名词十-*iš* 可用来表达比较含义：*abūbiš* 像洪水一样，*labbiš* 像狮子一样；形容词词干＋-*iš* 也有副词含义，如：*kīniš* 牢固地。

1.7 词根有弱辅音的名词和形容词的变格：元音缩合

塞姆语单词一般是由三个辅音加尽可能少的元音构成的。当两个元音相连的时候，一般缩合成一个长元音。在一些名词当中，由于弱辅音 $'_{1-7}$ 的消失，产生了两个元音相连的情况：*rabi 'um* 伟大的，*ruba 'um* 王公，*bani 'um* 建造，**šumulu 'um* 充满，根据元音缩合规律，名词中的这些两个相连的元音要缩合为一个：*rabûm*，*rubûm*，*banûm*，*šumulûm*。

在带有弱辅音的阴性名词形容词中，弱辅音的脱落使它前面的元音则变成长元音：**rabi '-tum*>*rabītum* 伟大的，**rubā '-tum*>*rubātum* 女王公，**šurbu '-tum*>*šurbūtum* 最伟大的。

弱辅音脱落引起元音缩合形成的格尾

阳性单数	主格	*rabi 'um*>*rabûm*	*ruba 'um*>*rubûm*	*šumlûm*
	属格	*rabi 'im*>*rabîm*	*ruba 'im*>*rubêm*	*šumlîm*
	宾格	*rabi 'am*>*rabâm*	*ruba 'am*>*rubâm*	*šumlâm*
阴性单数	主格	*rabītum*		
阳性复数	主格	*rabi 'ūtum*>*rabûtum*	*rubā 'ū*>*rubû*	
	属宾格	*rabi 'ūtim*>*rabûtim*	*rubā 'i*>*rubê*	
阴性复数	主格	*rabi 'ātum*>*rabâtum*		
	属宾格	*rabi 'ātim*>*rabâtim*		

1.8 单词中的短元音的保留、滑落和插入、弱辅音的被同化

根据尽可能省略短元音的规则，名词和形容词在发生词尾变化时，词干中的短元音发生省略或是插入的变化。短元音变化的原则是单词的结尾不能出现两个相连的辅音，因此两个辅音中间的短元音保留；在单

词的中间，两个辅音可以相连和无短元音，但是三个辅音相连的情况不允许存在。

短元音滑落：**da**miq**-um*>*da**m**qum* *好的*，阴性复数 *da**mq**ātum*；

短元音保留：阴性 *da**miq**tum*

短元音插入：* ***pulh-tum*** > *pu**luh**tum* *害怕* > 短元音滑落：复数 *pu**lh**ātum*

短元音插入：**ri**hṣ**-tum*>*ri**hiṣ**tum* *洪水*>复数 *ri**hṣ**ātum*

以 *n* 为代表的弱辅音和一个强辅音形成辅音连缀时，一般被它后边的强辅音同化而失去本音，因此单数和复数的词形不同：

šan-tum***>*ša**tt**um* *年*　　复数 *ša**nātum***

libn-tum***>*libi**tt**um* *砖*　　复数 *lib**nātum***

1.9　形容词做名词

形容词要与其修饰的名词保持性、数、格的一致。形容词做名词时，形容词仍然保持形容词的词尾（其复数形式为 ***-ūtum***），但是 *šībum* *灰色的*做名词时有两个复数形式：*šību* *证人们*，*šībūtum* *长老们*。名词加形容词阳性复数词尾变成了单数抽象名词：*šarrum* *王*>*šarr-ūtum* *王权*。形容词尾的抽象名词经常位于其他名词之后形成结构态词组，如 *zēr šarr-**ūtim*** *王权的种子*，即王室后代。

1.10　阿卡德语楔形音节符号兼带同位音值的特殊性

在本书开头的基本知识中的书写体系中，我们已讨论了一符多音的特点，这里再次强调：由于楔形文字是苏美尔人发明用来写辅音相对简单的苏美尔语音的，阿卡德语中的许多复杂的塞姆语辅音没有同音的苏美尔语楔形符号对应，因此阿卡德人必须用一个符号表示几个位置相近的阿卡德语的特殊塞姆语辅音值，把苏美尔语中没有的重读辅音如 *q*，*ṣ*，*ṭ* 用发音位置相同的不重读辅音 *k*/*g*，*s*，*d*/*t* 代替，如：符号 *AD* 可以代表着三种发音位置相近的齿舌辅音音节：声带震动的 *ad*，不震动

的 *at* 及重读的 *aṭ*。古巴比伦语用发音部位相同的不爆破音节 GA 来表示重读辅音节 *qa*(标作 *qá*)，用爆破音节 KI 表示重读音节 *qi*(标作 *qí*)，TU 表示 *ṭu*(标作*ṭù*)，ZU 或 SU(标作*ṣú*) 表示重读音节*ṣu*，*ab* 和 *ap* 是一个符号，*bu* 和 *pu* 也同用一个符号。

注意阿卡德语中元音 *i* 经常可以读作 *e*，如 *di* 和 *de* 为一个符号，*li* 和 *le* 为一个符号，*gi*=*ge*，*hi*=*he*，*ki*=*ke*，*pi*=*pe*，*qi*=*qe*，*ri*=*re*，*si*=*se* *ṣi*=*ṣe* *ṭi*=*ṭe*。但也有元音 *i* 和 *e* 可以区分的五对音节符：*bi* 和 *be*(BI 可以读作 *bé*)、*mi* 和 *me*、*ni* 和 *ne*、*ši* 和 *še*、*ti* 和 *te*。

单词表

ana(前置词)：*向、至……*

kadrum：*野蛮的、凶恶的*

arnum：*犯罪、惩罚*

kīma(前置词)：*像……*(连词)、*当……时候*

ašrum：*地方、地点*

mahrum：*前面的、在……*；*ina mahar*：*在……前面*

aššum(前置词)：*因为、关于……*

marṣum：*困难的、痛苦的*

awīlum：*自由人*

bītum(单数，阳性)：*家、房*

bītātum(复数，阴性)：*家*

dannum：*强壮的、有力的*

erretum：*诅咒*

ezzum：*生气的*

gitmālum：*完美的、高贵的*

ilum：*神；复数：ilū 或 ilānū*

ina(前置词)：*在……中间*

išātum：*火*

ištu(前置词)：*从……*

kabtum：*重的、光荣的*

kalbum：*狗*

nišū：*人们、亲属们*(复数)

pušqum：*困难*

rabûm：*伟大的*

rīmum：*野牛*

saphum：*分散的*

šanûm：(阴性：*šanītum*) *第二*

šarrum：*国王*

tamhārum：*战斗*

ummum：*母亲*

wardum：*奴隶、仆人、臣子*

waštum：*困难的、不愉快的*

zikarum：*男人*

楔形符号	音节值	苏美尔词义符和阿卡德对应词
	AN：*an*	an ＝ *Anum* 神安努，
		an ＝ *šamû* 天（复数）
		diĝir ＝ *ilum* 神
	NA：*na*	
	UM：*um*，*dub*	dub ＝*ṭuppum* 泥板文书
	I：*i*	
	É：*bit/ṭ*	é ＝ *bītum* 房子，
		é-gal ＝ *ekallum* 宫殿
	RA：*ra*	
	GAL：*gal*，(*qal*)	gal ＝ *rabûm* 伟大的
	BU：*b/pu*	gíd (-da) ＝ *arkum* 长的
	MEŠ：*meš*	meš （复数标志）
	A：*a*	a ＝ *mû* 水（复数）
	KA：*ka*	ka＝*pû* 嘴、口
	AL：*al*	

练习一

1. 规范化转写与翻译。

(1) *ka-al-ba-am*
(2) *wa-ar-dim*
(3) *ni-ši* sa_6*-ap-ha-tim*
(4) *ar-nam kab-tam*
(5) *šar-ru-um gi-it-ma-lum*
(6) *pu-uš-qi wa-aš-ṭú-tim*
(7) *i-na šar-rí*
(8) *Anum ra-bu-um*
(9) *aš-šum er-re-tim*
(10) *ilū rabûtum*
(11) *ummum ra-bí-tum*
(12) *i-na tam-ha-ri-im*
(13) *ki-ma i-ša-tim ez-ze-tim*
(14) *er-re-tam ma-ru-uš- tam*
(15) *ri-mu-um ka-ad-ru-um*
(16) *šarrum da-nóm*
(17) *aš-šum zi-ka-ri-im ša-ni-im*
(18) *a-na bitim ša-ni-im*
(19) *iš-tu bītim*
(20) *i-na ma-har i-lim*

2. 变格。

(1) *šarrum* (2) *erretum* (3) *ezzum* (4) *šanûm*

3. 把下面的短语翻译成阿卡德语。

(1) powerful kings (2) great men (3) the honored god
(4) angry gods (5) another house (6) in the fire
(7) from the battle (8) like a slave

4. 翻译下面的楔形文字。

(1) 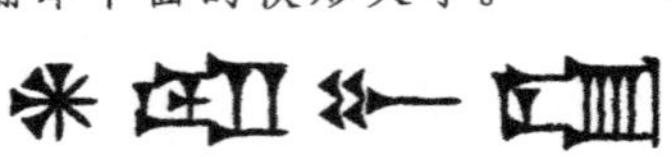

(2) 

(3) 

(4) 

(5) 

(6) 

(7) 

(8) 

(9) 

(10) 

第二课　名词的词尾变化：绝对态和结构态

2.1　名词的结构态和绝对态

除了我们第一课讨论的原态外，阿卡德语的名词还有绝对态和结构态两种形式。表示两个名词处于所属关系的结构态存在于所有的塞姆语中。绝对态仅存在于阿卡德语和阿拉美亚语中（结构态在阿拉美亚语中有不同的功能）。两种状态的共同点是无格尾。

当两个名词不处于同位关系而是从属关系时，前面的名词是主词，后面的名词变为属格，定义前者的范畴，前者词义上从属于后者。于是，这两个名词就形成了互相修饰的结构态词组，如：*bīt abi-ya 我父亲的家*。在词组中，前面的名词失去了格尾被称为结构态形式。同样，当一个名词带有一个物主代词后缀而形成一个词义与名词结构态相同的词组时，带代词后缀的名词也处于无格尾或短格尾的结构态，例如：*bīl-ī 我的主*。

2.2　绝对态

绝对态的特征是单词格尾的丢失，例如：阳性单数 *zikar*（<*zikarum 男人* 主格），阴性单数 *šarrat*（<*šarratum 王后*）；少数情况下阴性指示词尾-*t* 也丢失：*sinniš*（<*sinništum 女人*），阴性复数 *šarrā*（<*šarrātum*）。绝对态一般比较少出现，它主要用于表示数词、长度、容积、重量等单位或词组结构中，如：*šanat 年*。此外，还有一些特殊的固定搭配：*šar lā šanān 无可匹敌的国王*，*ana dār 永远*，*zikar u sinniš 男女*，*ṣeher u rabi 老幼*。

我们可以看出名词的绝对态与句子中表示名词性谓语的状态式的形式相似，都无格尾，但它们的功能是不同的，我们应该区分开来。

2.3 名词结构态的拼写规律

一般而言，处于结构态的名词采用尽可能短的语音形式，其形态因下列几种情况而有不同的发音规则：1）在属格名词前，去掉格尾；*pars*，*pirs* 或 *purs* 类型的阳性名词和带 *-t* 的阴性名词去掉词尾后，其结尾会出现发音不允许的辅音连缀，为了避免辅音连缀，一短元音被插入这类名词的结构态的后两个辅音。2）在物主代词后缀前，以下是各种情况下的名词结构态的发音规则：

1. 在属格名词前的结构态词形

名词的 ***-m***、***n*** 尾音和格尾中的短元音一律去掉，但是长元音格尾可以保留：*bēl bītim 家主*，*ana bēl bītim*，*bēlū bītim 家的主人们*。

如果去掉格尾后，词干出现了超短词干或辅音连缀结尾，要附加短元音或去掉词干末位辅音，具体变化如下：

① 只有两个辅音（包括弱辅音）的超短词干，如 *'ab-*，*ah-*，*id-*，一般在尾部加上短元音 ***-i***：*ab**i** bītim 家之父*，*id**i** awīlim 人之上肢*。

② 多音节的、以任一辅音加 ***-t*** 的辅音连缀结尾的阴性词和以两个相同的辅音结尾的单音节短词干，如：*niditt-*，*ṭupp-*，*libb-* 在词干尾部加上短元音 *-i*：*niditti awīlim*，*ṭuppi awīlim*，*libbi awīlim*。例外有 *šarr-* 简化为 *šar*：*šar mātim 国的王*。

③ 以同一双辅音结尾的多音节阳性词干，如 *kunukk-* 的结尾辅音被去掉：*kunuk awīlim*

④ 第二和第三辅音连缀结尾的 *pars*，*pirs*，*purs* 类型的名词类型：要在两个连缀的辅音中插入与词干元音相同的短元音：*mahrum* > *mahar awīlim*，*šiprum* > *šipir-šu*，*šulmum* > *šulum-kunu*。

⑤ 由于元音省略形成词尾辅音连缀的名词同样要在两个辅音之间恢复省略的短元音：*ša**kn**um* < **šakinum*：*ša**kin** mātim*，*ša**kin**-šu*。

⑥ 单音节阴性词尾 *-t* 经常变为 *-at*：*šubt-um*：*šub**at** awīlim*，*šubas-su*。有时在 *-t* 后加一个短元音 *-i* 或 *-a*：*qīš**ti** awīlim*，*qīš**ta**-ka*。

2. 在物主代词后缀前的结构态

① **-m**、**-n** 尾音一律去掉。单数主格、宾格：格尾的短元音去掉，如：*bēl-šu*，*mās-su*（< **māt-šu*），*inā-šu*。复数保留短元音：*mātātu-šu 他的诸国*。

② 单数属格：保留属格指示短元音-*i*，如 *ana bēli-šu*。阴性复数：保留格尾短元音，如 *mātātu-šu*，*ana mātāti-šu*。

③ 多音节的、带-*t* 的阴性名词和以双同辅音结尾的主宾格名词，在词尾附加上元音**-a**：*ṭuppa-šu*，*niditta-šu*，*kunukka-šu*，*libba-ki*，*umma-šunu*

④ 两辅音（包括弱辅音）的和以-*a* 结尾第三弱辅音的超短词干：一般仍保留三种格尾短元音：***abu-šu abi-šu aba-šu bīšu-šu***，***māru-šu***，***māra-šu***，***kalû-šu***，***kalû-šu***，***rubû-šu***。

以上总结了古巴比伦语中出现的结构态词形。但须注意的是，在其他方言中，甚至在古巴比伦语中，词形还会有略为不同的变化。然而，变化的一般规律是在结尾的两个辅音间插入短元音或在它们之后附加短元音，用于避免词尾出现辅音连缀，或避免出现一个元音一个辅音的超短词形。

2.4 万能关系代词介词 *ša*

阿卡德语有一种词组可以和结构态名词词组表达同样的名词从属语义：原态名词＋*ša*＋属格名词，*ša* 的作用特别像英语中的 of 和法语中的 de，汉语中的“的”：*šarrum dannum ša mātim*（*šar mātim dannum*）*国家强大的王*。

2.5 物主代词后缀

阿卡德语的物主代词一般附在它所修饰的名词之后，被称为代词后缀，表示名词对代词的所属关系。在前置词加属格动名词的词组中，它可以有主语或宾语的功能：*ana kašādi-ka “当你到达后……”*。物主代词后缀也可以和几个特殊的前置词连用：*itti-šu* 和他一起。

三种人称的物主代词后缀

人 称	单 数	复 数
第一人称共性	*-ī*，-(*y*)*a* 我的	*-ni* 我们的
第二人称阳性	*-ka* 你的	*-kunu* 你们的
第二人称阴性	*-ki* 你的	*-kina* 你们的
第三人称阳性	*-šu* 他的	*-šunu* 他们的
第三人称阴性	*-ša* 她的	*-šina* 她们的

在经典的古巴比伦语中，第一人称单数后缀有三种形式：*-ī* 用于辅音之后，*-a* 用于元音 *ū* 之后，*-ya* 用于其他元音之后。

2.6 以 *z*，*ṣ*，*s*，*d*，*t*，*ṭ*（舌擦音、齿音）结尾的名词和 *Š* 开头的物主代词后缀形成结构态时变为 *-ss-*

这 7 个齿音或擦音和代词后缀 -*š*(*u*) 相连时，它们互相影响，彼此都变为 *ss*：**zš*，**ṣš*，**sš*，**dš*，**tš*，**ṭš*＞*ss*：*aššat-šu*＞*aššas-su*，*māt-šu*＞*mas-su*。

单词表

abum：父亲（复数为 *abbū*）
aššatum：妻子
awātum：话、事件
bānium，*banûm*：建造者、制造者
bēltum：夫人、女主人
bēlum：主人、所有者
bīšum：财产
dārium：永恒的
dīnum：审判、案件
ekallum：宫殿
eli（前置词）：在…上面
eqlum：田地
errēšum：农夫
erṣetum：土地
eṣemtum 骨头（复数为 *eṣmētum*）
hulqum：丢失的物品
idum：胳膊、人体一侧
īnum：眼睛
itti（前置词）：和……
kalûm：全部、整个
kunukkum：圆筒印章、加印的文件
libbum：心、中心、中间
mārum：儿子、下属

mātum：（阴性）土地（复数为 *mātātum*）

mīšarum：公正　　*nidittum*：礼物

qātum：手　　*reûtum*：牧羊人

rubāum：王公　　*ṣehrum*：小的；阴性：*ṣehertum*

ṣibtum：利息　　*ṣīrum*：高贵的、崇敬的；阴性为*ṣīrtum*

šaknum：总督　　*šaluštum*：三分之一

šamāū，*šamû*：（复数）天空、天堂

šarratum：王后　　*šiprum*：工作、制品

šubtum：住处、居住地　　*šulmum*：完整、健康、安好

šumum：名字、后代　　*ṭūqurum*：珍贵的（阴性为 *šūqurtum*）

u：和　　*ṭuppum*：泥板文书

zittum：（财产）份额　　*zērum*：种子

楔形符号	音节值	苏美尔词义符和阿卡德对应词
	ÌR：*ir*，*èr*	arad = *wardum* 奴隶
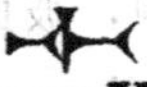	TI：*ti*，*ṭì*，	ti-la = *baraṭum* 活着
	IA：*ia*	
	TUR：（*tur*）	tur = *ṣehrum* 小的，dumu = *mārum* 儿子
	AD：*ad*/*t*/*ṭ*	ad = *abum* 父亲
	GA：*ga*，*qá*	ga = *šizbum* 牛奶
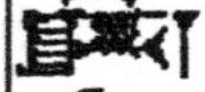	ID：*id*/*t*/*ṭ*，*ed*/*t*/*ṭ*	Á = *idum* 胳膊，旁边
	PI：*pi*/*e*，*wa*/*i*/*e*/*u*	geštug = *uznum* 耳朵
	IGI：*ši*，*lim*	igi = *īnum* 眼睛，igi = *pānum* 前面（复数：脸）
	LUM：*lum*，lu_4	lim = *līmum* 千

练习二

1. 规范化转写与翻译。

(1) *be-el ša-me-e ù er-ṣe-tim* (2) *a-ra-an di-nim*

(3) *i-na qá-at mār awi-lim* (4) *aš-ša-at a-wi-lim*

(5) *aš-ša-sú* (6) *warad ekallim*

(7) *šàr mi-ša-ri-im* (8) *li-ib-bi* ^{d}*Marduk*

(9) *zērum da-rí-um ša šar-ru-tim*

(10) *mār a-wi-lim ṣe-eh-ra-am*

(11) *ša-lu-uš-ti eqlim* (12) *ṣi-ba-sú*

(13) *it-ti be-el-ti-ša* (14) *be-le-sà*

(15) *e-li-šu* (16) *it-ti-šu-nu*

(17) *re-ú-ši-na* (18) *be-el-ni*

(19) *eṣemti warad a-wi-lim* (20) *šum-šu ṣi-ra-am*

(21) *i-na li-ib-bi-šu* (22) *a-na be-lí-šu*

(23) *bīs-sú* (24) *zitta-šu*

(25) *a-na aš-ša-ti-šu*

(26) *a-wa-ti-ia šu-qú-ra-tim*

(27) *di-ni* (28) *ma-só*

(29) *a-na ni-ši-šu* (30) *er-re-šum*

(31) *er-re-su* (32) *be-el hu-ul-qí-im*

(33) *hu-lu-uq-šu*

2. 把下面的短语翻译成阿卡德语。

(1) *the man 's son* (2) *the man 's brother*

(3) *the man 's work* (4) *the man 's gift*

(5) *the man 's wife* (6) *the man 's dwelling*

3. 在上面的短语中加入前置词“*ina*”。

4. 翻译下面的短语。

(1) his tablet (2) their seal (3) your heart

(4) our maker (5) her son (6) my brother

(7) his father　　(8) my possession　　(9) their bones

(10) my word　　(11) her small queen　　(12) with my share

(13) his tenant farmer

5. 翻译下面的楔形文字。

(1) 

(2) 

(3) 

(4) 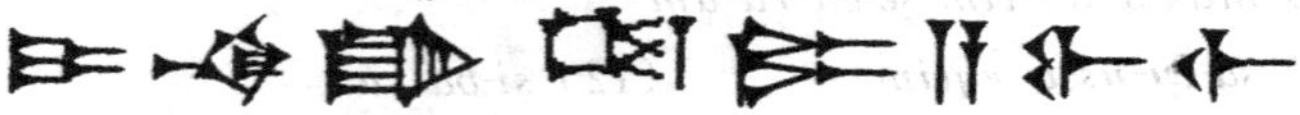

(5) 

(6) 

(7) 

第三课 强动词的G词干形态变化Ⅰ

3.1 动词的三辅音词根和词汇形态

和我们重视元音的汉语不同，塞姆语是一种重视辅音的语言。除了一些纯名词词根（如“*ab*-父亲”和“*kalb*-狗”）没有同源的动词或形容词外，一般而言，阿卡德语词汇中的每个动词都有同词根的衍生形容词和名词，如“*išriq* 他偷”，“*šarqum* 被偷的”，“*šarrāqum* 小偷”。我们可以看出这组词都有三个辅音 **šrq*，这三个辅音被称为“动词和同源名词的共同的词根”。在阿卡德语中，单词基本上都是由三个辅音词根构成的，但也存在几个四个辅音词根组成的单词。

和其他塞姆语一样，阿卡德语的动词分为强动词和弱动词，强动词的三个辅音均为不变化的强辅音，因此它们的变位有规则，易分析。弱动词的三个辅音有一个或两个，甚至三个都是不稳定的或文字无法记录的弱辅音，因此它们的变位是比较特殊的，在后面的章节中我们将专门进行论述。

3.2 动词的几种词干形式

如同希伯来语和阿拉伯语，阿卡德语基本动词可以派生出几种辅音词根和语义有关联的同词根的动词形态，我们称基本动词和派生动词的形态为“词干”。不同形态的词干有不同的语法意义和词义。主要的词干有四种：基本词干、中辅音双写（D）词干，加 š 前缀词干和加 n 前缀词干。每种基本词干又可以加 -t- 中缀形成四种次一级的“（加）t 辅音词干”，或加 tn- 形成第三级的四种“加 -tn- 辅音词干”。四种主要词干的形式和名称如下：

G（基本词干）词干，又称第一词干，相当于阿拉伯语的 I 词干和希伯来语的 Qal 词干。

双写（**D**）词干又称为第二词干，相当于阿拉伯语的 II 词干和希伯来语的 Pi^{cc}el。

Š 头词干又称为第三词干，相当于阿拉伯语 IV 词干和希伯来语的 Hif^{c}il。

N 头词干又称为第四词干，相当于阿拉伯语中 VII 词干和希伯来的 Nif^{c}al。

四种次要的 t 词干（加中缀-*ta*-）是基本加 **t**（**Gt**）词干、双写加 **t**（**Dt**）词干、**Š** 头加 **t** 词干和 **N** 头加-**t** 词干。四种第三级的加 tn 辅音词干（加中缀-*tan*-）是：**Gtn** 词干、**Dtn** 词干、**Štn** 头词干和 **Ntn** 头词干。这四种主词干用英语大写字母 G、D、Š、N 表示简称。

3.3 时　态

句子中的动词可以有不同的谓语形式，我们称之为时和式。阿卡德语的谓语动词有三种时和两个式：(1) 将来时（未完成时）：它表达的是一个持续到将来的动作和尚未发生的动作，国外亚述学界称为 present，这里我们称为"将来时"。(2) 过去时：它表达的是在过去某一时间发生过的动作，这是最常用的表述发生了的动作的时态。(3) 完成时：它表达的是一个完成的动作与另一完成的动作在时间上的相连关系，或是一个目前已完成了的动作，一般在英语中翻译为过去时或完成时（如 I did *我做了*或 I have done *我已经做了*）。(4) 状态式：表达状态的意味大于表达动作。(5) 命令式：第二人称为省略主语。除了这五种谓语时态、式外，每个动词还有名词形态的动词不定式和动名词，以及形容词形态的动形词。

由于亚述学表示阿卡德语法特点的专业术语均取自印欧语系的语法术语，它们未必能够精确地描述阿卡德语法特征。"时态"和"式"只是在理论上表示动词的状态：将来时表示将发生的或还没有结束的动作，过去时表示过去某一点时间发生过的动作，因此它们也可以称为“未完成时”和“完成时”。

3.4 动词的变位元音和词义类型

语言的动词可以分为两类：我们把具有基本动作意义的、表示动作或过程的词称为动作动词，我们把来源于形容词、表示某种存在的状态的词称为状态动词。

阿卡德语动词的过去和将来时形式由三辅音词根和辅音间的不同的元音形成，动词谓语形式中位于第二和第三辅音间的元音称为“变位元音”。根据变位元音，动词可以分为四大类型：

基本词干的过去和将来时的变位元音类型

	元音类型	过去时	将来时
1	*u/a* 变音类型	*iprus*	*iparras* *决定*
2	*a/a* 类型	*iṣbat*	*iṣabbat* *抓住*
3	*u/u* 类型	*irpud*	*irappud* *跑*
4	*i/i* 类型	*ipqid*	*ipaqqid* *委托*

注意：*u/a* 是只存在于基本词干的特殊元音类型，在其他词干中，它和 *a/a* 类型合为一种类型。

同一元音类型的动词的词义没有严格的规律，但一个元音类型转变为另一个类型的情况是很少见的。一般词义范畴是：属于 *u/a* 和 *a/a* 元音类型的动词基本是及物动词；*u/u* 类型中的动词多是不及物动词；*i/i*类型的动词或是瞬间发生的及物动词或是不及物动词。

不及物的状态动词一般属于 *i/i* 元音类型：状态动词 *damāqum* 的过去时是 *idmiq* *他是好的*。但是，在 *a/a* 类型中我们也可以找到不及物的状态动词：状态动词 *pašāhum* *是平静的* 的过去和将来时是 *ipšah* *他处于平静*，*ipaššah* *他将平静*。

3.5 过去时

过去时的形式是在三个词根辅音上加代词前缀做主语，并插入一个元音帮助发音：*i*＋*prus 他决定了*，*i*＋*ṣbat 他抓住了*。主语代词前缀是：*a- 我*，*ta- 你*，*i- 他或她*，*ni- 我们*。第二和第三人称的复数和阴性单数用附加长元音后缀表示：*-ī 你*（第二人称单数阴性），*-ū 他们*，*-ā 她们、你们*。过去时态表示过去某一时间发生了的动作，这是阿卡德语句子中最常见的动词时态。它相当于西北塞姆语和阿拉伯语中的未完成时，都是通过加代词前缀和后缀使动词的主语或宾语人称发生变化。及物动词的各种谓语形式都可以带代词后缀做宾语或形式宾语。

动词基本词干过去时人称变位表：例词 *parāsu*＝词根 *psr*

人　称	单　数	人　称	复　数
第三人称共性	*iprus*	第三人称阳性	*iprusū*
第二人称阳性	*taprus*	第三人称阴性	*iprusā*
第二人称阴性	*taprusī*	第二人称共性	*taprusā*
第一人称共性	*aprus*	第一人称共性	*niprus*

注意：从古巴比伦开始，一般情况下，第三人称单数阴性和阳性的前缀是同一的 *i-*，但在其他的阿卡德语方言中，有时还使用不同的第三人称阴性单数主语前缀 *ta-*：*ta-pras 你（女）决定了*。第二人称复数一般是用阴性复数 *-ā* 尾代表共性，阳性形式 **taprus-ū* 已经被废弃了。第三人称可以有双数形式：*iprusā*，但它和阴性复数形式没有区别。

3.6 将来时

动作动词的将来时表示动作在将来发生，或从现在开始持续到将来，国际亚述学借用英语语法术语的 present 来表示。如：*irappud 他在跑，他要跑*。在状态动词中，将来时动作含有就要开始的意味：*iballuṭ 他的身体开始康复*。注意阿卡德语的状态式（*stative*）和将来时的区别，前者表示现在的情况：*baliṭ 他的身体很健康*。

将来时的变位形式是动词的中辅音要双写，除了希伯来语外，与其对应的塞姆语变位形式还有埃塞俄比亚语中的G形式 jᵉqaṭṭel，其他传统的塞姆语法则没有这种形态。

将来时人称变位表：例词 *parāsu*

人称	单数	人称	复数
第三人称共性	*iparras*	第三人称阳性	*iparrasū*
第二人称阳性	*taparras*	第三人称阴性	*iparrasā*
第二人称阴性	*taparras*	第二人称共性	*taparrasā*
第一人称共性	*aparras*	第一人称共性	*niparras*

与其对应的其他变位元音类型动词有 *irappud*，*ipaqqid* 等。

注意：从中巴比伦时期开始，阿卡德语单词中的中间词根是 *b*，*g*，*d* 或 *z* 等浊辅音的动词的将来时，它的中辅音双写形式经常发生音变，双辅音中前一个会变成 *m* 或 *n*：*-bb-* > *-mb-*，*-gg-* > *-ng-*，*-dd-* > *-nd/md-*，*-zz-* > *-nz-*

imaddad > *imandad 他将测量*

inaddin > *inamdin 他将给*

inazziq > *inanziq 他将生气*

3.7 命令式

命令式表示对第二人称发出的肯定的命令，由于只有第二人称，它的形式不用人称代词前缀，三个词根辅音加上必要的发音短元音构成最短的动词形式，阴性和复数时，加入相应的长元音词尾，如：*purus*，*ṣabat*，*rupud*，*piqid*。不同元音类型动词的阳性单数命令式的第一元音和第二元音是过去时中的变位元音，但在有些情况下 *a/a* 类型动词不定式的第一元音由 *a* 变为 *i*：

阳性单数：*purus（你）分割！* *ṣabat limad rupud piqid*

阴性单数：*pursī*（*你*）（*阴性*）*分割！* *ṣabtī limdī rupdī piqdī*

阴性阳性复数：*pursā*（*你们*）*分割！* *ṣabtā limdā rupdā piqdā*

3.8 动词不定式

动词不定式是动词的一种名词形式，即无人称变位的非谓语形式。基本（G）词干动词不定式的形态是 *parāsum*。不定式兼有动词和名词的特征，因此它可以和宾格名词搭配形成动宾式的动词不定式结构，或和同格的名词搭配，形成名词式动词不定式结构。

3.9 动名词

动名词表示发出动作的人或主体。基本（G）词干的动名词形态是 *pārisum* *一个决定（事）的人*，阴性单数为 *pāristum*，阴性复数为 *pārisātum*，阳性复数为 *pārisūtum*。动名词的功能相当于名词，也就是说和它搭配的名词处于属格而不是宾格，如：*pālih ilim* *敬神的人*。状态动词没有动名词形式，它的名词形式一般用与其相对应的形容词来代替。

3.10 动形词

基本（G）词干动形词是 *parsum*（< **parisum*），格尾变化和其他形容词相同。它一般表示被动意味，如不定式：*habālum* *压迫* > *hablum* *被压迫的*，*awīlum hablum* *被虐待的人*。

3.11 名词句子

名词句子是不带有谓语动词（“限定动词”）的句子。它的特征是一个名词与一个独立代词或一个名词搭配成句；有时，句尾带有一个后置小品词 *-ma* 做系动词标志：

Adad šarrum-ma. 阿达德是国王。

ul abī atta. 你不是我的父亲。

salīmātum ša awīl Ešnunna daṣtum-ma. 埃什嫩那统治者的友谊是奸诈的。

3.12 动词性句子的词序

动词性句子的词序是：主语+宾语+间接宾语+动词。谓语动词是放在句子最后面的，这在塞姆语中很少见——这种用法很明显是受了苏美尔语的影响。

单词表

alākum(*i/a*)：到；过去时	*illik*，将来时 *illak*
iṣum：树木	*dayyānum*：法官
kašādum(*u/a*) 到达、征服	*kaspum*：银子
namkūrum：货物、财产	*mahāṣum*(*a/a*)：攻击、打
nīšum：生命（誓约用语）	*mû*（复数）：水
palāhum(*a/a*)：害怕、敬畏	
nadānum(*i/i*)：给；过去时	*iddin*，将来时 *inaddin*
parāsum(*u/a*)：切、分	*pûm*：嘴
nakāsum(*i/i*)：砍下；过去时	*ikkis* 将来时 *inakkis*
ragāmum(*u/u*)：叫喊	*rittum*：手、手腕
naṣārūm(*u/a*)：保卫、照看	*ṣabātum*(*a/a*)：占有、抓住
nuhšum：丰富	*šaqālum*(*u/a*)：称出、付给
paqādum(*i/i*)：照顾	*šarāqum*(*i/i*)：偷
pašāṭum(*i/i*)：删去	*šumma*(连词)：如果……
purussā'um：决定	*šarākum*(*u/a*)：赠给
šakānum(*u/a*)：放、搁置	*zakārum*(*u/a*)：说、叫、命名
šebērum(*i/i*)：打破	

楔形符号	音节值	苏美尔词义符和阿卡德对应词
	BA：*ba*	ba ＝ *zâzum* 分割（财产）
	ZU：*zu*，*sú*，*ṣú*	zu ＝ *idûm* 知道 zu ＝ *lamādum* 学习
	IG：*ig/k/q*，*eg/k/q*	ĝal ＝ *bašûm* 成为、存在、有
	AM：*am*	am ＝ *rīmum* 野牛
	GIŠ：*iz/s/ṣ*，*ez/s/ṣ*，(*giš/s*)	ĝiš ＝ *iṣum* 树，木材
	ŠU：*šu*，（*qad/t*）	šu ＝ *qātum* 手
	UD：*ud/t/ṭ*，*tam*，*pir*，（*par*，*lah*，*lih*，*hiš*，*tú*）	ud，u_4 ＝ *ūmum* 白天 ^{d}Utu ＝ ^{d}*Šamaš* babbar ＝ *peṣûm* 白色的
	IM：*i/em*	^{d}Iškur ＝ ^{d}*Adad* im ＝ *ṭiṭṭum* 泥土 tu_{15} ＝ *šārum* 风
	KÙ	kug，kù ＝ *ellum* 纯洁的 kù-babbar ＝ *kaspum* 银子 kù-sig_{17}（gi），guškin ＝ *hurāṣum* 金子
	ZA：*za*，*ṣa*，*sà*	

练习三

1. 规范化转写与翻译。

(1) *iš-ru-uk* (2) *im-ha-aṣ*

(3) *ik-šu-ud* (4) *ip-ši-iṭ*

(5) *mi-ša-ra-am i-na pī ma-tim aš-ku-un*

(6) *šum-ma da-a-a-nu-um pu-ru-sà-am ip-rú-us*

(7) *a-wi-lum namkūr ilim iš-ri-iq*

(8) *bīt-sú iṣ-ba-at* (9) *ī-ša-ak-ka-nu*

(10) *i-na-ṣa-ar* (11) *i-pa-aq-qí-du*

(12) *ni-iš i-lim i-za-kar* (13) *i-ra-ag-gu-um*

(14) *i-še-eb-bi-ru* (15) *i-ṣa-am i-na-ak-ki-su*

(16) *ritta-šu i-na-ki-su* (17) *kaspam i-ša-qá-lu*

(18) *bīt-sú a-na kaspim i-na-ad-di-in*

(19) *pa-li-ih i-lí*

(20) *ša-ki-in me-e nu-úh-šim a-na ni-ši-šu*

(21) *pa-qí-id bi-tim* (22) *i-na a-la-ki-šu*

(23) *a-na ka-ša-dim* (24) *bi-tum na-ad-nu-um*

2. 写出下列单词的过去时、将来时、命令式。

kašādum, *šarāqum*, *šebērum*

3. 写出上面单词的动名词和动形词。

4. 把下面的短语翻译成阿卡德语。

(1) You raised a claim.

(2) He reverences the gods.

(3) He struck the man.

(4) My lord broke his tablet.

(5) I entrust my father to the gods.

(6) He placed his gift before the gods.

(7) He is weighing out silver in his father's house.

(8) He effaced my words.

(9) When you arrive.

(10) In order to guard his house.

(11) The seized man.

5. 翻译下面的楔形文字。

(1) 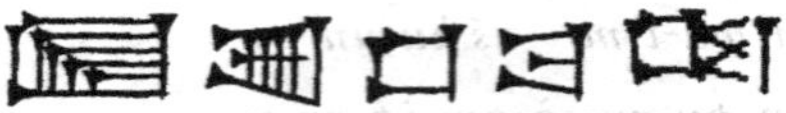

(2) 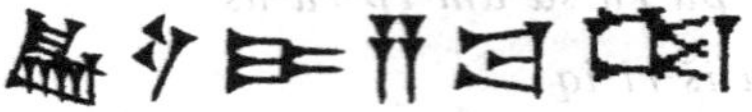

(3) 

(4) 

(5) 

(6) 

第四课　强动词的基本（G）词干形态变化Ⅱ、动词的宾语后缀

4.1　基本干动词的状态式

动词的状态式形式由动形词 *parsum* 转化而来，它表达的是一个动作的持久状态或持续的效果：*damiq 他很好*（状态动词），*paris 它被决定了*（动作动词）。及物动词的状态式一般表示被动语态：*ṣabit 他被俘虏*，但少数情况也可以表达主动语态：*bītam ṣabit 他占有一所房子*。

动作动词的状态式是以 *paris* 为基本形式，如果 *paris-* 附加了以元音开头的状态式人称代词词尾，如 *-at*，词干中的后一个短元音 *i* 就可以省略了：**paris-at* = *pars-**at***。状态动词的状态式经常也是以 *paris* 为基本形式，但也可能是以 *parus* 或 *paras* 为形式：*maruṣ 他生病了* < *marāṣum*，*rapaš* 它是宽的 < *rapāšum*(*i*/*i*)。

动词状态式变位表：例词 *parāsu*

人　称	单　数	复　数
第三人称阳性	*paris*	*pars**ū***
第三人称阴性	*pars**at***	*pars**ā***
第二人称阳性	*pars**āta***	*pars**ātunu***
第二人称阴性	*pars**āti***	*pars**ātina***
第一人称共性	*pars**āku***	*pars**ānu***

任何一个名词或形容词也可以构成状态式，其功能相当于名词句子：

*šarr**āku** 我（是）国王，šar 他（是）国王* < *šarrum*（名词）

rabâta 你是伟大的 <*rabûm*（形容词）
bēlētunu 你们是主人 <*bēlum*（名词）
damqū 他们很好 <*damqum*（形容词）

在 *e* 元音的单词中，状态式的词尾 *-a* 常常被前面的 *e* 同化：*bēl*，**bēlat* >*bēlet*，*bēlēta*，*bēlēku*，*bēlū*，*bēlā*，*bēlētunu*，*bēlētina*，*bēlēnu*。

4.2 完成时

完成时是在动词的第一辅音后加中缀 ***-ta-***，虽然这种时态形式和基本加 t（Gt）词干 *-ta-* 的过去时是相同的，我们应该严格地区分这两种形式的不同词义。

在从句中，完成时可以表示将来完成的时态（就是在主句的谓语动作之前完成的动作）：*inūma gerrētum iptarsā 当所有的商队都离开了的时候……*

在主句中，完成时有两种用法：（1）动作已经结束但是影响仍存在；在许多信件中第一人称完成时动词常常带有时间副词或副词“已经”，如：*inanna 现在*，*anumma 与此同时*；*anumma aštaprakkum 在（我写信）同时，我还派了某人到你处*；*inanna aṭṭardakkum 现在，我已经给你派遣了（人）*。

（2）它表示动作接着另一个动作，多用来表达在一系列过去时动作中的最后一个动作：位于动词完成时之前的动词时态一般处于过去时，并带有 *-ma* 连词后缀：*iqbi-am**ma** ana bēli-ya aš**ta**pr-am 他对我说了之后，我向我的主人报告了（此事）*。

基本（G）词干完成时人称变位表：例词 *parāsu*

人 称	单 数	人 称	复 数
第三人称共性	*iptaras*	第三人称阳性	*iptarsū*
第二人称阳性	*taptaras*	第三人称阴性	*iptarsā*
第二人称阴性	*taptarsī*	第二人称共性	*taptarsā*
第一人称共性	*aptaras*	第一人称共性	*niptaras*

注意：① 完成时中缀 *-ta-* 是弱辅音，在第一辅音是浊舌齿音（*ṭ*，

d）或是舌擦音（*z*，*s*，*ṣ*）的动词中，它总是被其前面第一辅音所同化：*ṭ*+*ta*=*ṭṭa*，*d*+*ta*=*dda*，*ṣ*+*ta*=*ṣṣa*，*z*+*ta*=*zza*，*s*+*ta*=*ssa*：*iṭṭarrad 他派遣了（部队）*。在浊辅音 *g* 之后，它则浊化为-*da*-，*g*+*ta*=-*gda*-。

② 完成时中的变位元音和将来时的变位元音是同一的：*iṣṣabat*(*a*/*a*)，*irtapud*(*u*/*u*)，*iptaqid*(*i*/*i*)。

③ 如果完成时加了指示阴性或复数的元音词尾，完成时的第二个拼读元音要被省略：**iptaras-ū* > *iptarsū*。

④ 我们可以看出基本（G）词干完成时形式和基本加 t（Gt）词干的过去时形式是相同的。我们一般是根据词义和文献来判断一个词是基本（G）词干的完成时还是基本加 t（Gt）词干的过去时。*ihtabal 他虐待了（士兵）*应是G完成时。基本加 t（Gt）词干表示相互作用的动作：在军事编年纪中 *imtahṣū* 一般都是基本加 t（Gt）词干的过去时（不定式 *mithuṣum 互相打*）。

4.3 谓语动词的宾格和予格代词后缀

及物动词的谓语形式经常在尾部附加上一个代词做宾语或间接宾语，这些附于动词尾部的代词被称为宾格和予格代词后缀：*iddinū 他们给*，*iddinūšu 他们给他（它）*，*iddinūšum 他们给他（某物）*。

谓语动词（*iddin*）的予格和宾格代词后缀

人　称	宾格（第四格）	予格（第三格）
第一人称共性	*iddin-**an-ni***	*iddin-**am***
第二人称阳性	*iddin-ka*	*iddin-ak-kum*
第二人称阴性	*iddin-ki*	*iddin-ak-kim*
第三人称阳性	*iddin-šu*	*iddin-aš-šum*
第三人称阴性	*iddin-ši*	*iddin-aš-šim*
复数第一人称共性	*iddin-niāti*	*iddin-an-niāšim*
复数第二人称阳性	*iddin-kunūti*	*iddin-ak-kunūšim*
复数第二人称阴性	*iddin-kināti*	*iddin-ak-kināšim*

续 表

复数第三人称阳性	*iddin-šunūti*	*iddin-aš-šunūšim*
复数第三人称阴性	*iddin-šināti*	*iddin-aš-šināšim*

注意其他的变化规则：

（1）第一人称予格代词后缀**-*am*** 只用于谓语动词中以辅音结尾的人称变位形式（*iprus*，*taprus*，*aprus*，*niprus*）。在元音结尾的动词变位形式中，主语为第二人称阴性单数的形式以长元音**-*ī*** 结尾，其后的第一人称代词后缀必须用**-*m*** 取代-*am*：*taddinī-m*；主语为第二人称和第三人称复数的时态以长元音**-*ū***，**-*ā*** 结尾，它们的第一人称予格代词后缀则变为**-*nim***：*iddinū-nim*。

（2）第一人称予格后缀也可以做“来向代词后缀”，在不及物动词中表示运动所朝着的方向，上条提到根据动词形态的三种结尾，它有三种形式：**-*am*/-*m*/-*nim***。注意“来向代词后缀”或予格代词后缀 -*am*/-*m*/-*nim* 和 -*ni* 搭配形成第一人称单数宾格后缀 **am-ni*>***an-ni***。后缀-***am***-还出现在其他所有的予格后缀之前形成常用的长尾予格，但是它的尾音-*m* 被它之后的辅音同化了：*taddinī-š*(=*m*)-*šum*，*iddinū-nik*(=*nim*)-*kum*。

（3）注意齿音/擦音和 *š* 相连时，它们互相同化为 *ss*：**zš*，**ṣš*，**sš*，**dš*，**tš*，**ṭš*>*ss*。

（4）予格代词和宾格代词后缀可以一起使用，予格（第三格）在宾格（第四格）之前。予格最后的-*m* 则被其后的宾格后缀的开始辅音同化：*iddinū-šuš-šu*< **iddinū-šum-šu* *他们把它给他*。

（5）在古巴比伦晚期，予格代词后缀特有的尾音 *m* 开始的丢失；这使得某些予格后缀和宾格后缀的区别消失：-*ni*，-*ku*，-*šu*，-*ši*，伴随而来的是予格和宾格后缀的混淆。

4.4 第一人称予格后缀-*am*-的特殊用法：表示来向的代词后缀 (Ventive)

来向代词后缀是一种特殊的动词后缀，它是动词变位形式加第一人

称单数予格后缀 *-am/-m/-nim* 的特殊用法。这种用法是从予格“向我”（*to me*）的意义发展而来的，当指示运动方向时，它的原始的予格后缀意义已经削弱了。表示运动的不及物动词和来向代词后缀连用表示运动的方向是朝着说话者，如：无来向代词后缀——*illik 他去了*，有后缀——*illik-am 他来了*。但是在许多时候，方向指示代词的后缀并没有实际的词汇意思。

来向代词后缀 ***-am*** 和代词的后缀形式相同，后面可以加连词后缀 ***-ma***。它可以单独出现，也经常和其他予格后缀搭配形成长予格，也有时和宾格后缀搭配。

inaššû 他们带走，inaššū-nim 他们带来

ušēṣi 我/他把（东西）弄出去，ušēṣi-am 我/他把（东西）弄出来

ublū-niš-šum<ublū-nim-šum 他们把（某物）带给他

*piqd-aš-šu< *piq(i)d-am-šu 你，委托给他（某物）*

*iparrasū-nik-kuš-šu< *iparrasū-nim-kum-šu 他们将为你决定它。*

注意：

（1）由于单数第一人称予格后缀和来向代词后缀是相似的，有时很难确定动词后的 *-am* 具有哪一含义。总的来说，如果一个及物动词明显要求予格词做间接宾语如“给”，*-am/-m/-nim* 就可以认为是第一人称予格代词；如果一个动词的意义不要求予格做间接宾语，如“行走”，它的后缀 ***-am*** 应被看做表示来向的后缀。

（2）从古巴比伦后期开始，所有格尾中的最后的 *-m* 音丢失。所以在后期，来向代词后缀也变为*-a/(u)-ni*。

4.5 从句形式（Subjunctive）、主句和从句的否定副词

谓语动词形式如过去时、将来时、完成时、状态式用于从句时，动词形式表现为从句式。当一个动词的谓语形式以辅音或是短元音（弱动词）结尾时，从句式是在词尾加 ***-u*** 从句指示；动词形式带有人称后缀（*-ī*，*-ū*，*-ā*，*-at*）时，动词保持不变，它们的陈述句形式和从句形式没有区别。*iprusū 他们决定了*，从句式：*šarrū ša iprusū 作出决定*

的王。

从句中的否定副词是 *lā*，主句中的否定副词则是 *ul*。

4.6 引起从句和要求从句形式的一些连词

几乎所有的由连词形成的从句都要求动词用从句形式：*inuma 当……时候，ištu 在……之后，adi 只要……就，lāma 在……以前，warki 在……之后，aššum 由于……，kīma 当……时，像……一样，(说的) 是……，mala 所有的……，aššum 关于……，因为……*。关系从句则用万能关系代词 *ša 某人……的，那个……的*。

4.7 不需要动词从句形式的"如果"从句

连词 *šumma* 引起的条件从句是特殊的，它不要求用动词从句形式，但它的否定副词仍是 ***lā***：*šumma išriqma ilteqe 如果他偷了并且拿走了……*

4.8 连接句子和名词的并列连词 *u* 以及动词的后缀连词-*ma*

并列连词连接两个名词、词组或句子，它们连接的句子都是主句，因此不要求使用从句形式。各种连词有如下的特点：

（1）阿卡德语可能有两个同音异义的连词：***u***（<*wa*）和 ***ū***（*aw*）。***u***"和、与"是简单的并列连接词，它可以连接两个并列句子或两个短语或单词。***ū***（< **aw*）连接的是单词（名词或是动词不定式）。这两个连词的楔形符号是同一个 ***ù***，根据文献上下文，它们的意义可以区分开。

（2）*lū……lū 或者……或* 是连接两个以上的名词或短语：*lū kaspam lū hurāṣam ū lū mimma šum-šu（如果他偷了）或者银子或者金子或是其他任何东西。*

（3）助词后缀-***ma*** 除了可以附在名词后指示名词句子外，还有两个重要的功能：

① 它附加在一个代词或名词后，表示强调或指示词或词组的状语功能：*anāku-ma 我自己，ina mūšim-ma 在同一个晚上。*

② 它附加在一个动词的谓语形式后，并位于另一个谓语形式之前，有连接两个并列动词的作用。与简单的并列连接词 *u* 不同的是，它还暗含了两个从句在时间或是逻辑上的顺序关系。所以它经常翻译为“并且”、“随后”，而且常要根据文献内容进行灵活翻译。

illik-ma šeam ištariq 他去了并偷了大麦。

aštanappar-aššum-ma ul illik-am 我一直写信给他，但是，他还没有来。

ṣābam ul taṭarradam-ma itti-ka ezenne 如果你没有派来部队，我会对你发脾气。

ālam kīl-aš-šu-ma lā anazziq 为我管理这城，于是我将不会生气!

单词表

adi I:(前置词) *直至；*（连词）*只要、直到……*

ana mīnim，*ammīni(m)*：*为什么*

adi II＝*qadum*:(前置词) *和……一起*

anumma：*与此信同时* *anāku*：*我*

balāṭum(u/u)：*活着、是健康*

aššum:(前置词) *关于* （连词）*关于、因为……*

inūma：*当……时候* *kirûm*<*kiri 'um*：*果园*

halāqum(i/i)：*丢失、消失、逃走了* *kī 'am*：*因此，如下*

kittum:(*kīnum* 的阴性词) *真理、公正，* 复数 *kīnātum*

lā：从句否定副词 *lāma*：*在……之前*

lū……lū：*或者……或者* *-ma*:(小品词) *和、并且*

narûm(<na_4-rú-a)：*石碑* *šarrāqum*：*小偷*

ša：*谁、哪一个*(万能代词)

šiqlum：*“锱”＝8 克*、银的重量单位

sinništum：*女人* *tamkārum*：*商人*

šapārum(u/a)：*派人送信、通知、写信*

ṭēmum(*$*t^{c}m$)：*消息、报告，行动*

šaṭārum(u/a)：*刻写（泥板文、铭文）*

ṭarādum(u/a)：*派遣（人）* *šumruṣum*：*生重病的*

walādum：生产、生育，过去时 *ūlid*，将来时 *ullad*

u：和……；　*ū*：或者……　*ul*：不

warki：在……之后

楔形符号	音节值	苏美尔词义符和阿卡德对应词
	NU：*nu*	nu = *ul*，*lā* 不
	RI：*ri/e*，*d/t/ṭal*	
	AL：*al*	
	DA：*d/ṭa*	
	MA：*ma*	
	ŠA：*ša*	ĝig，ĝe$_6$ = *mūšum* 夜晚；
	MI：*mi*，*mé*，*ṣíl*	ĝe$_6$ = *ṣalmum* 黑色的。
	DI：*d/ṭi*，*d/ṭe*	silim = *šulmum* 健康、平安。
	KI：*ki/e*，*qí/é*	ki =*erṣetum* 土壤；ki=*ašrum* 地方；
	KU：*ku*，*qú*，(*dúr*，*tuš*)	dúr = *wašābum* 坐、居住、逗留

练习四

1. 规范化转写与翻译。

(1) *a-wi-lum šar-ra-aq*

(2) *šum-ma mārú-šu ṣe-he-er*

(3) *sinništum ú-ul aš-ša-at*

(4) *eqlum ki-ma na-ad-nu-ma na-di-in*

(5) *sinništum ša mārī wa-al-da-at*

(6) *a-na-ku šum-ru-ṣa-ku*

(7) *iṣ-ṣa-ba-at*

(8) *iz-za-kar*

(9) *ih-ta-li-iq*

(10) *iṭ-ṣa-ra-ad*

(11) *iṣ-ṣa-ab-tu*

(12) *iṣ-ṣa-ba-as-si*

(13) *a-nu-um-ma Ri-im-*[d]*Sîn aṭ-ṭar-da-ak-kum*

(14) *a-na Gi-mil-*[d]*Marduk aš-tap-ra-am*

(15) *šum-ma mārum a-ba-šu im-ta-ha-aṣ ritta-šu i-na-ak-ki-su*

(16) *šum-ma a-wi-lum mārat a-wi-lim im-ha-aṣ* 10 *šiqil kaspam*

(17) *iš-ṭur-šum*

(18) *am-mi-ni la iš-pu-ra-am*

(19) *ṭú-ur-da-aš-šu-nu-ti*

(20) *a-wa-at iz-ku-ru*

(21) *kasap iš-qú-lu*

(22) *kasap tamkārum iš-qú-lu*

(23) *a-šar il-li-ku*

(24) *adi ba-al-ṭa-at*

(25) *ṭe*$_4$*-em kirîm šu-up-ra-am*

(26) *a-wa-at mi-ša-ri-im ša i-na narîm aš-ṭú-ru*

(27) *šarrum ša* [d]*Šamaš ki-na-tim iš-ru-ku-šum*

2. 写出下列词的状态式。

halāqum，*damqum*，*bēlum*

3. 写出下列词的完成时。

šaṭārum，*halāqum*，*balāṭum*

4. 把下面的句子翻译成阿卡德语。

(1) He is a thief.

(2) Marduk and Anum are angry.

(3) It is lost.

(4) I have spoken.

(5) They have spoken.

(6) He sent you.

(7) He sent the man to you.

(8) He gave to them.

(9) He gave them.

(10) He went.

(11) She came.

(12) After he struck the man, he wrote to me.

(13) If he struck either a king or a slave he will perish.

(14) He cut the wood and then broke (it).

5. 翻译下面的楔形文字。

(1) 

(2) 

(3) 

(4) 

(5) 

(6) 

第五课 动词的"基本加 t"(Gt) 词干、指示代词和疑问词

5.1 基本加 t (Gt) 词干

基本加 t（Gt）词干的构成是在第一和第二词根辅音间加入中缀 ***-ta-***。基本加 t（Gt）词干的动词有两个功能：

（1）表示两个主体之间的相互作用动作，或是表示主体的反身动作。

mahārum 面对，遭遇　　　　*mithurum 相互面对，战斗*

magārum 取悦，同意　　　　*mitgurum 达成一致意见*

ša 'ālum 问　　　　*šitūlum 自问自己，思索*

（2）表示动作的方向是离开的，或者表示一个不及物动词的开始阶段。

alākum 去＞atlukum 离开

elûm 向上走＞etlûm 向上离开，放弃（财物）、失去所有权（法律词）

u/a 元音类型是只存在于基本词干的特殊元音类型，在 Gt 和其他词干中，它和 a/a 类型合为一种类型。

动词基本加 t（Gt）词干的各种形态：例词 *parāsu*，*paqādu*，*ragāmu*

时态/元音类型	*a/a*	*i/i*	*u/u*
将来时	*iptarras*	*iptaqqid*	*irtaggum*
过去时	*iptaras*	*iptaqid*	*irtagum*
完成时	**iptatras*	**iptatqid*	**irtatgum*
动名词	*muptarsum*	*muptaqdum*	*murtagmum*
命令式	*pitras*	*pitqid*	*ritgum*

续 表

不定式	*pitrusum*	*pitqudum*	*ritgumum*
动形词	**pitrusum*	**pitqudum*	**ritgumum*
状态式	*pitrus*	*pitqud*	*ritgum*

注意：

① 这些词的变位形式是遵循基本（G）词干的变化形式，如将来时 *iptarras*，*taptarras* 等。注意，基本加 t（Gt）词干的过去时和基本（G）词干的完成时形式相同，都是 *iptaras*，*iptarsū*。命令式和三种名词形式的第一元音是 ***-i-***：*pitras*，*pitrasī*（阴性），*pitrasā*（复数）。名词形式（不定式、动形词、状态式）的第二元音是***-u-***：*pitrus* 他切开了，*pitrusat* 她切开了。

② 基本加 t（Gt）词干的将来时、过去时、完成时和命令式和基本（G）词干的将来时有相同的变位元音，但是变音元音类型 *u*/*a* 并入 *a*/*a* 元音类型，只有 *a*，*i*，*u* 三种元音类型。所以，Gt 动词的过去时和将来时的元音是一致的。

③ 注意：在强动词的基本加 t（Gt）词干中，如不考虑词尾，三种名词形式——不定式、动形词和状态式形式基本相同。

④ *-t-*的同化现象：4.2 节我们提到完成时的中缀 *t* 位于辅音 *d*/*ṭ*/*s*/*ṣ*/*z* 后时，中缀 *t* 成为弱辅音，变成了和前辅音相同的辅音：**d*＋*ta*＞*dda*，**ṭ*＋*ta*＞*ṭṭa*，**s*＋*ta*＞*s-sa*，**ṣ*＋*ta*＞*ṣṣa*，**z*＋*ta*＞*zza*。基本加 t（Gt）词干的所有形式也遵守这 *-t* 辅音的同化规则。

5.2 动词的语气表达式（Modal enunciations）

有两种表达肯定语气的祈使形式：同伴祈使式和祝愿祈使式；还有两种表达否定语气的形式：否定祈愿式和否定命令式。

1. 同伴祈使式（**Cohortative**）

同伴祈使式是指对包括自己在内的人提出的建议、号召，以第一人称复数形式出现。它的形式是在过去时的前面加助词 ***i***：

i nillik 让我们走吧！

2. 状态祈愿式、第一人称反身祈愿式和第三人称祈愿式（**Precative**）***lu-***，***li-***祈愿式表达的是一种愿望和要求，它的形式是在状态式或是过去时的前面加 ***lū-***，这两种形式有不同的含义。(1) *lū* 加状态式表达的是希望一种状态能够持续下去的愿望，它适用于各种人称，可以称为状态祈愿式，如：*lū balṭāta 愿你健康！ lū dāri 愿它能永存！* (2) ***lu-***或***li-***以前缀形式和过去时连用，表达的是一种愿望和要求，在古巴比伦时期它只用于第一人称单数（反身祈愿式）和第三人称单数、复数。由于动词第一人称和第三人称的代词前缀都是元音，*lu* 和 *li* 就和它发生缩合。在古巴比伦语中，*lu*＋*a-*＝***lu-***用于第一人称单数反身祈使式，*li*＋*i*＝***li-***用于第三人称单数或复数祈使式。*lukšud 让我能够到达！ limhaṣ 让他打（他）！ lipqidū 让他们提供（东西）！*

注意：第一人称单数的反身祈使式经常翻译为*"让我……吧"，"我希望"，"我必须"*，表达自己的愿望和计划，如：*lullik 我想走，我要走。*

3. 助词 ***lū*** 第二意义用于陈述句起强调作用

助词 *lū* 还有一种意思，我们必须把它和祈使式区别开。其形式是 *lū* 加在一个动词的前面，不与动词代词前缀发生缩合，它表达的是一种强调的陈述句。

陈述句：*lū akšud 我真的达到了，我达到了。*（表强调）

祝愿祈使式：*lukšud 愿我能达到，我想达到！*（表愿望）

4. 否定祈愿式（**Vetitive**）

否定祈愿式表达的是否定的愿望，它适用于各种人称。在对话中，它表示对上级或同辈提出的否定的愿望，而不同于强令禁止的否定命令式。其形式是 *ay* 置于过去时的第一或第三人称的元音代词前缀之前，或 *ē* 在过去时的第二人称的辅音代词前缀之前：

ay abāš 让我不被羞辱！

ê tallik-am 希望你不要来！

ay iddin 愿他不要给！

5. 否定命令式（**Prohibitive**）

否定命令式的形式是用否定词 ***lā*** 和动词将来时搭配，它仅用于第二人称和包含第二人称意义的第三人称：

lā taparras 别决定！

libba-ka lā imarraṣ 别让你的心受到伤害！

5.3 疑问句和疑问代词、疑问形容词

我们可以用疑问代词 *mannum 谁*、*mīnum 什么*、疑问形容词 *ayyum 哪些的，哪个的*、疑问副词 *ana mīnim 为什么* 这些词来提问。没有疑问词的选择疑问句也被使用，有时选择疑问句中动词的最后一个元音被加长：*eqlētim i-ṣa-ab-ba-tu-ú ú-ul i-ṣa-ab-ba-tu-ú 他们将占有这些田地，还是不占有?*

疑问代词 *mannum* 谁（属格 *mannim*，宾格 *mannam*）和 *mīnum* 什么（属格 *mīnim*，宾格 *mīnam*）是常用的疑问代词：

mannum illik-am 谁来了?

mīnam īpuš 他做什么?

注意 *ana mīnim* “为什么”可以合写成 *ammīnim*；*mīn-šu* = *miš-šu* 是“*他的东西*”。*mīnum* 还有一个长音后移的次要形式：*minûm*。

疑问形容词 *ayyûm 哪一个的，什么样的* 一般是作为一个名词的限定词：*ina ayyītim mātim 在哪一个国家里?* 但它也可以单独使用：*ayyûm illik-am 哪一个来了?*

5.4 指示代词

指示代词 *annûm*（*annium*）*这个（的）* 和 *ullûm*（*ullium*）*那个（的）* 在句中可以做主语，但它们常做定语修饰一个名词，属于形容词词尾变化。*annûm* 的阴性可做名词，表示上述的事或是情况：*annītam liqbi 让他说这事*。它们做形容词对一个名词进行限定：*šarrum ullûm 那个国王*。第三人称代词 *šū* 是第三个指示代词表示“那个”（已经提过的人或物），使用的频率很高。

5.5 否定副词

在古巴比伦语中有两个否定词 *ul* 和 *lā*。*ul* 用于否定陈述句和没有

疑问代词、疑问形容词和疑问副词的一般疑问句以及名词句子。*lā* 用于从句和命令式的否定，以及带有疑问代词、疑问形容词和副词的特殊疑问句。它也可以和一个单词和短语连用，表示相反词义。

陈述句：*ul allik 我没有去。（我没有去过吗?）*

ul tapallah 你不会害怕的。

名词句：*ul šarrum 他不是国王。（他不是国王吗?）*

一般疑问句：*ul ikšud 他没有达到?*

命令式：*lā tapallah 别害怕!*

从句：*šumma aššat awīlim mārī la ulid-aššum…… 如果一个人的妻子没有为他生孩子们……*

特殊疑问句：*ammīnim lā taṭrud-aš-šu 你为什么没有派他来?*

反义词组：*lā bēl išdīn 一个没有根底的主人。（一个软弱的主人。）*

单词表

arhiš：快速地

baqārum(u/a)：要求、主张

*dabābum(u/u)：说、讲话；*D词干：*抱怨*

*haṭṭum：王杖；*复数 *haṭṭātum*

karābum(u/a)：祝福、祈祷

labāšum：穿上、穿　基本加 t 词干（Gt）：*自己穿衣服*

labīrum：老的、旧的

*magārum(u/a)：同意、欢迎；*基本加 t 词干（Gt）：关于（*ana*）某事同意某人（*itti*）的观点

*muštālum(*š ʼl)：谨慎的*

qaqqadum：头；qaqqadī 反身代词：*我自己*

rēʼûm：牧羊人　　*ṣibtum：财物、利息*

šalāmum(i/i)：是完整的、处于健康的状态

watar：（副词）*更进一步、更加地*

楔形符号	音节值	苏美尔词义符和阿卡德对应词
	KA：*ka*	ka ＝ *pûm* 嘴，dug$_4$，du$_{11}$ ＝ *qabûm* 说；gù(～dé)＝ *šasûm* 喊，inim ＝ *awātum* 话、事件，zú ＝ *šinnum* 牙齿。
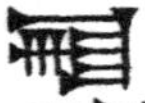	LA：*la*	
	LI：*li/e*	gúb ＝ *ellu* 纯洁的。
	RU：*ru*，（*šub/p*）	šub ＝ *nadûm* 扔， šub ＝ *maqātum* 掉下。
	AB：*ab/p*	
	TA：*ta*，*ṭá*	-ta ＝ *ištu* 从……。
	Ú：*ú*，*šam*	ú ＝ *šammum* 草、草本植物； kùš ＝ *ammatum* 腕尺。
	NIM：*nim*，*num*，（*nú*）	Elam^{ki} 埃兰国。
	LU：*lu*，（*dib/dip*，*dab/dap*）	udu ＝*immerum* 绵羊；dab＝*ṣabātum* 抓住；dib＝*etēqum* 走近，走过

练习五

1. 规范化转写与翻译。

(1) *šum-ma rē 'ûm it-ti be-el eqlim la im-ta-gàr*

(2) *šarrum mu-uš-ta-lum*

(3) *ki-ma a-hu-ka šu-ma-am ra-bi-am iš-ta-ak-nu*

(4) *il-ta-ab-šu*

(5) [d]*Zar-pa-ni-tum li-ik-ru-ba-am*

(6) *pu-ru-sà-ši-na li-ip-ru-ús*

(7) *haṭṭa-šu li-iš-bi-ir*

(8) *ṣi-bi-is-sú-nu la-bi-ra-am ki-ma úa-ab-tu-ma lu ṣa-ab-tu*

(9) *qa-qa-sà lu ka-bi-it*

(10) *lu-ú ša-al-ma-ta*

(11) *la wa-tar i-ba-aq-qa-ar*

(12) *la ni-il-la-ak*

(13) *e ta-ap-la-ah*

(14) *la ta-pa-al-la-ah*

(15) *a-wi-lum šu-ú*

(16) *a-ra-an di-nim šu-a-ti*

(17) *wardam šu-a-ti*

(18) *šarrī šu-nu-ti*

(19) *sinništam šu-a-ti*

(20) *an-ni-tam ar-hi-iš šu-up-ra-am*

(21) *a-na ma-ni-im lu-ud-bu-ub šum-ma a-na a-bi-ia la ad-bu-ub*

(22) *a-na ma-an-ni-im a-ša-ap-pa-ar*

2. 写出 *mahārum* 的基本加 t (Gt) 词干的词形变化，并写出它基本加 t (Gt) 词干将来时和过去时的人称变位。

3. 把下面的句子翻译成阿卡德语。

(1) He clothed himself.

(2) He will clothe himself.

(3) He has clothed himself.

(4) Clothe yourself!

(5) Don 't clothe yourself!

(6) May he clothe himself?

(7) Let us clothe ourselves!

(8) They did not agree with the thieves.

(9) He did agree. (状态式)

(10) That slave is not honored.

(11) Is this man not a king?

(12) What did those shepherds steal?

(13) Why did you not write to me?

(14) Did you not write to me?

4. 翻译下面的楔形文字。

(1) 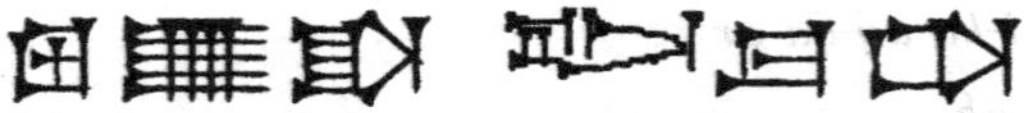

(2) 

(3) 

(4) 

(5) 

第六课 双写及物(D)、Š头使役、双写加t(Dt)被动、Š头加t被动型动词干和独立代词

6.1 双写及物（D）词干和Š头使役动动词干的辅音和元音特征

多数“双写词干”和Š头词干（“使役词干”）动词都是由基本词干衍变出来的，但有少数动词只有双写词干或Š头词干，没有对应的基本词干。双写（D）词干动词的辅音特征是三辅音词根的中间辅音（第二辅音）总是保持双写形式。Š头词干（使役词干）的辅音特征是在词根的第一辅音前插入前缀 *š*（*a*），词形共有4个辅音。

不像G和N头词干那样以变位元音类型来区分动词类别，中辅音“双写词干”（D）和Š头词干（“使役词干”）和它们下属的的*-t-*、*-tn-*词干的各种谓语形式都有相同的元音。

6.2 双写及物（D）词干和双写加t（Dt）被动词干的形态和词义范畴

双写（D）词干的特征是动词的三辅音词根的中间辅音（第二辅音）要总是保持双写形式。与基本词干中的人称前缀中有两个元音 *a-*（第一、二人称）和 *i-*（第三人称，第一人称复数）不同，它的谓语形式中的人称代词前缀的元音只有元音 *u-*，因此第一人称单数和第三人称单数同形。双写（D）词干有两种基本词义范畴：

（1）基本词干中的不及物动词衍生出的双写（D）词干获得了及物动词义。

双写词干：*dummuqum 做好事*，＜ 基本词干：*damāqum 是好的*

双写词干：*sullumum 交友，结盟*，< 基本词干：*salāmu 是友好的*

双写词干：*lummudum 使人学，教*，< 基本词干 *lamādu 学习*

(2) 基本词干中的及物动词衍生出的双写（D）词干表示原来及物动作的重复性、多次性或彻底性，起强调作用。

išbir 他打碎了（一个物体）>ušebbir 他打碎了（很多物体），打得粉碎。

iššiq šēpī-ya 他亲吻我的脚。unaššiq šēpī-ya 他重复地亲吻我的脚。

和双写（D）词干相对应，“双写加 t（Dt）被动词干”表示双写（D）词干的被动含义：*šalamum 是完整*，*šullumum 保全，保护，安全*，*šutallumum 被保全、保护*

双写及物（D）、双写加 t (Dt) 被动词干的各种形态变化表：例词 *parāsu*

时 态	双写（D）词干	双写加 t（Dt）词干
将来时	*uparras*	*uptarras*
过去时	*uparris*	*uptarris*
完成时	*uptarris*	*uptatarris*
动名词	*muparrisum*	*muptarrisum*
命令式	*purris*	*putarris*
不定式	*purrusum*	*putarrusum*
动形词	*purrusum*	**putarrusum*
状态式	*purrus*	**putarrus*

双写（D）及物词干将来时人称变位表：例词 *parāsu*

人 称	单 数	人 称	复 数
第三人称共性	*uparras*	第三人称阳性	*uparrasū*
第二人称阳性	*tuparras*	第二人称阴性	*uparrasā*
第二人称阴性	*tuparrasī*	第二人称共性	*tuparrasā*
第一人称共性	*uparras*	第一人称共性	*nuparras*

6.3 Š头使役词干和Š头加t (Št) 被动词干的形态和词义范畴

Š头使役词干（使役词干）的特征是在词根的第一辅音前插入前缀 *š*（*a*）；和双写词干一样，Š头词干的人称代词前缀中的元音总是元音 *u*-。Š头词干的基本含义是使动，也就是它的主语役使另一个人或物去完成或进行基本词干所表示的动作。

*bītam ēpuš 我建了一所房子。*Š头词干：*bītam ušēpiš 我叫人建了一所房子。*

*akšud-am 我到达了。*Š头词干：*ušakšid-aš-šu 我让他到达这里了。*

*ṣēnum eqlam īkul 羊啃田。*Š头词干：*eqlam ṣēnam uštākil 他让羊啃田。*

在Š头词干中加中缀 *-t-* 构成了*Š* 头加 *t* 被动词干：*Š* 头加 *t* 词干有两种用途，有两种不同的将来时形式，其他时态只有一种形式：

（1）*Š* 头加 *t* 词干用来表示*Š* 头词干的被动行为：*šulputum 破坏*，*šutalputum 被破坏。*Š头加t词干的将来时的形式为 *uštapras*（中间辅音不双写），由于Š头词干的动形词和状态式已经是表示被动语态，所以表示被动式的Š头加t词干就没有动形词和状态式。

（2）还有一种所谓的“词汇性的Š头加t词干”，这个术语是指在一些情况下Š头加t词干不表示Š头词干的被动意义，而表示一种特殊的、转化了的词义。在这种特殊词义下，词干将来时的形式是 *uštaparras*（中辅音要双写），例如：

wabālum 运送，*šutābulum 计算，讨论，思考*

ešērum 直的，*šūšurum 组织*，*šutēšurum 保持秩序，公正地对待……*

bitrûm 继续，*šutebrûm 持续，忍耐*

Š头使役、Š头加t被动词干变位表：例词 *parāsu* 切断

时　态	Š头词干	Š头加t词干
将来时	*ušapras*	*uštapras* / *uštaparras*
过去时	*ušapris*	*uštapris*

续 表

完成时	*uštapris*	**uštatapris*
动名词	*mušaprisum*	*muštaprisum*
命令式	*šupris*	*šutapris*
不定式	*šuprusum*	*šutaprusum*
动形词	*šuprusum*	*šutaprusum*
状态式	*šuprus*	*šutaprus*

Š 头使役词干将来时人称变位表：例词 *parāsu*

人 称	单 数	人 称	复 数
第三人称共性	*ušapras*	第三人称阳性	*ušaprasū*
第二人称阳性	*tušapras*	第三人称阴性	*ušaprasā*
第二人称阴性	*tušaprasī*	第二人称共性	*tušaprasā*
第一人称共性	*ušapras*	第一人称共性	*nušapras*

6.4 独立人称代词

由于阿卡德语动词的谓语形式带有代词前缀和后缀指示句子的人称主语和宾语，句子中常常可以省略独立人称代词，然而独立的“我、你、他”及复数作为强调的独立成分也常常出现在单词句子中。尤其在名词句中，人称代词只能以独立代词表示。它们有三种格尾：主格、属一宾格和予格。注意：予格在名词中已和属格同一，但在独立人称代词中得到了保留，见下表：

人 称	主 格		属格一宾格		予 格	
	单数	复数	单 数	复 数	单 数	复 数
第一人称共性	*anāku*	*nīnu*	*yâti*	*niāti*	*yâšim*	*niāšim*
第二人称阳性	*attā*	*attunu*	*kâti*	*kunūti*	*kâšim*	*kunūšim*

续 表

第二人称阴性	*attī*	*attina*	*kâti*	*kināti*	*kâšim*	**kināšim*
第三人称阳性	*šū*	*šunu*	*šuāti*，*šuātu šâti/u*	*šunūti*	*šuāšim/šâšim*	*šunūšim*
第三人称阴性	*šū*	*šina*	*šiāti*，*šuāti*，*šâti*	*šināti*	*šiāšim* *šuāšim*，*šâšim*	**šināšim*

（1）从上表中我们可以清楚地看出独立代词的阳性和阳性形式基本上（第二人称不同）是同一的。在古巴比伦时期，予格尾-*m* 有时丢失，在以后各时期，-*m* 基本上就丢失了，而且予格和宾格代词形式有时混淆。

（2）独立代词与前置词连用：和前置词要求名词的属格同样，前置词也要求独立代词的宾格或属格：*kīma yâti 像我一样*。前置词 *ana 对*…… 比较特殊，它要求与独立代词的予格搭配：*ana yâšim 对我* 。注意：一些前置词不和独立代词搭配，只与代词后缀连用，如：*itti-*，*eli-*，*warki*：*itti-ka 与你*，*itti-ya 与我*，*eli-šu 在他身上*，*warki-ša 在她之后*。

（3）独立代词与动词的搭配：一个不强调主语的句子可以用动词的代词前缀来表达主语；一个不强调宾语代词的句子可以用动词的代词后缀来表示宾语。独立代词在以下句子中表示对主语和宾语代词的强调：

attā tallik 你自己去了。　*yâti giml-anni 请你一定帮我一下。*

tuldī-nni yâti 你生的是我。

（4）独立代词在名词句中的使用："你是国王"这个句子有两种形式，可以用状态式和名词性句子加-*ma*，或是独立代词来表达。状态式用于表语没有另加的修饰词的时候；独立代词一般和有修饰词的名词联合使用：

šarrī atta 你是我的王。 *šār mātim atta 你是国家的王。*

（5）在第五章第四节指示代词中，我们已经看到第三人称形式

šū 也可以当做形容词“那个”使用，具有主格、宾属格、予格形式。如：*bīt awīlim šuāti 那个男人的房子*。注意：予格 *šūšim* 常和宾属格 *šuāti* 混淆。

单词表

abbuttum：*(奴隶或外族人的) 特殊发型*

akālum(u/a)：*吃；过去时 īkul，将来时 ikkal*

balāṭum(u/u)：*活着，有生命；*D 词干：*bulluṭum 治愈*

gigunûm：*塔庙*

gullubum：(只有 D 词干) *剃、刮(发)*

halāqum：*消失，不见了，丢了；*D 词干 *hulluqum*：*破坏*

išdum：*基础*(经常用双数)

kamārum(u/a)：*堆、放*

labāšum(a/a)：*穿上；*D 词干：*给某人穿衣服*

lamādum(a/a)：*学；*D 词干：*教、使学*

*mēreštum(*hrš)*：*耕作、田地*

Mes-lám：*庙宇名*(苏美尔语)

rapāšum：*是宽阔的；*D 词干：*使宽阔的，拓展*

šadālum：*宽的；*D 词干：*变宽*

sanāqum(i/i)：*靠近；*D 词干：*检查、控制*

sarrum：*错误，谎言，罪行*

ṣēnum：*绵羊和山羊/羊群*

ṣubātum：*衣袍*

šarrūtum：*王权*

še 'um：*大麦*

šubtum：*住处*

šuklulum(只有 Š 头词干)：*使完美，完成*

mimma šumšu：*所有，一切*

šuršudum：(只有 Š 头词干) *牢牢地建立*

têrtum：*命令，要求，占卜结果*

umma：(引起直接引语) 原话如下

warqum：*绿，黄绿*

楔形符号	音节值	苏美尔词义符和阿卡德对应词
	HAL：*hal*	
	MU：*mu*	mu ＝*šumum* 名字，mu＝ *zakārum* 说话、叫名；-mu，-ĝu$_{10}$我的。
	AG：*ag/ak/aq*	
	TAG：*šum*，*tag/tak/taq*	ag/ak ＝ *epēšum* 做
	IL：*il*	tag ＝ *lapātum* 接触
	IŠ：*iš*，*mil*	sahar ＝ *epru* 泥土。
	BI：*bi*，*bé*，*pí/e*，（*k/gaš*，*kás*）	kaš ＝ *šikarum* 啤酒。
	NI：*ni*，*ne*，*ì*，*lí*，*zal*，（*ṣal*）	ì ＝ *šammum* 植物油、芝麻油。
	AR：*ar*	
	EŠ：*eš*，（*sin*）	eš ＝ 30，^{d}30＝ ^{d}*Sîn*（月神）辛。
	ME：*me*，（*šib/p*，*sib/p*）	-me 复数指示词尾
	SAL：*šal*，（*sal*，*rag*，*mim*）	mí，munus ＝ *sinništum* 女人

练习六

1. 规范化转写与翻译。

(1) *a-wi-lam ub-ta-al-li-iṭ*

(2) *ab-bu-ti wardim ug-da-al-li-ib*

(3) *ki-a-am ú-lam-mi-da-an-ni*

(4) *mu-kam-me-er nu-úh-ši-im*

(5) *mu-ra-ap-pí-iš mi-im-ma šum-šu ana Mes-lam*

(6) *a-al-šu ú-ha-al-la-aq*

(7) *aš-šum še-e-im ša ús-sà-an-na-qú*

(8) *eqlam ṣēnam uš-ta-ki-il*

(9) *mu-šar-ši-id šu-ba-at* ^{uru}*Kiš* ^{ki}

(10) *šar-ru-tam da-rí-tam ša ki-ma ša-me-e ù er-ṣe-tim iš-da-ša šu-úr-šu-da*

(11) *mu-ša-al-bi-iš wa-ar-qí-im gi-gu-ne-e* ^{d}*A-a*

(12) *mu-ša-ad-di-il me-re-eš-tim*

(13) *mu-ša-ak-li-il te-re-tim*

(14) *šu-ma i-il-la-ak*

(15) *um-ma šu-ú-ma*

(16) *sa-ar-ru-tim šu-nu-ti*

(17) *ki-ma ia-ti*

(18) *a-na ka-ši-im*

2. 写出 *šapārum* 的 D、Dt、Š 和 Š 头加 t 词干的词形变化，并且写出 D、Š 头词干过去时和完成时的人称变位。

3. 把下面的句子翻译成阿卡德语。

(1) He healed them.

(2) They were healed.

(3) He broaded the foundation.

(4) Farmers will perfect the earth.

(5) Who is like you?

(6) We are judges.

(7) We are your judges.

(8) He clothed me with a garment.

(9) They clothed me with a garment.

(10) He perished.

(11) He destroyed the city.

(12) It was I who destroyed it.

(13) It was I to whom they gave the silver.

4. 翻译下面的楔形文字。

(1) 

(2) 

(3) 

(4) 

(5) 

(6) 

(7) 

(8) 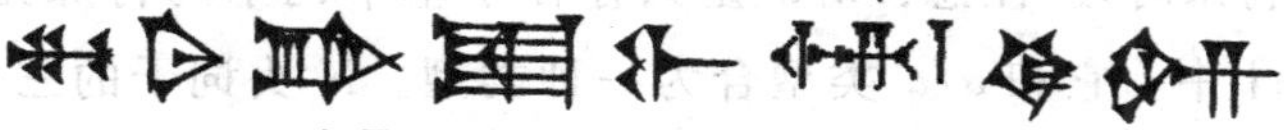

(9) 

(10) 

第七课　动词的 N 头被动词干、-tn- 词干和不定代词

7.1　N 头被动词干的辅音和元音特性

N 头词干的辅音特征是在动词词根前加 *n-* 辅音前缀，由于 *n* 是弱辅音，它被其后的辅音同化，变成同样的辅音，*n-* 头反而看不到。在它的命令式、动词不定式、动形词和状态式中，*n* 位于动词词根第一和第二辅音连缀之前，它获得一个短元音 *-a-*，成为 *n(a)-*，以避免形成三辅音连缀。注意：N 头词干的完成时中缀 *-t-* 比前缀 *n* 强，它把前面的 *n* 同化成 *t*：**nt-* ＞ *tt-*。

N 头被动词干的变位元音在过去时中不分元音类型，都是元音 *i*；在将来时和完成时中则分 *a*，*i* 和 *u* 三个元音类型，保留基本（G）词干中的变位元音（但少数情况下，*u* 元音类型的动词元音发生变化：*issahhar* 将来时）。注意：*u/a* 是只存在于基本词干的特殊元音类型，在其他词干中，它和 *a/a* 类型合为一种类型。N 头词干的三个元音类型是 *i/a*，*i/i*，*i/u*。

基本词干为及物动词的 N 头被动词干的功能是表示被动含义：*parāsum 切开*，*naprusum 被切开*。少数情况下它也表示反身动作：*labāšum 穿衣服*，*ittalbaš 他自己穿了衣服*（完成时），或是相互的动作：*amāru 看*，*nanmuru 相互看，见面*。状态动词的 N 头词干很少，通常表示进入状态：*ibašši 现有，存在*，*ibbašši 即将成为*。有少数及物词义的动词仅以 N 头词干的形式出现，成为语法上不及物动词：*naplusu 看*。

N 头被动词干变位表：例词 *parāsu(u/a)*，*mahāṣu(a/a)*，*paqādu(i/i)*，*magāru(u/a* 或 *u/u)*

时态/元音	*i/a* 元音类型<基本 *u/a*	*i/a* 类型 < *a/a*	*i/i* 类型 < *i/i*	*i/u* 类型 < *u/u*
将来时	*ipparras* < **inparras*	*immahhaṣ*	*ippaqqid*	*immaggur*
过去时	*ipparis* < **inparis*	*immahiṣ*	*ippaqid*	*immagir*
完成时	*ittapras* < **intapras*	*ittamhaṣ*	*ittapqid*	*ittamgur*
动名词	**mupparsum* < **munparsum*	**mummahṣum*	**muppaqdum*	**mummagrum*
命令式	*napris*	*namhiṣ*	*napqid*	*namgir*
不定式	*naprusum*	*namhuṣum*	*napqudum*	*namgurum*
动形词	*naprusum*	*namhuṣum*	*napqudum*	*namgurum*
状态式	*naprus*	*namhuṣ*	*napqud*	*namgur*

7.2 四种 -tn- 词干（“频率词干”）形式和词义范畴：Gtn，Dtn，Štn，Ntn

G，D，Š，N 四个主要词干除了加中缀*-t-* 形成 t 词干外，还都可以在第一辅音之后加入中缀*-tan-* 形成第三层次的词干——四种 -tn- 词干。-tn- 词干的将来时容易判别，但是它的其他时态中的中缀*-n-* 都和其后面的辅音同化或是缩合，需要仔细判别，区分。

Dtn、Štn 词干的变位元音是与 D、Š 头词干的变位元音是相同的。在 Gtn、Ntn 头词干中，将来时、过去时、命令式的变位元音与基本（G）词干将来时的变位元音 *a*，*i*，*u* 是相同的，但没有了变音（*u/a*）元音类型，*u/a* 是只存在于基本词干的特殊元音类型。

-tn- 词干主要是表示动作的习惯性或是重复性，表示“一而再地，持续地”的含义：

irappud 他跑，*irtanappud 他一直在跑*

ašappar 我写，*aštanappar 我写很多次*

Gtn、Dtn 词干变位表，例词 *parāsu*

时　态	Gtn 词干	Dtn 词干
将来时	*iptanarras*	*uptanarras*
过去时	*iptarras*(< **ip-tan-ras*)	*uptarris*=Dt
完成时?	**iptatarras*(< **ip-ta-tan-ras*)	**uptatarris* ?
动名词	*muptarrisum*(< **mup-tan-risum*)	*muptarrisum*=Dt
命令式	*pitarras*(< **pi-tan-ras*)	*putarris*=Dt
不定式	*pitarrusum*(< **pi-tan-rusum*)	*putarrusum*=Dt
动形词	*pitarrusum*	*putarrusum*=Dt
状态式	*pitarrus*	*putarrus*=Dt

Ntn、Štn 词干变位表，例词 *parāsu*

时　态	Ntn 词干	Štn 词干
将来时	*ittanapras* < **in-tana-pras*	*uštanapras*
过去时	*ittapras* < **in-tan-pras*	*uštapris*=Št
完成时?	**ittatapras* < **in-ta-tan-pras*?	**uštatapris*
动名词	*muttaprisum* < **mun-tan-prisum*	*muštaprisum*=Št
命令式	*itapras* < **ni-tan-pras*	*šutapris*=Št
不定式	*itaprusum* < **ni-tan-prusum*	*šutaprusum*=Št
动形词	**itaprusum*	*šutaprusum*=Št
状态式	*itaprus*	*šutaprus*=Št

注意：Gtn 词干的过去时形式和基本加 t（Gt）词干的将来时形式是相同的，Dtn 与 Dt 词干、Štn 词干与 Št 词干只有将来时形式是不同的。当遇到两个词干的相同形式时，我们应当根据时态和上下文来判断这个词是属于哪一个词干，如祈使式要求过去时，而不和将来时组合，*liptarras* 一定是 Gtn 过去时。Štn 和 Ntn 词干的将来时的第二辅音不双写。

7.3 强动词元音变化回顾

(1) 基本(G)词干的完成时和基本加 t(**Gt**)词干及 **Gtn** 词干所有的谓语形式中的变位元音都与基本(G)词干将来时的变位元音相同。

(2) **N** 头词干和 **Ntn** 头词干的将来时使用基本(**G**)词干中的变位元音，但是 N 头词干过去时的元音都是 *i*，Ntn 头词干所有的变位元音都和基本(G)词干的将来时相同。

(3) 双写(D)词干、Š 头词干和它们的 -t-、-tn- 词干的动词都有相同的变元音。

7.4 不定代词

不定代词 *mamman* *有人，某人* 和 *mimma*(*min-ma*) *某事某物，任何事物*是由疑问代词 **mān-* 双写＞ **man-man* 和 *min* 加-*ma*- ＞*mīm-ma* 形成的。它们都没有词尾变化。形容代词 *ayyum-ma* *某个* 有阴性 *ayyītum-ma*、阳性复数 *ayyātum-ma*、阴性复数 *ayyātum-ma*，它们也可以当做名词用。从 *mimma* 转化出另一个不定代词 *mimmû*(*mimmê*/*û*, *mimmâ*/*û*)任何东西，它可以和物主代词后缀连用：*mimmû-šu* *他的任何东西，他的财产*。

mamman ša illiku *任何走了的人* ……

mimma ša ilputu *他接触的任何东西*……

mamman ul *没有人*…，*mimma ul* *没有任何物*……

mimma 常常在否定句中做状语，表示*一定、千万、绝对(不可)*，用来强调否定句：*annītam mimma lā teppuš* *千万不要做这件事!*

不定关系代词 *mala* *那些、那全部*引起定语从句，表示充分的、全部的数量和程度：*kaspum mala iṣbatu* *所有他占有的银钱*。

单词表

ahum：*兄弟*

bašûm：*存在、那有、成为*；过去时 *ibši*，将来时 *ibašši*；N 头词干：*使成为*

dullum：工作、仪式、典礼

kabātum(i/i)：重的、光荣的；D 词干：使沉重，尊重，使荣耀

kayyāniš：经常地，不断地

mahārum(u/a)：面对、接受、上诉（面对长官）、向上航行（逆水而行）

marāṣum(a/a)：病的、困难的　　*mūšum*：夜晚

nakādum(u/u)：心跳、着急、忧虑

naplusum(N 头词干)：看着、面对

ramānum：自己；*ana ramānišu*：独自

rubā 'um，*rubûm*：王侯、贵族

sahārum(u/u)：转向、寻找、绕行、关心（*ana*）

sattukkum＝sá-dug$_4$-ga：月、供给　　*siri 'um*：皮甲、铠甲

ša：谁、什么（万能关系代词）　　*šarûm*：富裕的、富足的

urrum：白天

楔形符号	音节值	苏美尔词义符和阿卡德对应词
	TU：*tu* HU：*hu*，(*bak/q*，*pag/k/q*) PA：*pa*，(*had/t/ṭ*) HI：*hi/e*，*ṭa* AH：*ah*，*eh*，*ih*，*uh* UL：*ul* Ú：*ù* UR：*ur*，*lig/d/q*，*taš* (*tí/éš*) HA：*ha*	ù-tu ＝*walādum* 生育；ku$_4$ ＝*erēbum* 进入（两个古字演变成一字）。 mušen＝*iṣṣūrum* 鸟。 ugula＝*waklum* 监督、工头、管吏； gidri＝*haṭṭum* 牧羊杖、王杖。 dùg＝du$_{10}$ ＝*ṭābum* 好的、甜的； hi-a＝há 复数标志，各种各类。 libir＝*šēbum* 老的、旧的。 ur＝*kalbum* 狗；ur-mah＝*nēšum*，*labbum* “巨狗”＝狮子。 ku$_6$ ＝*nūnum* 鱼。

练习七

1. 规范化转写与翻译。

(1) *in-na-ad-di-in*

(2) *at-ta-al-bi-iš-am si-ri-ia-am*

(3) *ú-ul iš-ša-aq-qi-il*

(4) *it-ta-aṣ-bat*

(5) *li-iz-za-mir*

(6) *sattukkī im-ta-na-ha-ru*

(7) *li-im-ta-ha-ru*

(8) *Ia-šu-ub- ᵈDa-gan a-na I-ma-arᵏⁱ ka-a-ia-iš iš-ta-na-ap-pa-ar*

(9) *a-na du-ul-li bīti-šu is-sà-na-ah-hu-ur*

(10) *a-na a-hi-ia aš-ta-na-ap-pa-ar*

(11) *a-na ba-la-ṭi-ka mu-ša-am ù ur-ra-am ak-ta-na-ra-ab*

(12) *a-na mi-nim li-ib-ba-ki im-ta-na-ar-ra-aṣ*

(13) *Anum ù ᵈEllil a-na ᵈMarduk ip-pa-al-su-šum*

(14) *mi-im-ma ša iš-qú-lu*

(15) *mi-im-ma bi-ša-am*

(16) *šum-ma a-wi-lum ša mi-im-mu-šu hal-qú mi-im-ma-šu hal-qú-am i-na qá-ti a-wi-lim iṣ-ṣa-ba-at*

(17) *mi-im-ma awīlī ša-ru-tim la ta-ṭá-ar-ra-ad*

(18) *ma-la iz-ku-ru*

(19) *mi-im-ma ma-la iz-ku-ru*

(20) *mi-im-ma li-ib-ba-ka la i-na-ak-ku-ud*

(21) *ka-ab-tum ù ru-bu-ú-um ma-am-ma-an ša qá-qá-di la u-ka-ab-bi-tu ú-ul i-ba-aš-ši*

(22) *in-na-ad-di-iš-šum*

2. 写出*ṣabātum*，*paqādum*，*kašādum* 的 N、-tn-词干的词形变化。

3. 把下面句子翻译成阿卡德语。

(1) His name was erased.

(2) My name was continually erased.

(3) He himself was struck.

(4) No one will keep striking him.

(5) He learned nothing.

(6) Day and night he was always concerned about his silver.

(7) He constantly destroys cities.

(8) They continually taught me.

(9) They looked upon me (with favor).

4. 翻译下面的楔形文字。

(1) 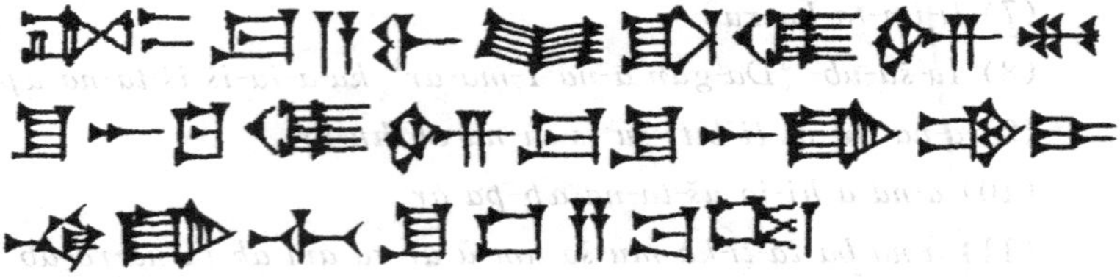

(2) 

(3) 

(4) 

(5) 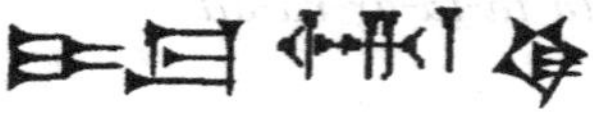

(6) 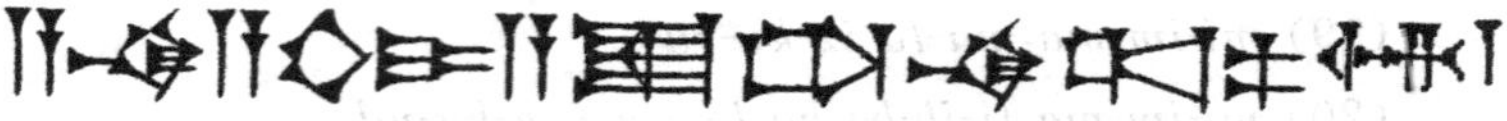

(7) 

(8) 

(9) 

第八课　第三弱（尾弱）动词、关系代词 ŠA

8.1　第三弱动词

第三弱或“尾弱”动词是指动词词根中的第三辅音是弱辅音的动词，这类动词占弱动词的绝大部分。’，*h*，*ḥ*，ᶜ，*g*，*w*，*y* 这 7 个原始塞姆语的弱辅音在阿卡德语文字的单词中丢失了，在这些弱辅音应当出现的词尾位置，只剩下了单词中元音。根据四种词尾元音类型，尾弱动词形成四类第三弱动词：i 尾动词，u 尾动词，a 尾动词，e 尾动词。这些词尾元音出现在第三弱动词的基本词干变位形式中：（过去时）*ibni* *他建造了*，*imnu* *他计算了*，*ikla* *他阻碍了*，*išme* *他听说*。

从词源学角度看，我们可以认为这些词的词尾变成一个长元音（＊*išma*ᶜ＞*išmē*），但在阿卡德语中以短元音来取代这个长元音；当这个长元音是在代词后缀或是-*ma* 之前，则保留长元音形式。如果词干加了元音后缀，在这些词的尾元音经常与其他元音缩合：*išme*＋*ū*＞*išmû*，*zaku*＋*āku*＞*zakâku*，但在古巴比伦时期 *ia*，*ea*，*iu* 常常不缩合：*iqbi*＋*am*＞*iqbi-am*，或是缩合为 *iqbâm*。

在第三弱动词的四个元音类型中，*i* 尾元音类型的动词是最多的，*e* 尾元音类型的可以和它混淆。由于基本（G）词干的状态式（*paris*）要求-*i* 作第二元音，属于-*i*，-*a*，-*e* 等尾元音类型的动词的状态式全都以-*i* 结尾，只有-*u* 尾类型动词以-*u* 结尾。但是，在结构态中，尾元音 *i* 在古巴比伦时期有时滑落：*bāni*＞*bān*。在 *e* 组动词中，尾音前的 *a* 元音常常和尾元音 -*e* 产生和谐，变为-*e*：＊*ašme*＞*ešme*，＊*ištame*＞*išteme*。

我们知道，强动词的双写（D）和 Š 头词干的将来时形式的变位元音为 -*a*，过去时形式的尾元音为 -*i*：*uparras*，*uparris*，第三弱动词的这两个词干尾元音和强动词的元音一致：*ubanna*，*ubani*。和强动词一样，在第三弱动词的N头词干中，将来时和完成时仍保留它们的变位元音（将来时 *ibbanni*，*ippette*，*immannu*，*ikkalla*），但在过去时中，除了 ***u/u*** 类型动词外，动词的尾元音都是 *-i*：*ibbani*，*ippeti*，*ikkali*，*immanu*。

第三弱动词基本词干例词变位表

时态	人称	*-i* 尾类型	*-e* 尾类型	*-u* 尾类型	*-a* 尾类型	从句形式
将来时	单数第三人称共性	*ibanni*	*išemme*	*imannu*	*ikalla*	
过去时	单数第三人称共性	*ibni*	*išme*	*imnu*	*ikla*	*ibnû*
	单数第二人称阳性	*tabni*	*tešme*	*tamnu*	*takla*	*tabnû*
	单数第二人称阴性	*tabnī*	*tešmê/ī*	*tamnī*	*taklī*	*tabnī*
	单数第一人称共性	*abni*	*ešme*	*amnu*	*akla*	*abnû*
	复数第三人称阳性	*ibniū/û*	*išmû*	*imnû*	*iklû*	*ibnû*
	复数第三人称阴性	*ibniā/â*	*išmeā/û*	*imnâ*	*iklâ*	*ibniā/â*
	复数第二人称共性	*tabniā/â*	*tešmeā/â*	*tamnâ*	*taklâ*	*tabniā/â*
	复数第一人称共性	*nibni*	*nišme*	*nimnu*	*nikla*	*nibnû*
完成时	单数第三人称共性	*ibtani*	*išteme*	*imtanu*	*iktala*	
动名词		*bānûm*	*šēmûm*	*mānûm*	*kālum*	
命令式	阳性单数	*bini*	*šime/šeme*	*munu*	*kila*	
	阴性单数	*binî*	*šimê/ī*	*munî*	*kilî*	
	复数共性	*biniā/â*	*šimiā/â*	*munâ*	*kilâ*	
不定式、动形词		*banûm*	*šemûm*	*manûm*	*kalûm*	
状态式单数第三人称		*bani*	*šemi*	*manu*	*kali*	

第三弱动词的D、Dt、Š和N头词干变位表

时态	D	Dt	Š	N
将来时	*ubanna*	*ubtanna*	*ušabna*	*ibbanni*

续 表

过去时	*ubanni*	*ubtanni*	*ušabni*	*ibbani*
完成时	*ubtanni*	*ubtatanni*	*uštabni*	*ittabni*
动名词	*mubannûm*	*mubtannûm*	*mušabnûm*	*mubbanûm*
命令式	*bunni*	**butanni*	*šubni*	*nabni*
不定式动形词	*bunnûm*	*butannûm*	*šubnûm*	*nabnûm*
状态式	*bunnu*	**butannu*	*šubnu*	*nabni*

8.2 弱动词的变化规则比照强动词

弱动词的变化形式可以理解为强动词的规则变化发生了部分音变：辅音脱落导致元音变长，所以对于二辅音弱动词变化的理解和解释是追溯它们相对应的三辅音动词形式。例如：

iklû< **ikla 'ū*(参见 *iprusū*)

bānûm< **bāniyum*(参见 *pārisum*)

uttakkar< **untakkar*(参见 *uptarras*)

ušākil< **uša 'kil*(参见 *ušapris*)

8.3 关系指示代词 *šu*，*šat*，*šūt*，*šāt*

古阿卡德语中存在一种特殊的关系指示代词，它的含义是*“那个（人）他/她/它、那个男（仆）/女（仆）/那个（物）它”*，它可以和一个名词的属格或是和动词从句形式从句相互搭配，形成结构态词组。关系指示代词的阳性单数形式有主格 *šu* 及属格 *ši* 和宾格 *ša* 三种格尾，它的阴性单数和阳性阴性的复数形式不变格。

阳性单数：*šu*（主格）　*ši*（属格）　*ša*（宾格）

阴性单数：*šat*

阳性复数：*šūt*

阴性复数：*šāt*

古巴比伦语中的指示关系代词保留了如下的特点：

(1) 人名和一些习惯用法中仍存在关系指示代词的性和数的形式：

Šu-Šîn 辛神的“他”（仆人），*Šat-Aya 阿亚女神的“她”*，*šūt rēšim 上头的他们 = 王家仆吏们*。

（2）不变格的 *ša* 作为万能关系指示代词，可以连接两个名词或词组，其后的名词为属格，和名词的结构态的作用相同：*awātum ša šarrim* 直译：“话，那是王的” = “王的话”。*ša* 也可以自己做名词和属格名词组成结构态名词词组：*ša paṭārim 赎身的那物、赎身费*。

（3）不变格的 *ša* 可以作为万能关系代词引起定语从句。虽然它来源于宾格 *ša*，它在从句中可以是主格、属格、宾格或予格。在关系代词不做主格时，其后从句中的动词或名词经常带有一个和关系代词 *ša* 的性和数相对应的代词后缀。

主格：*šarrum ša illiku 那个走了的国王……*

宾格：*mātum <u>ša</u> uballiṭu-<u>ši</u> 那个他救活的国家……*

属格：*šarrum <u>ša</u> ana māti-<u>šu</u> erubu 那个我进入了他的国家的王……*

予格：*awīlum <u>ša</u> tatakkalu-<u>šum</u> 那个你信任的人……*

单词表

banûm(-i)：*建造、创造*

rabûm(-i)：*是大的、长大*；D 词干：*抚养大*；Š 头词干：*使伟大*

bašûm(-i)：*成为、出现、存在、那儿有*；Š 头词干：*使保存、使产生*；N 头词干：*出现、成长*

rašûm(-i)：*获得*

dayyānūtum：*审判权、法官权*

redûm(-e)：*引导、带来、驱赶*

epištum：*事件*

salāmum(i/i)：*是友好的、保持友好关系*

gamālum(i/i)：*宽恕、施恩*

šalûm(-i)：*跳入河中*（在“河神考验判案”中）

hadûm(-u)：*快乐*；D 词干：*使快乐*

šemûm(-e)：*听见、听到*

ištu：（连词）*自从……、在……之后*

šurqum：*被偷的物品*

kalûm(-a)：*扣留、扣押、阻碍、耽搁*

*tazzimtum(*nzm)*：*抱怨、控诉；（tazzimta-ka：对你的抱怨、抱怨你）*

kussûm< **kussium*= ^{giš}*gu-za*：*王座、王位*

leqûm(-e)：*拿走、获得*

tebûm(-e)：*（动物）用后脚立起来、攻击、出发；* Š 头词干：*使站起（离座）*

manûm(-u)：*计算、考虑、算作*

ṭābum：*好的、甜美*

petûm(-e)：*打开*

楔形符号	音节值	苏美尔词义符和阿卡德对应词
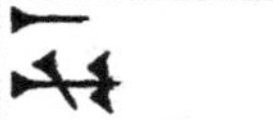	AŠ：*aš*，*rum*，*rù*，(*d/ṣil*) ZIR：(*zi/er*，*k/qul*，*gúl*)	*ina* 在……里面。 numun=*zērum* 种子。
	ZI：*zi/e*，*sí/é*，*ṣí/é*	zi=*napištum* 喉管、呼吸、生活、生命。
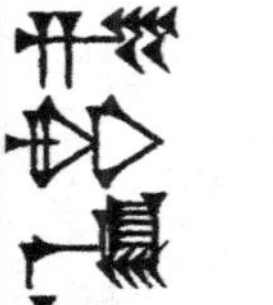	GI：*gi/e* DIM：*d/tim* EN：*en*	gi=*qanûm* 芦苇，gi=*târum* 转回。 en=*bēlum* 主人，^{d}En-zu=^{d}*Sîn* 月神）辛。
	DAR：*dar*，*tár* ÚR：*úr* SAR：*šar*，(*sar*)	 úr=*sūnum* 大腿、怀抱。 sar=*šaṣārum* 刻写（泥板、石碑）。
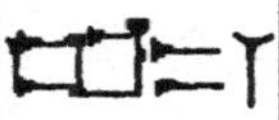	EZEM/N：*šir*，*hir*； KEŠDA	ezen/ezem=*isinnu* 节日，kešda=*rakāsum* 绑，šir=*zamāru* 歌颂（三个符演变为一个符）。
	U，IŠ$_8$：*iš*$_8$（在^{d}*Iš*$_8$*-tár* 中） ŠE：*še* IB：*ib/p*，*eb/p*	*Iš*$_8$*-tár* 女神伊什塔尔、金星。 še=*še 'um* 大麦。

练习八

1. 规范化转写与翻译。

(1) *zēr šar-ru-tim ša* ^{d}*Sîn ib-ni-ù-šu*

(2) *ša šu-úr-qá-am i-na qá-ti-šu im-hu-ru*

(3) *šu ig-mi-lu ni-ši Me-ra*^{ki}

(4) *ša ep-še-tu-šu e-li* Is_8*-tár ṭa-ba*

(5) *ṭe-eh-re-ku-ú*

(6) *is-li-mu-ú*

(7) *il-qé*

(8) *i-le-qé*

(9) *il-te-qé*

(10) *il-qú-ú*

(11) *ip-te*

(12) *it-te-ep-te*

(13) *mārī-ša ú-ra-ab-ba*

(14) *iš-tu mārī-ša úr-ta-ab-bu-ú*

(15) *i-ba-aš-šu-ú*

(16) *uš-tab-ši*

(17) *ib-ba-aš-šu-ú*

(18) *it-tab-ši*

(19) *ilū ú-šar-bi-ù-šu*

(20) *mu-ha-ad-di li-ib-bi Is8-tár*

(21) ^{d}*Da-gan ba-ni-šu*

(22) ^{d}*Ì i-ša-al-li-am-ma*

(23) *i-na kussê da-a-a-nu-ti-šu ú-še-et-bu-ú-šu*

(24) *i-na bi-ti-šu ik-ta-la-šu*

(25) *ir-de-am*

(26) *ir-te-de*

(27) *ir-ta-ši*

(28) *i-ma-an-nu-ši*

(29) *eš-te-ne-me-e ta-ai-im-ta-ka*

(30) *ta-zi-im-ta-ka la eš*$_{15}$ *-te-né-mé*

2. 写出 *bašûm* 和 *petûm* 的词形变化。

3. 把下面的句子翻译成阿卡德语。

(1) He will take.

(2) They will take.

(3) He took.

(4) Take!

(5) He was taken.

(6) He will make my heart happy.

(7) Make them happy!

(8) The man who withheld his silver

(9) The lying woman who raise my sons.

(10) He will recite.

(11) Did he not open?

4. 翻译下面的楔形文字。

(1) 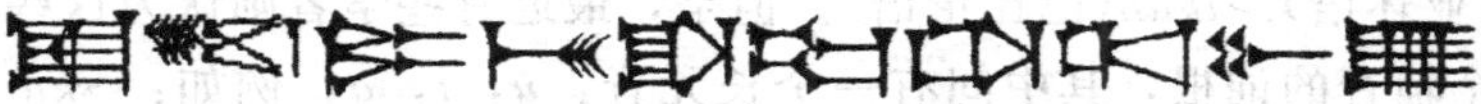

(2) 

(3) 

(4) 

(5) 

(6) 

(7) 

(8) 

第九课 中弱动词、名词的元音类型

9.1 第二辅音是弱辅音的中弱动词

“中弱”动词包括“中空词根”（中辅音为 *w*/*y*），和词根中第二辅音为名为 Aleph I-V(＝’，*h*，*ḥ*，ʿ，*ġ*）的五个弱辅音中任一的动词。’，*h*，*ḥ*，*c*，*ġ* 这五个弱辅音可以写成$'_{1\text{-}5}$。

（1）传统的塞姆语分析认为中空词根是 **kwn*，**qyš* 类型，这种三辅音动词的形式和规则动词 *parāsum* 的变化形态一致。其弱化的原因可以归于半辅/半元音 *w*，*y* 由辅音向元音 *u*，*i* 的转换和双元音的缩合，例如：不定式 **kawānum*＞*kuānum*（亚述语）＞*kânum*（巴比伦语）；将来时 **ikawwan*＞*ikūan*（亚述语）＞*ikân*（巴比伦语）；过去时 *ikwun*（亚述语）＞*ikūn*（巴比伦语）。但是，最近有些学者则认为这些词根是两个辅音的词根，其中间有一个长元音：*ū*，*ī*，*ā*，例如：**kūn* 坚固的，**qīš* *赠给*，**bāš* *羞愧*。这种解释也是相对准确，它可以解释不规则动词形式如 *ušdīk*（参见 *ušapris*）中的元音 *a* 的丢失。今天我们所使用的长元音标记法就是建立于这种长元音做词根的解释：状态式写成 *kīn*，而没有写成缩合元音：*kîn*＜*kawin*。

（2）有少部分中辅音为’(Aleph I) 的动词仍保留弱辅音’，因此这些含有辅音’的动词的变化和强动词是一样的，如：*da’āmum* *变暗*，过去时 *id’im*。多数动词形式中的’都脱落了，它们的动词变化形式和中空动词是一样的。由于$'_{3\text{-}5}$经常把 *a* 变成 *e*，第二辅音为$'_{3\text{-}5}$的动词就形成了 *ē* 为中间元音的动词组；因此词根的中元音是 *a* 的动词分为中 *ā* 和中 *ē* 两类动词：**šāl* *问*，**bēl* *统治*。中间为半强辅音’的动词变化是不规则的，时而缩合，时而不缩合：*ša’ālum*，*šâlum* *问*（不定式），*iša”al*，*išâl*（将来时），*ša ’il*，*mād* *多数的*（状态式）；双写（D）词干将来时：*ušâl*，但它的过去时却是 *uša ”il*；但是 *rêqum* *远的*则全部缩合变化：将来时 *urêq*，过去时 *urēq*。这种现象可以认为是词形的异体写法。

（3）中弱动词的双写（D）词干的变化很特殊：由于它的中辅音弱掉，双写的中辅音变成了一个长元音，形态上看不出双写中辅音的规则。然而，当尾辅音（第三辅音）后加有指示阴性和复数的元音时，这个辅音就要双写以指示前面的元音是长元音，例如：将来时 *ukân*，*ukannū*，过去时 *ukīn*，复数 *ukinnū*。注意：辅音连缀前的元音一定是长元音，因此这个长元音不用长元音符号指示。

（4）中弱动词的基本（G）词干、N 头词干和 Š 头词干的将来时中的中辅音双写的情况也同样如此：如果结尾辅音（第三辅音）后面无元音（单数阳性人称、复数第一人称），词形中无双写辅音；如词形带有指示阴性和复数的元音尾的话，尾辅音就要双写以指示前面的长元音。但是，在基本词干和 N 头词干中，不双写的将来时形态中的长元音是助读元音 *â*，而双写词形中的长元音是中弱本身的特征长元音，例如：基本（G）词干将来时 *ikân*，复数 *ikunnū*，（过去时为 *ikūn*，复数 *ikūnū*）；N 头词干：*iddâk* *他将被杀*，*iddukkū* *他们将被杀*。

Š 头词干的将来时中，双写和非双写形态的元音不变：*ušdâk* *他将处死（某某）*，*ušdakkū* *他们将处死（某某）*；

（5）注意：德文的《阿卡德语简明词典》（AHW）中的中弱动词的词头是以古巴比伦时期的形式列出——不缩合的形式有 *qiāšum*，缩合的形式有 *kânum*，*bâšum*，*bêlum*。《芝加哥亚述词典》（CAD）中的中弱动词的词头则采用中元音的缩合形式。

中弱动词基本（G）词干变位表：例词 *kânu*

单数人称	将来时	过去时	完成时	复数人称	将来时	过去时	完成时
第三人称共性	*ikân*	*ikūn*	*iktūn*	第三人称阳性	*ikunnū*	*ikūnū*	*iktūnū*
第二人称阳性	*takân*	*takūn*	*taktūn*	第三人称阴性	*ikunnā*	*ikūnā*	*iktūnā*
第二人称阴性	*takunnī*	*takūnī*	*taktūnī*	第二人称共性	*takunnī*	*takūnī*	*taktūnā*
第一人称共性	*akân*	*akūn*	*aktūn*	第一人称共性	*nikân*	*nikūn*	*niktūn*

动名词：*bā 'išum*，*qā 'išum*，*šā 'ilum*，**bē 'ilum*

命令式：*kūn*，*qīš*，*bāš*，*bēl*，*šāl*

不定式：*kânum*，*qiāšum/qâšum*，*bâšum*，*bêlum*，*ša 'ālum/šālum*

动形词：*kīnum*，*qīšum*

状态式：*kīn*，*qīš*，*bāš*，*bēl*，*ša 'il*，*mād*

中弱动词的 Gt 词干变位：将来时 **iktân*，过去时 *iktūn*，动名词 *muktīnum*，不定式 *kitūnum*。

中弱动词的双写（D）词干的人称变位表

单数人称	将来时	过去时	完成时	复数人称	将来时	过去时	完成时
第三人称共性	*ukân*	*ukīn*	*uktīn*	第三人称阳性	*ukannū*	*ukinnū*	*uktinnū*
第二人称阳性	*tukân*	*tukīn*	*tuktinnī*	第三人称阴性	*ukannā*	*ukinnā*	*uktinnā*
第二人称阴性	*tukannī*	*tukinnī*	*tuktinnī*	第二人称共性	*tukannā*	*tukinnā*	*tuktinnā*
第一人称共性	*ukân*	*ukīn*	*uktīn*	第一人称共性	*nukān*	*nukīn*	*nuktīn*

中弱动词双写（D）词干动名词 *mukinnum*，命令式 *kīn*，不定式 *kunnum*，动形词 *kunnum*，状态式 *kūn*。

中弱动词的 Š 和 N 头词干变位表

时　态	Š 头词干	N 头词干
将来时	*ušdâk*，*ušdakkū*，*ušmâd*，**ušbēl*	*iddâk*，*iqqiaš*，*iššâl*，*iddukkū*
过去时	*ušdīk*，*ušmīd*，**ušbēl*	**iddīk*，*iqqīš*，*iššāl*，*ibbēl*
完成时	*uštadīk*，**uštamīd*	……
动名词	*mušdīkum*，**mušmīdum*	*muddīkum*，*muššālum*，**mubbēlum*
命令式	*šudīk*，**šumīd*	……
不定式	*šudūkum*，*šumūdum*	**nadūkum*
动形词	……	……
状态式	*šudūk*	**nadūk*

9.2　名词构成法的元音类型

阿卡德语名词是由词根三辅音和不同的元音的构成的，名词和形容词的结构类型与它们的语义分类相对应。

1. 形容词类型。

(1) **paris**，阴性 *parist*：

**damiqum>dāmqum*，阴性 *damiqtum* 好的

**kayinum>kīnum*，阴性 *kittum* 真实的，公正的

**patium>petûm*，阴性 *petītum* 打开的

(2) **paras**，阴性 *parast*：

rapšum，阴性 *rapaštum* 宽的，广泛的

ṣehrum（亚述语 *ṣahrum*），阴性 *ṣehertum* 小的

(3) **parus**，阴性 *parust*：

lemnum（古亚述语 *lamnum*），阴性 *lemuttum* 坏的，低劣的

marṣum，阴性 *maruštum*，病的，痛苦的

(4) 双写（D）词干类型 **purrus**，阴性 *purrust*，这种形容词经常表达身体的某些缺点：*kubbutum* 非常肥的，*sukkudum* 聋的

(5) Š 头词干类型，表示强调：**šuprus**，阴性 *šuprust*，*šurbûm* 非常大的，*šumruṣum* 很恶心的、很危险的

2. 名词类型

(1) **pars**，阴性 *parsat*：*kalbum* 狗，*kalbatum* 母狗；*mar 'um>mārum* 儿子，*martum* 女儿；*'anpum>appum* 鼻子。多表示生命物体。

(2) **pirs**，阴性 *pirist*：*rihṣum rihiṣtum* 洪水；*gimrum* 总数，全部；**širktum>širiktum* 礼物。多表示无生命物体。

(3) **purs**：阴性 *purust*：*dumqum* 恩惠；*puluhtum* 害怕，恐惧。多表示感情。

(4) **parās**：基本（G）词干的动词不定式，**hadātum>edēšum* 变新；*laqāhum>leqûm* 拿走。

(5) **parīs**：阴性 *parist*：*kanīkum* 密封的文献；*samīdum* 上等面粉。多表示无生命物体。

(6) **purās**：阴性 *purāst*：各种名词，包括指小词和小动物，*rubā 'um*，*rubûm* 王子、王公；*ṣuhārum* 仆人；*puhādum* 小羊羔；*mušālum* 镜子。

(7) **parrās**：阴性 *parrāst*：表示职业，*qarrādum* 战士、英雄；

*nappāhum*铁匠；*kaššāpum*巫师；阴性*kaššaptum*女巫师，*dayyānum*法官，*errēšum*农夫。

（8）**purrus**：阴性*purrust*，双写词干动词不定式：*bussurtum*消息。

（9）**ma-pras**：阴性*maprast*：表示地点或工具，*narkabtum*战车；*nērebum*入口；*mūšabum*住处；*ma/me*在*r*之前变为*na/ne*。

（10）**ta-prās**，阴性*taprast*：有Gt词干的相互的意义，*tamhārum*战斗；*tāhāzum*战斗。

（11）**ta-pris**，阴性*taprist*：双写（D）词干及物动词的名词：*tamlûm*填充物、台地、夯实的；*tēdištum*恢复，更新。

3. 名词后缀的意义

（1）*-ān*：一些学者认为表示个性化或特指的名词和形容词 *nādinānum*那个商人；*rabiānum*那个大人（＝市长）

（2）*-ūt*：表示抽象名词，*šarrūtum*王权；*šībūtum*长老会。

（3）*-ī*：表示关系，形容词，属于：*mahrīum*，*mahrûm*开始的，最初的；*Aššurīum*，*Aššurûm*亚述人，属于亚述的；*Šubarīum*，*Šubarûm*舒巴尔图人。

单词表

abūbum：洪水

šiāmum，*šâmun*：决定（命运）

dâkum(ū)：杀；Š头词干：使人杀死

šīmtum（**šīm*）：命运

Ellilūtum：恩利勒权

šīrum：肉

kânum(ū) kuānum：真的、合法的；(D)*kunnum*：（王权）稳固、在法律上成立、证明

šīram ṭubbum：造福（使身体快乐）

târum(ū)：回到；D词干：使返回、送还、还给

kiššatum：全部、所有

tillum：土堆、城市废墟；*tilli abūbim*：遗址、洪水后的（城市）废墟

mâtum：死；Š头词干：引起某人的死亡、谋杀

mutum：*丈夫*

ṭiābum，*ṭâbum*：*好的、愉快的*；D 词干：*使高兴*

riābum，*râbum*：*代替，补偿、赔*

riāšum，*râšum*：*快乐*；D 词干：*取悦*

wa'ārum，*wârum*，*ârum*：*走、前去*；D 词干：*wurrum 派、命令、指示*

šâmum(ā)：*买*

zâzum(ū)：*分割、分份，分得到一份*

zêrum(ī)：*憎恨*

楔形符号	音节值	苏美尔词义符和阿卡德对应词
	BAD：*be*，*bad/t/ṭ*，*b/pít*，*mid/t/ṭ*，*til*，*úš*，(*sun*，*ziz*)	bad = *petûm 打开*；idim = *kabtum 沉的*；sun，sumun = *labārum/labirum 变老、老的*；til = *qatûm 结束*；úš = *mītum 死的*。
	UG：*ug/k/q*	
	AZ：*az/s/ṣ*	pirig = *labbu*，*nēšu 狮子*。as = *asu 熊*。
	UŠ：*uš*，*ús*，(*nid/t/ṭ*)	nita = *zik(a)rum 男人*。
	IR：*i/er*	
	KID：(*g/k/qid/t/ṭ*，*líl*，*síh*，*sah*，*suh*$_4$)	^{d}En-líl = *Ellil 恩利勒神*。
	KUR：*kur*，*qúr*，*mad/t/ṭ*，*šad/t/ṭ*，(*n/lad/t/ṭ*，*g/kìn*)	kur = *mātum 国家、国土*；kur$^{u/i}$ = *šadûm/šadîm 山*。
	TE：*te*，*ṭe*$_4$	amar = *būrum 牛犊、动物幼崽*；^{d}Amar-Utu = Marduk *马尔杜克神、木星*。
	ZUR：(*zur*)，*ṣur*	

练习九

1. 规范化转写与翻译。

(1) *id-da-ak*

(2) *mu-ṭì-ib li-ib bi*^{d}*Marduk*

(3) *mu-ki-in išdī Sipparim*

(4) *ši-ir ni-ši ú-ṭi-ib*

(5) *i-ri-a-ab*

(6) *a-ša-am*

(7) *iš-ta-am*

(8) *i-ta-ar a-na be-lí-šu*

(9) *ma-sú ana tilli a-bu-bi-im li-te-er*

(10) *mu-te-er Eridim a-na aš-ri-šu*

(11) *i-zu-uz-zu*

(12) *i-zu-zu*

(13) *ú-ul i-za-az*

(14) *i-du-uk-ku*

(15) *šum-ma sinništum mu-sà i-ze-er*

(16) *mu-sà uš-di-ik*

(17) *uš-ta-mi-it*

(18) *mu-ri-iš Bar-sí-pá*^{ki}

(19) *ú-WA-e-ra-an-ni*

(20) *ša-i-im ši-ma-at mātim*

(21) *a-na*^{d}*Marduk Ellilu-ut kiššat ni-ši i-ši-mu-šum*

(22) *zikram*^{am} *ù sinništam*^{am} *ma-am-ma-an la i-ša-a-am*

2. 指出下面名词的类型：*errēšum* 牧羊人、*šarrāqānum* 小偷、*šaknum* 长官、*nēmelum*、*teptītum*、*šīmtum*。

3. 把下面的句子翻译成阿卡德语。

(1) He will kill.

(2) They will kill.

(3) He killed.

(4) They killed.

(5) He has killed.

(6) They have killed.

(7) He will cause to die.

(8) They will cause to kill.

(9) He caused to kill.

(10) They caused to kill.

(11) He will restore.

(12) They will restore.

(13) He restored.

(14) They restored.

(15) After she made his life pleasant, she divided (the inheritance) with him.

4. 翻译下面的楔形文字。

(1) 

(2) 

(3) 

(4) 

(5) 

(6) 

(7) 

(8) 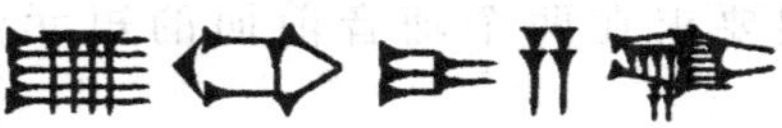

第十课　a 头、e 头和 n 头的第一弱动词

10.1　起首字母为弱辅音 ’ 的动词

起首字母为’的动词由于弱辅音’的脱落或变化而产生了特殊的变化，被称为“第一弱”或“头弱”动词。这类动词可以分为两组：(1) *a* 头组：不定式以元音 *a* 开头；(2) *e* 头组：弱辅音 ’$_{3\text{-}5}$脱落了，开头的 *a* 变为 *e*。

10.2　第一弱动词的 *a* 头组的变化特点

(1) 起首字母为 ’ 的动词，由于弱辅音 ’ 在书写中消失，成为 *a* 头动词：**’akālum*>*akālum*；但是，当起首字母为 **’i-* 或是 **’u-* 时，元音还变为 *a-*：G，Gt 命令式 **’ukul*>*akul*，**’itkas*>*atkaš*。在古巴比伦时期，有时基本（G）词干的将来时和双写（D）词干的将来时和过去时的起首元音用一个元音符号单独写出来，以表示弱掉的那个辅音：*i-ik-ka-al*，*ú-up-pí-iš*。

(2) 除了状态式，其他动词形式中起首字母为短元音＋’音节时，元音变为长元音：**i’kul*>*īkul*，**u’tahhaz*>*ūtahhaz*。

(3) N 头词干中，第一弱辅音的位置恢复了，但它变成 *n* 音：**n’*>*nn*（**in’ahhaz*>*innahhaz*）；相类似的情况还有 **na’hiz*>*nanhiz*（N 头词干命令式）和 *itta’haz*>*ittanhaz*（N 头词干完成时）。

(4) 弱辅音在 Š 词干的 *š* 前缀之后，弱辅音’脱落，其前的短元音加变为长元音：*uša’kil*>*ušākil*。但是将来时除外，它的形式与基本（G）词干的将来时相似。弱辅音被第二辅音所俘获并同化，形态中出现了双写辅音，而读音规则要求在两个辅音前面的短元音不用加长：**uša’kal*>*ušakkal*。

a 头弱动词变位表：基本词干和双写词干
(*akālum*：吃；*apālum*：回答；*ahāzum*：抓住)

时态	基本词干	Gt 词干	Gtn 词干	双写 D 词干	Dt 词干	Dtn 词干
将来时	*ikkal*	*ītappal*	*ītanakkal*	*uhhaz*	*ūtahhaz*	**ūtanahhaz*
过去时	*īkul*	*ītapal*	*ītakkal*	*uhhiz*	*ūtahhiz*	*ūtahhiz*
完成时	*ītakal*	**ītatpal*	*ītatakkal*	*ūtahhiz*	**ūtatahhiz*	**ūtatahhiz*
动名词	*ākilum*	*mūtaplum*	**mūtakkilum*	*muhhizum*	*mūtahhizum*	**mūtahhizum*
命令式	*akul*	*athaz*	*atakkal*	*uhhiz*	**utahhiz **	*utahhiz*
不定式	*akālum*	*athuzum*	*atakkulum*	*uhhuzum*	*utahhuzum*	**utahhuzum*
动形词	*aklum*	**athuzum*	**atakkulum*	*uhhuzum*	……	……
状态式	*akil*	**athuz*	**atakkul*	*uhhuz*	……	**utahhuz*

a 头弱动词变位表：*Š* 头词干和 *N* 头词干

时态	Š 头词干	Št 头词干	Štn 头词干	N 头词干	Ntn 头词干
将来时	*ušakkal*	*uštakkal*	*uštanakkal*	*innahhaz*	*ittanahhaz*
过去时	*ušākil*	*uštākil*	*uštakkil*	*innahiz*	*ittahhaz*
完成时	*uštākil*	*uštatākil*	**uštatakkil*	*ittanhaz*	……
动名词	*mušākilum*	**muštākilum*	*muštakkilum*	*munnahzum*	……
命令式	*šūkil*	*šutākil*	*šutakkil*	*nanhiz*	……
不定式＝动形词	*šūkulum*	*šutālulum*	*šutakkulum*	*nanhuzum*	……
状态式	*šūkul*	*šutākul*	*šutakkul*	*nanhuz*	……

10.3 动词 *alākum*

动词 *alākum*（ **hlk*）属于 a 头弱辅音的变化形式，但是它的变化是极特殊的：在基本（G）词干 Gt 词干和 Gtn 词干中，它的弱辅音'被其后面的辅音同化不脱落：

G 词干：*illik 他走了* ＜ **i 'lik*

Gt 词干过去时：*ittalak 他走开了* ＜ **i 'talak*（也可是 G 词干完成时）；

Gtn 词干：*ittanallak 他将经常离开* ＜ **i 'tanallak*；过去时 *ittallak*，

完成时 **ittatallak*，动名词 *muttallikum*。

Š 头词干则是规则变化：*ušālik*，*šūlukum*。

10.4 e头弱动词的变化

e 头弱动词的变化形态和 *a* 头弱动词组是相同的。由于变化相似，有些动词的弱辅音节不是 *$a+'_{3\text{-}5}$ 或是 *$'_{3\text{-}5}+a$ 中的 *a* 也被变成了 *e*，例如：*ūtappiš*（**uhtappiš*）>*ūteppiš*。

e头弱动词变位表（例词 *epēšum* 做，*erēbum* 进入）

时　态	基本(G)词干	基本加 t (Gt)词干	双写(D)词干	Š 头词干	N 头词干
将来时	*ippeš* (*u/a*)	*īterrub* (*u/u*)	*uppaš*	*ušeppeš*	*inneppeš*
过去时	*īpuš*	*īterub*	*uppiš*	*ušēpiš*	*innepiš*
完成时	*ītepeš*	**ītetrub*	*ūteppiš*	*uštēpiš*	**ittenpeš*
动名词	*ēpišum*	……	*muppišum*	*mušēpiušum*	*munnepšum*
命令式	*epuš*	*etrub*	*uppiš*	*šūpiš*	……
不定式	*epēšum*	**etrubum*	*uppušum*	*šūpušum*	**nenpušum*
动形词	*epšum*	……			……
状态式	*epiš*	**etrub*	*uppuš*	*šūpuš*	……

e头弱动词基本词干人称变位表：(*erēbu*)

人　称		将来时	过去时	完成时	比较 *a* 头动词
单　数	第三人称共性	***irrub***	***īrub***	***īterub***	***īkul***
	第二人称阳性	***terrub***	***tērub***	***tēterub***	***tākul***
	第二人称阴性	***terrubī***	***tērubī***	***tēterbī***	***tākulī***
	第一人称共性	***errub***	***ērub***	***ēterub***	***ākul***
复　数	第三人称共性	***irrubū***	***īrubū***	***īterbū***	***īkulū***
	第二人称阳性	***terrubā***	***īrubā***	***īterbā***	***īkulā***
	第二人称阴性	***terrubā***	***tērubā***	***tēterbā***	***tākulā***
	第一人称共性	***nirrub***	***nīrub***	***nīterub***	***nīkul***

10.5 出自 *y* 头的 *e* 头弱动词

起首字母为 *y* 的动词的变化形式和第一弱（头弱）动词中的 *e* 头弱动词变化相同，例如：*enēqum*（< **yanāqum*）*吸取（奶汁）*的变化形式如下：

将来时：第三人称共性 *inniq*，第二人称阳性 *tenniq*，第一人称共性 *enniq*，第三人称阳性复数 *inniqū*；

过去时 *īniq*，完成时 *īteniq*，命令式 *eniq*，状态式 *eniq*。

ešērum（< **yašārum*）是直的，有序的：Š 头词干将来时 *ušeššer*，过去时 *ušēšer*，完成时 *uštēšer*，N 头词干将来时 *inneššer*，过去时 *innešer*。

10.6 *n* 头弱动词

起首字母为 *n* 的动词的 Gt 和 Gtn 词干变化形式和规则动词 *parāsum* 是一样的，但是 *n* 辅音被其后的辅音同化了，发生变音：**indin*>*iddin*。在没有代词前缀的 n 头动词形式中，如命令式、不定式等，*n* 头脱落：命令式 **nidin*，*nidnī*>*idin*，*idnī*（*i/i*；*nuqur*>*uqur*（*u/u*），Gt 不定式 **nitqurum*>*itqurum*；Gtn 不定式 **nitaqqarum*>*itaqqurum*。

n 头弱动词的变化形式表（例词 *naqārum* 破坏）

时　态	基本(G)词干	基本加 T(Gt)词干	双写(D)词干	Š 词干	N 头词干
将来时	*inaqqar*	*ittaqqar*	*unaqqar*	*ušaqqar*	*innaqqar*
过去时	*iqqur*	*ittaqar*	*unaqqer*	*ušaqqer*	*innaqer*
完成时	*ittaqar*	*ittatqar*	*uttaqqer*	*uštaqqer*	*ittanqar*
动名词	*nāqirum*	*muttaqrum*	*munaqqirum*	*mušaqqirum*	*munnaqrum*
命令式	*uqur*	*itqar*	*nuqqer*	*šuqqer*	*naqqer*
不定式	*naqārum*	*itqurum*	*nuqqurum*	*šuqqurum*	*nanqurum*
动形词	*naqrum*	**itqrurum*	*nuqqurum*	*šuqqurum*	*nanqurum*
状态式	*naqer*	**itqur*	*nuqqur*	*šuqqur*	*nanqur*

注意n头动词的弱辅音*n*在N头词干的某些变化形式中，弱辅音*n*保留自己，不被同化，如：*ittanqar*（N头词干完成时），*nanqurum*（不定式、状态式、动形词）。

单词表

ahāzum(*u*/*a*)：*抓住、拿走、娶（妻）*

ešērum(*i*/*i*)：*是直的、有序的*，Š头词干：*放整齐*；Š头加t词干：*保持有序*

Alākum：*走*，过去时*illik*，将来时*illak*

ana šimtim alākum：*死*、*"走向（他的）命运"*

ezēbum(*i*/*i*)：*离开，放弃，留下*

amārum(*u*/*a*)：*看见*

kišpū(复数)：*巫术*

apālum(*u*/*a*)：*回答、使债权人满意、支付*

nadûm(-*i*)：*扔、投、控告（将罪扔到身上）*

ebēbum(*i*/*i*)：*是纯洁的、是圣洁的*

nakārum(*i*/*i*)：*是外国的、是敌意的*

edēšum(*i*/*i*)：*是新的*；双写（D）词干：*使更新*

naṭālum：*看着、盯看*

epēšum(*u*/ **a*/*e*或*u*/*u*)：*做、制造*

nērtum：*谋杀*

erēbum(*u*/*u*)：*进入*

šuluhhum(<šu-luh)：*洗手、洗礼、洁净*

erēšum A(*i*/*i*)：*要求、想得到*

šuttum：*梦*

erēšum B(*i*/*i*)：*耕种（田地）*

warka：(连词) *在……之后*

楔形符号	音节值	苏美尔词义符合阿卡德对应词
	AB：ZU	abzu＝*apsûm 地下水源* É-abzu：*水神恩基神庙的名字*
	IN：*in*	
	NE：*ne*，*b/pil*，*bí*，(*ṭè*)	izi＝*išātum 火*
	MAR：*mar*	
	QAR：*qar*，*gàr*，*kàr*	
	UZ：*uz/s/ṣ*	
	ŠÀ：*šà*，(*líb/p*)，*šag*$_4$	šà＝*libbum 心脏；* a-šà＝*eqlum 田地（水渠之间）*
	KAM：*kam*，(*g*) *qám*	
	DAM：*d/ṭam*	dam ＝*aššatum 妻子* dam-gàr＝*tamkārum 商人*

练习十

1. 规范化转写与翻译。

(1) *a-na i-ša-tim in-na-ad-di*

(2) *šum-ma ne-er-tam e-li-šu id-di*

(3) *ša e-li-šu ki-iš-pí id-du-ú*

(4) *i-na-ad-du-ú-ši*

(5) *it-ta-di-in*

(6) *i-na-ad-di-in*

(7) *id-di-in*

(8) *it-ta-an-di-in*

(9) *i-na-di-iš-ši*

(10) *eqlētim id-na-šu-nu-ši-im*

(11) *i-di-in*

(12) *i-di-iš-šum*

(13) *šu-ut-tam iṭ-ṭú-ul*

(14) *it-ta-ki-ir*

(15) *tamkārum i-ip-pa-al*

(16) *i-ta-mar*

(17) *i-hu-uz*

(18) *i-ih-ha-az*

(19) *a-na* ^{d}*Íd i-il-la-ak*

(20) *a-na ši-im-tim it-ta-la-ak*

(21) *it-ta-al-la-ak*

(22) *wa-ar-ka a-bu-um a-na ši-im-tim it-ta-al-ku*

(23) *šum-ma ku-nu-uk-kam ú-še-zi-ib*

(24) *i-ir-ri-iš*

(25) *i-te-ru-ub*

(26) *ú-še-er-re-eb-ši*

(27) *i-pu-uš*

(28) *a-wa-a-tim ši-na-ti ep-ša*

(29) *mu-ub-bi-ib šu-luh* É-abzu

(30) *mu-ud-di-iš É-babbar*

(31) *a-na šu-te-šu-ur ni-ši*

2. 写出 *ezēbum*、*nadānum* 的词形变化和它们的基本（G）词干过去时人称变位。

3. 把下面的句子翻译成阿卡德语。

(1) He saw a dream and left his country.

(2) Who brought the liar into the king's palace?

(3) The king 's daughter purified the temple (bīt ilim).

(4) Šamaš, you will lead the people aright.

(5) He renewed the foundations of the house.

(6) If that man accused me of murder, he will be slain.

(7) After he had taken the woman as wife, he fell into enmity with her.

(8) Why was the temple not purified?

4. 翻译下面的楔形文字。

(1) 

(2) 

(3) 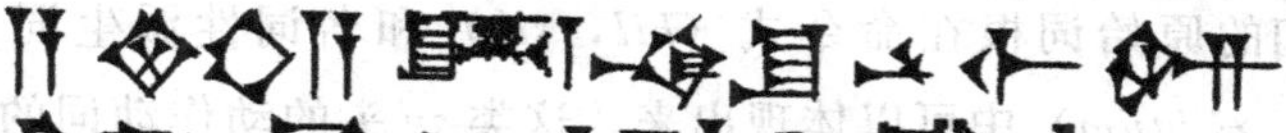

(4) 

(5) 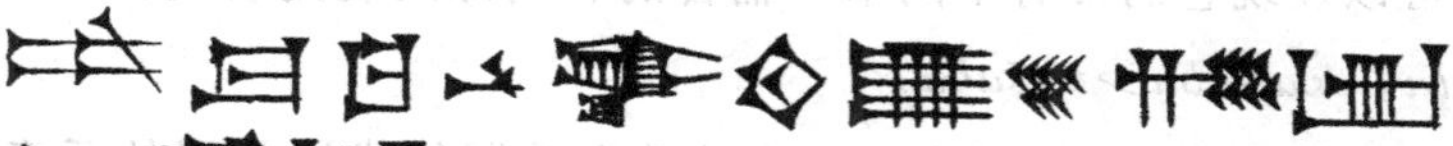

(6) 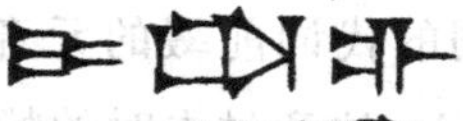

(7) 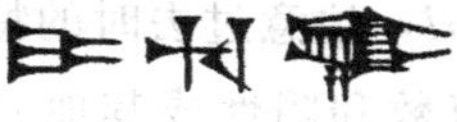

第十一课 w 头的弱动词、动词不定式结构和数字

11.1 w 头为第一辅音的状态动词

在 w 头的弱动词中，有少数是状态动词：*waqārum 昂贵的*，*wasāmum 适宜的*，*watārum 多余的，超过的*。这些动词的基本（G）词干变化形式和 y 头的动词是一样的，人称前缀元音为 *i*，*e*，不是 *u*-：将来时 *iqqer*，*itter* 过去时 *iqer*，*iter*，完成时 *itaqer*，状态式 *waqar*/*wasim*。在派生其他词干中，词形变位是和 *w* 头的动作动词一致的。

11.2 w 头为构词成分的动作动词

多数 *w* 头的动词是动作动词。其形式可以理解为由两个辅音的词根加上前缀 *w*（*a*）-形成的；如 *wa-bālum 运、送*；*wa-šābum 坐，居住*。它们的原始词根在命令式（*bil*，*šib*）和名词性派生词（*biltum*，*šubtum*＜ **šibtum*）中可以体现出来。这类 *w* 头的动作动词的主要特征是可以发现它的带有不同第一辅音的、同源的规则动词：*wa-bālu*＞*ta-bālu*，*wa-šābu*＞*ta-šābu*。

在基本（G）词干中，*w* 头的动作动词的代词前缀的元音是 *u*，不是 *a*，*i* 或 *e*。将来时：*ubbal* 和过去时：*ūbil*，注意过去时的特殊的变位元音 *i*。在一些方言中，动词加了过去时复数和阴性或其他元音的词尾时，形式是正常的，无元音脱落：*ūbilū*，加方向词尾：*ūbil-am*，但是在古巴比伦时期，正常的形式是加元音词尾后，变位元音一定要省略、

脱落（被后加的元音推挤出去）：*ūbil*，*ublū*，*ubl-am*。祈使式的变化是规则的：第三人称前缀是 *i-*，*lūbil 让我送去吧！ lībil 让他送去吧！* w 头动词的完成时（*ittabal*）中，三个词根辅音均有位置，但 *w* 被 *t* 同化，变为 *t*；古巴比伦语中偶尔会出现两个词根辅音的完成时 *itbal*。

w 头双写（D）词干一般仍保留三词根辅音的强动词形式 *uwaššar*，*uwaššer*，但在完成时中，*uw* 被缩合为长元音 *ū*：*ūtaššer*。将来时和过去时形式有时也写成缩合形式：过去时 *uwaššer*>*uššer*。注意两个辅音前的长元音不标记，这造成了双写词干和基本词干的将来时形式的不可区分：G 词干将来时＝D 词干缩合将来时 *uššar*。

*w-*头在 Š 头词干中的名词形式中被缩合，直接加 *šū-*（不定式 *šūbulum*）。在 Š 头词干的有代词前缀的谓语形式中，*aw* 缩合成 *ū* 只在诗体中出现：*ušūbil*；一般形式中，它不缩合而与 a 和 e 头第一弱动词的变化一样，*w* 被其后的强辅音同化：*ušaššab*，*ušāšib*，*ušeššib*，*ušēšib*。

在古巴比伦时期，*w* 头动词的 N 头词干的形式变化正常：*w* 比 *n* 强，所以 *n*＋*w* 变成 *ww*：**inwalid*>*iwwalid*。

w 头弱动词的各种词干的变化形式表

（例词 wabālum 带、送，wašārum 释放，wašābum 居住，walādum 产子）

时　态	基本词干	基本加 t 干	Gtn 词干	双写词干	Š 头词干	N 头词干
将来时	*ubbal*	*ittabbal*	*ittanabbal*	*uwaššar*	*ušabbal*，*ušeššeb*	*iwwallad*
过去时	*ūbil*	*itbal*	*ittabbal*	*uwaššer*	*ušābil*，*ušēšib*	*iwwalid*
完成时	*ittabal*	**ittatbal*	**ittatabbal*	*ūtaššer*	*uštābil*，*uštēšib*	**ittallid*
动名词	*wābilum*	**muttablum*	*muttabbilum*	*muwašširum*	*mušābilum* *mušēšibum*	……
命令式	*bil*	*tabal*	*itabbal*	*wuššir*	*šūbil*，*šūšib*	……
不定式	*wabālum*	**itbulum*	*itabbulum*	*wuššurum*	*šubulum*，*šūšubum*	……
状态式	*wašib*	……	……	*wuššur*	*šūbul*，*šūšub*	……

w 头弱动词的基本（G）词干将来时人称变位表

<table>
<tr><th>人 称</th><th>单 数</th><th>人 称</th><th>复 数</th></tr>
<tr><td rowspan="2">第三人称共性</td><td rowspan="2">ubbal</td><td>第三人称阳性</td><td>ubbalū</td></tr>
<tr><td>第三人称阴性</td><td>ubbalā</td></tr>
<tr><td>第二人称阳性</td><td>tubbal</td><td rowspan="2">第二人称共性</td><td rowspan="2">tubbalā</td></tr>
<tr><td>第二人称阴性</td><td>tubbalī</td></tr>
<tr><td>第一人称共性</td><td>ubbal</td><td>第一人称共性</td><td>nubbal</td></tr>
</table>

w 头弱动词基本（G）词干的过去时人称变位表

人 称	单 数	人 称	复 数
第三人称共性	*ūbil*	第三人称阳性	*ūbilū/ublū*
第二人称阳性	*tūbil*	第三人称阴性	*ūbilā/ublā*
第二人称阴性	*tūbilī/tublī*	第二人称共性	*tūbilā/tublā*
第一人称共性	*ūbil*	第一人称共性	*nūbil*

11.3 w 头在词形中丢失

从古巴比伦时期开始，*w* 头弱动词的第一辅音 *w* 开始消失。在古巴比伦时期之后，半辅音 *w* 在书写中完全消失了。《芝加哥亚述语词典》（CAD）的词条头排列是按照这些词在中巴比伦时期的形式 *abālu*，*ardu*。《简明阿卡德语词典》（AHW）则列出古巴比伦时期的形式 *wabālum*，*wardum*。

11.4 不定式结构

（1）前面我们已经讨论过，用前置词导入的不定式结构或词组一般可以理解为时间状语从句和目的、结果状语从句。动词不定式可以和名词或代词后缀搭配使用，构成结构态词组，其中的名词或者代词是动词不定式的逻辑宾语或主语。

ana epēš bītim 为了建那个庙，……

ina kašādi-ya 当我到达的时候，……

在有些情况下，及物动词的不定式表现出及物动词的特性，要求名词的宾格。在这种情况下，词组的语序是宾语——前置词——不定式：

raggam u ṣēnam ana hulluqim 为了消灭罪行和邪恶，……

当逻辑宾语和动词不定式同位，双双变成前置词要求的属格时，词组的语序变成前置词——逻辑宾语——不定式：

ana šugītim ahāzim 为了娶一个媵妾……

ana ebūrim kamāsim 在收获时……

在动词不定式结构中，逻辑上的主语也可以以主格形式出现，位于前置词之前或之后：

kīma awīlū šunu lā naparkîm 当这些人们不停地（工作）时，……

在通常情况下，宾格名词位于前置词前，物主代词后缀作为动词不定式的逻辑上的主语：

ṭuppī ina šemêka 当你听到我的泥板信的时候

（2）不定式的绝对态

一个谓语的动词形式可以和加有助词-*ma* 的不定式配合使用，表示强调：

šapārum-ma ašpur 我确实送去了消息

（3）某些动词如 *le 'ûm* 能够和 *qabûm* 说，命令可以用动词不定式做动宾结构做宾语，不定式可以有自己的宾语：

halāq āli-šu liqbi 让他下令毁灭他的城市！

kulla-šunu aqbi 我已吩咐（你）掌握它们（城市）。

pīhas-su apāl-am ul ile ''i 他不能履行他的职责。

11.5 数 字

1 到 10 的主要的基数以原态和无格尾的绝对态出现。基数词的性数如下：

数 字	原态阳性	绝对态阳性	原态阴性	绝对态阴性
1	*ištēnum*	*ištēn*	*ištetum*	*ištiat*, *ištet*
2	*šinā*	*šinā*	*šittā*	*šittā*
3	*šalāšum*	*šalāš*	*šalaštum*	*šalāšat*
4	*erbûm*, *arba 'um*	*erbe*	*erbettum*	*erbet*
5	*hamšum*	*hamiš*	*hamištum*	*hamšat*
6	*šeššum*	……	*šedištum*	*šeššet*
7	*šebûm*	*šebe*	*šebettum*	*šebet*
8	**samānûm*	*samāne*	……	*samānat*
9	*tišûm*	*tiše*	*tešītum*	*tišīt*
10	*ešrûm*	*ešer*	*ešertum*	*ešeret*

数词1和2有形容词特性，分别为单数和双数：它们要和所修饰的名词保持在性和数上的一致，一般用在名词之前。在塞姆语中，3—10是单数名词，它们的使用是特殊的反性搭配：阴性数词与阳性名词连用或反之。在不同的方言中，数词和名词的搭配形式各有不同，如“五个主人”的表达方式可以是：

hamšat bēlū/bēlum（同位，绝对态阴性数词＋主格复数/单数名词）；古巴比伦时期的正常结构是名词复数：*hamšat bēlū*

bēlū hamištum（同位，原态主格：阳性复数名词＋阴性单数数词）

belū hamšat（同位，阳性复数名词＋绝对态阴性单数数词）

hamšat bēlī/bēlim（结构态：阴性单数数词＋阳性复数或单数属格名词）

bēlū hamšim/hamištim（结构态：阳性复数名词＋原态阴性单数属格数词）

由于在阿卡德语文献中，数字通常都不是按照发音用音节符拼写，而是用无词尾的数词符表示，所以，实际上我们往往不能确定文献中所用的数词的性数格。

数词加上量词之后，通常的结构是：绝对态数字＋绝对态量词＋同位名词。名词的格尾则由它在句子的作用来决定：*šalāā sūt qēmum 三斗面粉*（主格）。

序数词是形容词，它们一般用在所修饰的名词的前面。

序数词的性别

第一	阳性 *panûm*，*mahrûm*，*ištēn* 阴性 *panītum*，*mahrīrum*	第六	阳性 *šeššum*，阴性 *šeduštum*
第二	阳性 *šanēm*，阴性 *šanītum*	第七	阳性 *sebûm*，阴性 *sebūtum*
第三	阳性 *šalšum*，阴性 *šaluštum*	第八	阳性 *samnum*，阴性 *samuntum*
第四	阳性 *rebûm*，阴性 *rebūtum*	第九	阳性 *tišûm*，阴性 *tišûtum*
第五	阳性 *hamšum*，阴性 *hamuštum*	第十	阳性 *ešrum*，阴性 *ešurtum*

序数词和基数词在阿卡德语的书写中通常都用苏美尔语短语表达：数字＋kam：mu-3-kam *第三年*，或 *三年*。

倍数表达是：基数词加上格尾-*ī*-和代词后缀-*šu*；前置词 *adi* 可以加在数字之前：(*adi*) *šinī-šu 两倍*

分数用近似基数词的阴性形式来表示：*šaluštum*＝1/3。苏美尔语短语 igi-x-gal 也是用来表达分数的词符组：igi-8-gal＝1/8。注意 2/3 是双数，主格 *šittān*，双数属宾格 *šittīn*。

单词表

enšum：*虚弱的*

wašābum：*坐着、呆在、居住*；将来时 *uššab*，过去时 *ūšib*

ešrum：*十个、10*

kibrātum：阴性复数词，*世界各地区、一方*

wabālum：*运送、带*；将来时 *ubbal*，过去时 *ūbil*

manā 'um，*manûm*＝ma-na：*斤*

nawārum：*是明亮的、愉快*。D 词干：*照亮、使愉快*

watārum：*数量超过、是过多的、过量的*；将来时 *ittir*，过去时 *ītir*；Š 头词干：*增加*

šittān：*2/3*

wuššurum：*释放*（只有 D 词干）

walādum：生育；将来时 *ullad*，过去时 *ūlid*

zā 'irum/za 'irum：敌对的；名词：敌人

楔形符号	音节值	苏美尔词义符和阿卡德对应词
	SI：*si*，*se*	si＝*qarnum* 角； si-sá＝*ešerum* 是直的、有秩序的、准备好的。
	TAB：*tab/p*	
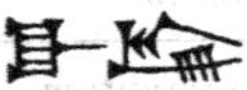	LUGAL：*šàr*	lugal＝*šarrum* 国王。
	DU：*du*，*ṭù*，(*g/qub/p*)	gin＝*alākum* 走；gub＝*izuzzum* 站； túm＝*wabālum* 带来。
	KAL：*dan*，*kal*，*lab/p*，(*líb/p*，*rib/p*)	kalag＝*danānum*，*dannum* 是强大的、硬的
	LÚ	lú＝*awīlum* 男人
	LAM：*lam*	
	ZUM：*z/ṣum*，*súm*，*ṣu*	
	GÉME：	géme＝*amtum* 女仆人，女奴
	ṬU：*ṭu*	gín＝*šiqlum*"锱"、舍克勒（重量单位，＝8克）

练习十一

1. 规范化转写与翻译。

(1) *za-e-ri-šu ú-wa-aš-ša-ar*

(2) *ú-ta-aš-šar*

(3) *amat-sú ša mārī ul-du-šum*

(4) *it-ta-la-ad*

(5) *šum-ma mārī la ú-li-id*

(6) *šum-ma mārī ú-li-súm*

(7) *ub-lam*

(8) *ub-ba-lu*

(9) *uš-ša-ab*

(10) *ú-ša-te-ru-šu*

(11) *dan-nu-um en-ša-am a-na la ha-ba-li-im*

(12) *a-na ma-tim nu-wu-ri-im*

(13) *a-na ši-ir ni-ši ṭú-ub-bi-im*

(14) *pu-ru-sé-e ma-tim a-na pa-ra-si-im*

(15) *ki-ib-ra-at er-bé-tim*

(16) *šàr ki-ib-ra-tim ar-ba-im*

(17) *a-di* 30-*šu i-na-ad-di-in*

(18) igi-3-gal

(19) *i-na re-bu-tim ša-at-tim*

(20) mu-4-kam

(21) *ša ša-at-tim iš-ti-a-at*

(22) *ši-it-ti-in i-na-ad-di-in ša-lu-uš-tam i-le-qé*

(23) 4 *sūt še 'am*

(24) 2 *qa še 'am*

(25) 1 ma-na *kaspam*

(26) 1/3 (ma-na)*kaspam*

(27) 10 *šiqil kaspum*

(28) *e-eš-ri-šu aš-tap-pa-ra-ak-ki-im*

2. 写出 *walādum* 的词形变化和它的 G、N 头词干的人称变位。

3. 翻译下面的句子。

(1) He will dwell in the land of Hatti.

(2) They carried me to heaven.

(3) Since he was born he said nothing.

(4) He made me carry his throne and his scepter (haṭṭum).

(5) He increased the rugular offerings.

4. 动词不定式结构把下面的短语翻译成阿卡德语。

(1) to destroy his enemies

(2) when the king arrives

(3) as you rise up

(4) in order to construct (epēšum) the house

5. 翻译下面的楔形文字。

(1) 

(2) 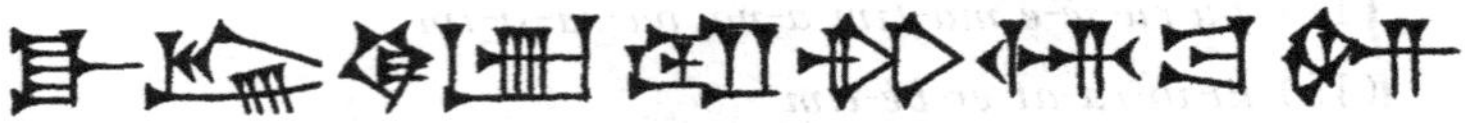

(3) 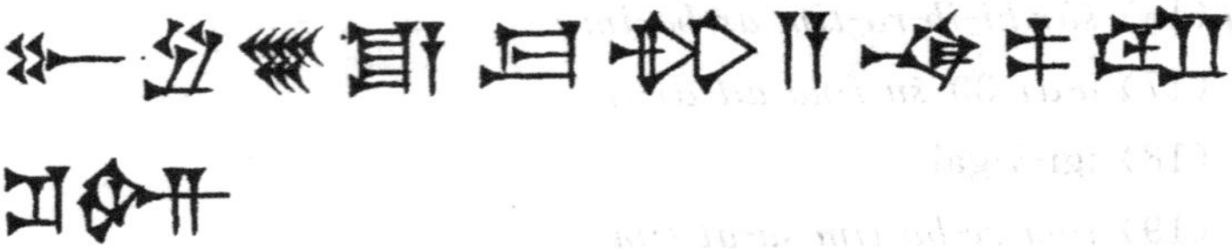

(4) 

(5) 

(6) 

(8) 

(9) 

第十二课　四辅音动词、双弱动词和特殊动词 *izuzzum*（站，伺候）

12.1　在阿卡德语中的四辅音动词一般可分为两类：

(1) Š头双写 (D) 词干类型：这类动词的词根的第一个辅音前为Š前缀，第二、第三和第四辅音是相同的辅音，一般是流辅音 *l*、*r* 或鼻辅音 *m*、*n*。严格意义上说，这类Š头四辅音动词是三辅音动词的一个极特殊的词干形态：Š头双写 (D) 词干，它们基本上全是表示状态的不及物动词。

šuqallulum 悬挂

šuharrurum（因恐惧而）沉默、麻木

šuqammumum 是静止的、不动的

šuparrurum 伸展开

这些词及其派生出的词的变化形式和双写 (D) 词干是相似的。

Š头双写 (D) 词干动词的各种形式

时　态	单　数	复　数
将来时	*ušqammam*	*ušqam(m)ammū*
过去时	*ušqammim*	
完成时	**uštaqammim*	
动名词	**mušqammimum*	
命令式	*šuqammim*	
不定式	*šuqammumum*	
状态式	*šuqammum šahur(rur)*	*šuqammumū šahurr(ur)ū*

注意：Š 头双写词干也有弱动词，如中弱动词 *šupêlum 交换*，*šukênum 服从，下跪*（古亚述语：*šupa "ulum*，*šuka "unim*）。它们的的变化遵循弱动词的变化规律，这两个弱动词可以看做只有 Š 头词干的中弱动词：

将来时 *uš pêl*，复数 *uš pellū*

过去时 *uš pēl*，复数 *uš pēlū*

完成时 *uš te pēl*，复数 *uš te pēlū*

动名词 *muš kē(=kī)num*

(2) N 头和 Š 头词干类型：这类动词的第二辅音为 *l* 或 *r*，四个辅音各不相同，是真正的四辅音动词（包括弱辅音动词）。它们有 N 头（含有开始义）和 Š 头使役两种基本词干以及它们的-*tan*-派生词干。这类动词一般表示不及物的行走动作：

nabalkutum 翻越，转向，叛变，(Š 头词干) *使叛变*

napalsuhum 匍匐在地、屈服

naparšudum 逃跑

našarbuṭu našarbuṣu 飞掠、飞来飞去、追逐

第四弱辅音 *neqelpûm 漂流，顺水航行*

napalkûm 成为宽大的，拓宽；(Š 头词干) *加宽，大敞开*

naparkûm 停止做工，停下来，离开，呆在后面

四辅音动词变位表

时　态	N 头词干	Ntn 头词干	Š 头词干	Štn 头词干
将来时	*ibbalakkat*	*ittanablakkat*	*ušbalakkat*	*uštanablakkat*
过去时	*ibbalkit*	*ittablakkat*	*ušbalkit*	*uštablakkit*
完成时	*ittabalkat*	*ittatablakkat*	*uštabalkit*	……
动名词	*mubbalkitum*	*muttablakkitum*	*mušbalkitum*	……
命令式	**nabalkit*	……	*šubalkit*	……
不定式	*nabalkutum*	*itablakkutum*	*šubalkutum*	*šutablakkutum*
动形词	*nabalkutum*	……	*šubalkutum*	……
状态式	*nabalkut*	……	*šubalkut*	……

12.2 不规则的N头词干（ND词干）动词

有少数不规则的动词以N头词干和Ntn头词干出现，而且它们的中间辅音或尾辅音都是*l*，一般要双写。这类动词的可以称为“ND词干”。ND词干的不定式和状态式很特殊：中间辅音要双写；将来时和一般N头动词一样也双写中辅音。将来时、过去时、完成时和动名词如有元音后缀，则最后一个辅音双写，这类动词一般不归入四辅音动词：现代词典认为其中有的也具有基本（G）词干，如：CAD/H卷将*nahallulum 潜逃 溜走*列入*halālum*的下面；有的仅以N头词干出现，如*našallulum*(＝diri)*逶迤滑行、蛇行*。

时 态	N头词干	Ntn头词干
将来时	*iššallal*，*iššallallū*	*ittanašlal*，*ittanašlallū*
过去时	*iššalil*，*iššalillū*	……
完成时	*ittašlal*，*ittašlallū*	*ittatašlal*(*lū*)
动名词	*Muššalillum*	*muttašlillum*
不定式	*Našallulum*	*itašlullum*
状态式	*našallul*，(**našallullū*)	……

12.3 不规则N和Š头动词*izuzzum*（**zazu*）*站，侍候，服务*

不规则动词*izuzzum*的基本词干和Š头词干的变化很像两个辅音的词根**zaz*或中弱词根**zāz*的N头词干和Š头词干的变化，但是它的不定式中的*n*头脱落了，并且用尾辅音双写法表示词干中的长元音：*izuzzum*＜**nez 'uzum*(*na prusum*)；当动词变位中有指示性数的元音词尾，在第二个*z*要双写，似乎指示前面有一个脱落的弱辅音或长元音。注意：不要把*izuzzum 站立*和中弱词*zuāzum 分割*混淆了，后者的中元音是*ū*：*izz**a**zzū 他们将站着*，*i**zu**zzū 他们将平分财产*，*izz**u**zzū* N *它们将被分割*，*izzaz 他将站*，*izâz 他将分割*，*izzâz* N *它将被分割*，*izzaz 他将站着*，*izzizzū 他们服务了 izūzū 他们分割了*。

izuzzum 的变化形式

词　干	将来时	过去时	完成时	命令式
基本(G)词干＝N 头词干)	*izzaz*(*izzâz*?) *izzazzū*	*izziz*(*izziz*?) *izzizzū*	*ittaziz* *ittazizzū*	*iziz*，*izizzā*
基本加 t (Gt) 词干	*ittazzaz*	……	……	……
Š 头词干	*ušzaz*，*ušzazzū*	*ušziz*	……	*šuziz*，*šuzizzā*

12.4　双弱动词

双弱动词是指词根中有两个弱辅音的动词，如：*idûm*（**yadāʿum*）*知道*，过去时形式 *ide*。常用的双弱动词如下：

elûm 上升：将来时 *illi*，过去时 *īli*，完成时 *īteli*，Š 头词干将来时 *ušelle*，过去时 *ušēli*，完成时 *uštēli*，Gtn 词干过去时 *ītelli*。

waṣûm(*aṣû*) *出去*：将来时 *uṣṣi*，过去时 *ūṣi*，完成时 *ittaṣi*，Š 头词干将来时 *ušeṣṣi*，过去时 *ušēṣi*，完成时 *uštēṣi*。

warûm(*arû*) *引导，领导*：过去时 *ūru*，Š 头词干将来时 *ušarra*，过去时 *ušāri*。

wâru 前往，面对 i 'ir. D 词干(*w*)*u 'urum 派遣*、*命令*：将来 *uwa 'ar*，过去 *uwa 'er/ir*，完成 *utta 'er*。

idûm 知道、*明白*：这个动词和它的派生词干只有一种时态：过去时含有状态式意义 *īde*，*tīde*，*īde*，*tīdeā* 等，不规则的动名词形式 *mūdûm*。

išûm 有：过去时 *īšu*（第一、第三人称同形）。

le 'ûm 能够：将来时 *ile "i*，*ilê*，过去时 *il 'e*，*ilē*。

še 'ûm 寻找，探索，寻求：变位和 *le 'ûm*，*re 'ûm 相同*。

只有双写词干：*qu "ûm 等候*：将来时 *uqa "a*，*uqâ*，过去时*uqa "i*，*uqî*。

bu "û 寻找，搜索，检查，要求；将来时 *uba "a*(*ubahhû*<OB>)，过去时 *uba "i*。

12.5　“全部”表达法

“全部”这个词不是用形容词来表达，而是用 *gimrum*，*kalûm*，

kiššatum 或其他含有“*全部，所有*”的名词表达。这些词在名词的结构态中作为前面的名词：*gimir mātim 所有的土地*，或是作为名词的同位语，并有一个代词后缀：*mātum kalûša 所有的土地*，*ana mātim kališa 全部的土地*。

单词表

alpum：*公牛*　　*kalûm*：*全部、总体*

bīrum：(名) *占卜、推测*

nabalkutum：(N 头 4 辅)越过、违背、造反

elûm(*-i*)：*上升*；Gt＋ *ina*：*走开、弃权*

napalsuhum：(N 头 4 辅词干)*匍匐在地、屈服*

enûm(*-i*)：*变化*(及物动词)

našûm(*-i*)：*抬起、负担、献上、*(不及物) *移动*

gimrum：*总数、全部*　　*nīšum*：*举起*；*nīš qātim*：*祈祷*

idûm(*-e*)：*知道*　　*numātum*：*家庭日用器皿*

īnum：*眼睛*　　*nūrum*：*光线*

izuzzum：*站、伺候、服务*　　*sarrātum*：*谎言、欺诈*

-šu：*他的、它的*；表示时间：*ina ūmi-šu 那时候*，*ūmi-šu 每天*

wapûm(*-i*)：*是显著的、突出的、优秀的*；Š 头词干：*推广、发扬光大*

šībūtum：*长老权、作证人权*　　*waṣûm*：*出来、走出、离开*

ṣābum：*士兵、劳力*

楔形符号	音节值	苏美尔词义符和阿卡德对应词
	URU：*eri*，*iri*，*rí*，*ré*	uru＝*ālum* 城市。
	KÁ	ká＝*bābum* 城门。 Ká - dingir - ra^{ki}＝*Bāb - ilim*/*Babilum*^{ki}巴比伦。
	ṢI：*ṣi*/*e*，*zí*/*é*	
	GUD/GU$_4$：	gud＝*alpum* 公牛
	NIN：*nin*	nin＝*bēltum* 女主人
	EL：*el*，*il*$_5$	sikil＝*ellum* 纯洁的

练习十二

1. 规范化转写与翻译。

(1) *ṣa-bu-um ka-lu-šu*

(2) *gi-mi-ir ma-ti-im*

(3) *gi-mi-ir ṣa-bi-im ša ma-a-tim ka-li-ša*

(4) *ru-bu-um ša ni-iš qá-ti-šu* ᵈ*Adad i-du-ú*

(5) *mu-še-ṣí nu-ri-im a-na ma-at Šu-me-rí-im ù Ak-ka-di-im*

(6) *šum-ma ne-er-tam e-li-šu id-di-ma la uk-ti-in-šu*

(7) *šum-ma da-a-a-nu-um di-in-šu i-te-ni*

(8) *i-te-el-li*

(9) *a-na wa-ṣe-em*

(10) *ālam ú-še-eṣ-ṣú-ú-šu*

(11) *mi-ša-ra-am i-na ma-tim a-na šu-pí-im*

(12) *a-na nu-ma-at be-el bītim i-in-šu iš-ši*

(13) *šum-ma a-wi-lum i-na di-nim a-na ši-bu-ut sà-ar-ra-tim ú-ṣi-a-am*

(14) *a-ra-an di-nim it-ta-na-aš-ši*

(15) *ša* u_4*-mi-šu iz-za-zu a-na* É-babbar

(16) *i-na šu-ut-ti-ia* ᵈ*Bēlet-bi-ri iz-zi-iz-za-am*

(17) *i-na pa-ni bi-ti-ia ta-az-za-az*

(18) *alpū ša ma-ah-ri-ka iz-za-az-zu*

(19) *e-eš-me-e-ma at-ta-pa-al-sà-ah*

(20) *a-na Babilimki a-al-la-ak ù ab-ba-la-ka-tam*

2. 把下面的句子翻译成阿卡德语。

(1) He will revolt.

(2) They caused them to revolt.

(3) He is silent (šuharrurum).

(4) He will fall silent.

(5) He fell silent.

(6) The whole country will know.

(7) He is not able to go out.

(8) He stood by me.

(9) They are waiting for the king.

3. 翻译下面的楔形文字。

(1) 

(2) 

(3) 

(4) 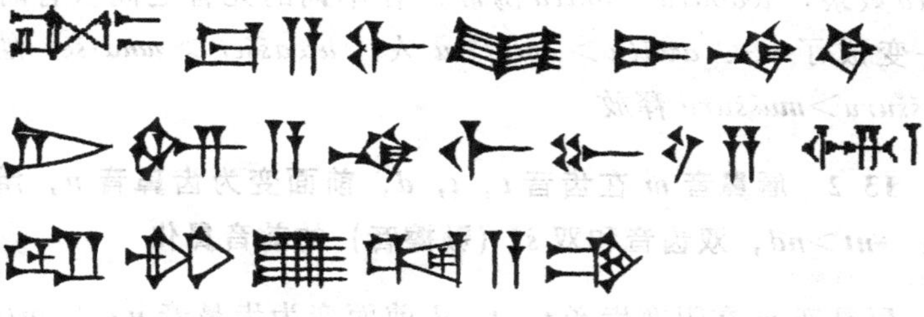

(5) 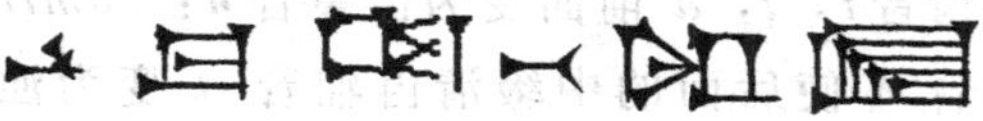

第十三课　中巴比伦和新巴比伦（NB）时期的语法和语音演变

13.1　格尾-*m*（唇鼻音）尾和词头 *w*-（唇辅音）的完全消失，词中半元音 *w* 变成 -*m*-

从中巴比伦时期（MB）起，单数和阴性名词和带词后缀中的格尾辅音-*m* 基本消失了。在动词带有连词后缀-*ma* 时，-*m* 可以复活：*liqbû-nikkum-ma 让他们告诉你！*

在单词的开头的弱唇辅音 *w*-也基本上不见了：OB *wardu*＞MB *ardu 奴隶*，*wabālu*＞*abālu 携带*。在单词的元音之间（有时开头）的 -*w*-变成了-*m*-：*awīlu*＞***am****ē/īlu* 人，*uwaššer*＞***um****aššer 他释放了*，*wuššuru*＞***mu****ššuru 释放*

13.2　唇鼻音 *m* 在齿音 *t*，*ṭ*，*d*，前面变为齿鼻音 *n*，清齿音 *t* 浊化：**nt*＞*nd*，双齿音和双 *šš*（颚擦音）的前音鼻化

唇鼻音 *m* 在阻塞齿音 *t*，*ṭ*，*d* 前面变为齿鼻音 ***n***：*hamṭiš*＞*hanṭiš 急速地* 注意：齿鼻辅音 *n* 使后面的中缀清齿辅音 -*t* 变为浊齿音 -*d*：******unt****aššer*＞***und****aššer 他被释放了。* ***imt****alū*＞***ind****alū 它们已经满了。*

在新巴比伦语（NB）中，成双的齿音 *dd*，*zz*，*ṣṣ* 中的前一齿音经常鼻化为齿鼻音 ***n*** 或唇鼻音 ***m***，变为 *nd*/*md*，*nz*，*nṣ*/*mṣ*：*ina****dd****in*＞＞*ina****md****in*，*mazzāz*＞*ma****n****zāz pānī-ya 我面前的朝臣*，*ninaṣṣar*＞*nina****m****ṣar 我们将看守（他）。*

成双的摩擦上颚音 *šš* 中的前一个 *š* 也有时鼻化为齿鼻音 ***n***，变为 *nš*：OB/MB *attalk-aš-šu*＞NB *attalk-a****n****-šu 我向他走去了。*

动词 *nadānu* 的鼻化更特殊，强辅音 *d* 被其后的弱辅音 *n* 所同化：***idna*>*inna*** *给我！ ittadna*>*ittanna* *他给了我*。

13.3 上颚擦音 *š* 在阻塞齿音 *t*，*ṭ*，*d* 和摩擦齿音 *s*，*ṣ*，*z*，*š* 前面变为舌侧齿音 *l*

iktašdū>*iktaldū* *他们征服了*，*ušziz*>*ulziz* *他让人服务了*，*aāta prakkum*>*alta prakku* *我向你发了信*，*ištu*>*ultu* *从……地方，从……时候，在……后*。*aššī*>*alsi* *我叫喊了*

13.4 元音和谐：闭音节中的 *a* 变为 *e*

动词中的闭音节中的 *a* 受到其后的 *e* 或 *i* 的影响，和谐为 *e*：**umtaššer*>*undeššer* *我/他放弃了*，*ušaddi*>*ušeddi* *我/他使抛下了（它）*。

13.5 代词的音变和形变

予格独立代词：OB *ana kâššim*>*ana kâša* *对你*，*ana šuāti*>*ana šâtu* *对他*，宾属格 *šunūti*>*šâšunu* *他们*。NB *ana yâši*>*ay-yâši* *对我*。主格独立代词 *nīnu*>*anēni* *我们*（阿腊美亚语 *anahnā*）

独立物主代词或物主形容词使用 *attu*：*kaspum yûm*>*kaspu* ***attu-wa*** *我的银子*，*harrānum kûm*>*harrānum attu-ka* *你的商队*，*bītum šûm*>*bītu attu-šu* *他的房子*。

辅音后的第一人称物主代词后缀主格 *ī* 有时写成 ***-īya***：OB *ah-ī*> MB *ah-īya* *我的兄弟*，*ab-ī*>*ab-īya* *我的哥哥*，但是，*bēl-ī* *我的主*。在长元音 *ū* 之后的后缀读为 **-(*w*)*a*** 或 ***'a***：*tamkarū-(w)**a*** *我的商人们*，*kaspu attu-(w)**a*** *属于我的银子*。

在新巴比伦语中，第一人称代词后缀主格 *-ī* 完全变为 ***-ā***：*puluht-ī*>*puluht-**ā*** *对我的敬畏*，*ah-ī*>*ahu-(w)ā* *我的兄弟*，*ab-ī*>*abu-(w)**ā*** *我的父亲*。第二人称单数阳性予格 *-kum* 后缀被宾格 ***-ka*** 取代：*aqbâk-**kum***>*aqbâk-**ka*** *我对你说了*。

指示代词 *annûm* *这个*、*这是* 在新巴比伦语中常被 ***agû***，f. *agātu*

代替：*libbu agā ’i* 以这种想法、方式。

疑问人称代词 *mannu* 可以用作万能关系代词 *ša*：*mannu* …*ušuzzu* 被派来服务的人……

不变位的不定人称代词 *mammān* 某人、任何人 被它的简化形式 ***mamma*** 完全代替：*ina libbi ša mamma ša lā takl-āka* 对任何人 我都不信任。

全部名词 *kalum* 在新巴比伦语 ***gabbi*** 被代替：*mātāti gabbi* 所有的国家，*gabbi ītamrū* 他们看见了全部事。

13.6 中弱动词的不缩合写法

第二词根是 Aleph II 的中弱动词常写为强动词，不缩合：
iša ”al 他将询问，*iš ’al* 他询问了，*ištana ”al* 他将不断地询问。

13.7 过去时和完成时的用法

完成时主要用来表示过去发生了的事件：
ana šīmti ittalak 他走到了宿命。*eqlāti undeššer* 他放弃了土地。
过去时主要用来表示否定句、疑问句和从句（见新亚述语 17.4）：
anāku ul umaššer 我没有放弃。
mīna hiṭa ahṭi ana bēli-ya 我对我主犯了什么罪？
amīlū ša ardī-ya idūkū 那些杀了我的奴隶们的人们……

13.8 时间从句的表达

kī-ma 简化成了 *kī*，它和过去时构成的时间的从句表示当……时，在……之后：

šēpī-šu kī unakkis-u itu-šu iktalā-šu 在他砍断他的脚后，他扣留了他。

kī elqa ītamar-ši 当我得到了她后，他发现了她。

kī 和完成时构成的时间的从句表示主句动作紧接从句动作（见 17.4）：一旦……后，立刻……

ana pānī-ka kī altapr-akku šita ”al-šu 一旦我给你送去消息后，立

即详细询问他（送信人）！

两个或更多个 *kī* 从句可以并列使用：*ṭēm murṣi-ša kī iš 'alu-ši riksa kī esihu urakkasū-ši 当他问了她的病情和当他指定了绷带后，他们为她绑上了绷带。*

13.9 名词的格尾的同一：主宾格同一、主属格同一和无格尾绝对态表示主格

新巴比伦语中，名词的宾格结尾-*a* 被主格尾 -*u* 所代替：

*nidit**tu** inamdin 他将给（他）一件礼物。*

在晚期巴比伦语中，属格**-*i*** 有时也用主格尾**-*u*** 代替；而主格的词尾**-*u*** 有时消失了，用无格尾的绝对态代替：*ina muhhi miṣer ull**û** 关于…… lū šulum*(*šulmu*)*ana abi-ni 愿平安属于我们的父亲！*

***utur** ikkal 他将食用多余。*

属格尾音受亚述语影响，由 *i* 变为 *e*：*ina ūme-šu 在那一天……*

13.10 动词的元音词尾的变化

新巴比伦语中，动词的元音类型不被仔细区分了：*nuṣṣi*>*nuṣṣ**u** 我们将出去。*

状态式的第一人称结尾-*āku* 被写成-*āk**a*** 或简化为-*ak*：*takl-āka 我信任*，*marṣ-āk 我病了。*

词尾的长元音常用短元音加弱辅音 ' 代替：*hirâ*>*hira ' 挖掘！*

元音结尾常常脱离所属的音节，单独书写：

OB *iṣ-ba-tu*>*iṣ-bat-**ú** 他们抓住了。*

OB *ta-aṣ-ba-ta*>*ta-aṣ-bat-**a**' 你们抓住了。*

13.11 *izzuzu* 的 MB Š 词干音变和在 NB 语中的形态

在中巴比伦语中，特殊动词 *izuzzu 站立*、*服务* 的役使词干 *ušuzzu* 中的-*šz*-发生音变：

OB *ušzaz*>MB *ulzaz 他将让人服务。*

ušziz>MB *ulziz* *他让人服务了*。

在新巴比伦语中，*izuzzu* 基本词干过去时和古巴比伦同样：*izziz* *他服务了*。但是，完成时有时和 Š 词干混淆：*ittašiz* *他已经服务了*。状态式 *ušuz*/*ušuzzū* *他服务*/*他们服务了*。

13.12 前置词 *la*，*la-pani*，*ana*/*ina muhhi*，*ana tarṣi*

新和晚期巴比伦语中经常用前置词 ***la*** 代替 *ana* *向*…… 和 *ištu* *从*……：*la qāti šarri lā nilli* *我们不想从王的手边向上走*（= *我们不想离开王*）。

用特殊的名词构成新的前置词：*ana muhhi*（*头皮*）…… 因为，*为了*，*ina muhhi* *关于*……，*ina pāni* *在*…… *前*，*ana pāni* = *lapāni* *对着*……（*面*），*ana pānāt* *在*……*前*，*因为*，*ina libbi* *在*……*中*、*之间*，*ana tarṣi*（*另一方面*）*在上*，*从*……*上*，*反对*：*ana tarṣi-šu* *对抗他*。

13.13 副词

时间副词：*enna* *现在* 代替了 *inanna*；*adu* *怎样*、*从此以后*。

地点副词：*akanna* *这里*，*ana akanna* *到这里*，*ana libbi* *到那儿*。

方式副词：*ma 'da* *非常*，*libbū* *因此*、*于是*，*libbū agā 'i* *以此方式*、*这样*、*同样*。

13.14 从句连词和关系从句代词

“如果从句”的引导连词 *šumma* 在新巴比伦语可以被从句连词 ***kī*** 和状态式动词的从句式代替：

kī pāni-ka mahru *如果它面对你*= *如果你同意它*，*你*……

关系代词 *ša* 可以引起引语从句：*šarru īde ša lū ma 'da marṣ-āk* *国王知道我病得厉害*。

前置词 *ašša*<*ana ša* *按照*……*的事*、*话* 可以引起从句：*ašša libbū ša aqba-k-ku tetēpšu-ma tattann-a*（*tattadna*）*按照我对你说的话*，*你做了并且给了我*。

13. 15 正装词序

新巴比伦和晚期巴比伦语的词序是灵活的，可以用倒装词序把动词放在最后，也可以用正装词序把宾语或其他成分放在最后：

tammar rīmūt-ka 你将会见到你的报酬。

练习十三 中巴比伦和新巴比伦语楔形文字

规范化和翻译：

一、中巴比伦语书信

1. a-na ^{m}Amil-^{d}Marduk qí-bí-ma! um-ma šarrum-ma um-ma a-na Amil-^{d}Marduk-ma: mār ^{m}Šadi-ahhū-a it-ti-i-ka a-na Bābili le-qa-am-ma kul-da!

2. a-na ^{md}Amurru-ka-ra-bi-iš-me qí-bí-ma! um-ma ^{d}En-líl-damiq-ma: šib-šu$_{14}$ ša šamaššammi ša ^{d}En-líl-mu-bal-liṭat-tu-ú-šu ú ša šu-ta-pi-šu muš-še-er-ma šu-ú liš-bu-uš, atta la ta-šab-bu-uš.

3. arad-ka…: a-na di-na-an be-lí-ya lul-lik! um-ma-a ana be-lí-ya-ma: eqlētū ša be-lí id-di-na, - ^{m}U-bar-ru a-na be-lí-ya iq-bu-ú, um-ma-a: eqlēti un-de-še$_{20}$-er, a-na-ku ul ú-maš-še$_{20}$-er, ^{m}U-bar-ru a-na er-re-ši id-din…

4. a-na Amīlī-ya qí-bí-ma! um-ma ^{m}Ka-tar-sah ahū-ka-ma: a-na ka-a-ša lu šul-mu! ilānū a-ši-bu ina ^{uru}Kār-^{d}Bēli nap-ša-ti-ka li-iṣ-ṣu-rù! um-ma-a a-na ^{m}Amili-ya-ma: ṭuppa ša šarru ú-še-bi-lak-ku, aš-šum eqli ša ^{uru}Ka-du-ku-ú, ki-i pi-i ṭup-pi ša šarru ú-še-bi-lak-ku ha-an-ṭiš šu-pu-ur-ma arad-ka ^{m}Ku-ub-bu-la la i-kal-lu-ú-ma lit-ta-al-ka!

5. arad-ka ^{m}Im-gu-rù: a-na di-na-an be-lí-ya lu-ul-li-ik! a-na bīt be-lí-ya šu-ul-mu! ^{f}Qá-qá-da-ni-tu$_{4}$ šēp-ša ik-ka-al-ši, —— ^{m}Hu-za-lu$_{4}$ ki el-qá-a i-ta-mar-ši. ṭe-em mur-ṭi-ša ki iš-a-lu-ši ri-ik-sa ki e-si-hu u-ra-ak-ka-su-ši…

6. a-na be-lí-ya qí-bí-ma! um-ma ^{d}Nin-urta-a-ša-re-ed arad-ka-ma: a-na di-na-an be-lí-ya lu-ul-lik! mi-na-a hi-ṭa ah-ṭi a-na be-lí-ya? …ya-a-ši be-li ṭe$_{4}$-e-ma a-aka-an-na il-ta-ak-na-an-ni: um-ma-a: uṭ-ṭe-ta ù šīpātī šu-un-ni-ma mu-hu-ur-šu! a-na mu-uh-hi an-ni-ti āla qí-pa-ku(qú)-ma ú-še-di-i ta-mé-er-ta qí-pa-ku(qú)-ma ú-še-di-i u-du-ú-a a-na be-lí-ya ya-a-nu ù be-lí i-de.

7. a-na Na-ap-hu-'-ru-ri-ia šàr ^{kur}Mi-iš-rī ahi-ia qí-bí-ma! um-ma

Bur-ra-Bu-ri-ia-aš šàr ^{kur}Ka-ra-Du-ni-ia-aš ahu-ka-ma：

a-na ia-a-ši šu-ul-mu. a-na ka-ša māti-ka bīti-ka aššāt-ka mārī-ka rabûti-ka sisī-ka narkabāt-ka da-an-ni-iš lu šu-ul-mu!

a-na-ku ù ahi-ia it-ti a-ha-mi-iš ṭa-bu-ta ni-id-da-bu-ub，ù an-ni-ta ni-iq-ta-bi，um-ma：ki-i ab-bu-ni it-ti a-ha-miš ṭa-a-bu，ni-i-nu lu ṭa-ba-nu!

i-na-an-na tamkarū-a ša it-ti Ahu-ṭa-a-bu te-bu-ú i-na ^{kur}Ki-na-ah-hi a-na ši-ma-a-ti it-ta-ak-lu-ú ul-tu Ahu-ṭa-a-bu a-na mu-uh-hi ahi-ia i-ti-qu i-na alu^{ki} Hi-in-na-tu-ni ša ^{kur}Ki-na-ah-hi ^{m}Šu-ma-ad-da mār ^{m}Ba-lum-me-e，^{m}Šu-ta-at-na mār ^{m}Ša-ra-a-tum ša ^{uru}Ak-ka amīlē-šunu ki iš-pu-rū ^{lú}tamkārē-ia id-du-ku ù kasapa-šu-nu it-tab-lu Az-zu a-na pa-ni-ka ki-i al-ta-ap-ra-ak-ku ši-tā-al-šu-ma li-iq-ba-ak-ku! ^{kur}Ki-na-ah-hi māt-ka ù šarrāni-ša ardāni-ka. i-na māti-ka hu-um-mu-ṣa-ku. su-ni-iq-šunu-ma kaspa ša it-ba-lu šu-ul-li-im-šu! ù amīlī ša ardī-ia i-du-uk-ku du-uk-šu-nu-ti-ma da-mi-šu-nu te-e-er! ù šum-ma amīlū an-nu-ti ul ta-ad-du-uk，i-tu-ur-ru-ma lu-ú harrāna at-tu-ú-a ù lu $^{lú.meš}$mārē ši-ip-ri-ka i-du-ku-ú-ma i-na bi-ri-ni mār ši-ip-ri ip-pa-ar-ras ú šum-ma i-na-ak-ki-ru-ka 1 awīla at-tu-ú-a ^{m}Šu-um-ad-da šēpē-šu ki-i ú-nak-ki-su i-tu-šu ik-ta-la-šu ù awīla ša-na-a ^{m}Šu-ta-at-na Ak-ka-a-a-ú i-na ri-ši ki-i ul-zi-zu-zu a-na pa-ni-šu iz-za-az awīlūti ša-šu-nu li-il-qú-ni-ik-ku-um-ma a-mu-ur-ma ù ia-tu ša-al-ma lu ti-i-di a-na šu-ul-ma-ni 1 manâ ^{na4}uqnâ uš-te-bi-la-ak-ku mār ši-ip-ri-ia ha-mu-ut-ta ku-uš-šid-šu ša-al-ma ša ahi-ia lu i-di-ma mār ši-ip-ri-ia la ta-ka-al-la-šu ha-mu-ut-ta li-it-ta-al-la-ak.

二、新巴比伦信件

8. a-na šarri be-lí-ya arad-ka šandabakku：^{d}En-líl ^{d}Nin-urta u ^{d}Nusku a-na šarri be-lí-ya lik-ru-bu! šarru i-de šá lu ma-a'-da mar-ṣa-ak. la mar-ša-ak a-na šul-mi šarri at-tal-kan-šú. a-du-ú ^{md}Bel-ú-sa-tu ahu-ú-a ù 10 mārī banûti šá Nippuri a-na šul-mi šarri be-lí-ya al-tap-ra. šarru i-de mātāti gab-bi a-na muhhi māt Aššur i-ze-er-ú-na-ši. šēpā-a-ni ina mātāti gab-bi ul it-ri-da. a-šar ni-il-la-ka ni-id-da-ka，

um-ma: mi-nam-ma šēpī māt Aššur ta-aṣ-bat-a'? a-du-ú abulī-ya nu-up-tah-hi a-na pit-hi ul nu-uṣ-ṣu. ——maṣṣarta šá šarri ni-nam-ṣar. šukkallū ù rabûti šá a-na a-kan-na šarru iš-puru gab-bi i-tam-ru-ú. a-na šarri liq-bu-ú, šarru a-na qātī mam-ma la ú-maš-šer-an-na-a-ši. mê e-ni ya-a-nu, i-naṣu-um-me-e la ni-ma-ta. šarru abū-ka mê šá [id]*Ba-ni-ti it-tan-na-na-a-ši, um-ma: ši-li-ih-ti šá* [id]*Banī-ti a-na Nippuri hi-ra-a'! …en-na šarru a-na* [m]Ú-bar [lú]gar-uš$_4$ *šá Bābili liš-pu-ram-ma ši-li-ih-ti šá* [id]*Bani-ti lid-din-an-na-ši-ma mê it-ti-šú-nu ni-il-ti; i-na ṣu-um-me-e la qātī šarri la ni-il-li ù mātāti gab-bi la i-qab-bu-ú: um-ma: Nippurayyī šá šēpī ša māt Aššur iṣ-bat-ú inaṣu-um-me-e a-na ṣi-re-e in-da-lu-ú.*

enna: 现在 NB NA
la=ina: 在…中
mâtu: 孔
pithu: 洞，墙洞，出口
ṣirû: 边，沿
usātu: 帮助
naṣāru: 保卫
ēnu: 眼，井眼
malû: 满，注入
herû: 挖
mamma: 某人
šilihtu: 支渠
šatû: 饮水

9. *a-mat šarri a-na* [md]*Bēl-ibni: šùr-mu ayya-ši. lìb-ba-ka lu ṭāb-ka! ina muhhi mi-ṣer ul-lu-ú šá Gúr-a-sim-mu šá tu-šá-id-an-ni: ul lib-bu-ú a-ga-i ṭè-e-mu áš-kun-ka um-ma: áš-šá lib-bu-ú šá aq-bak-ka te-tep-šu-ma ta-at-tan-na? mi-nu-ú lu-ú uṣurātī-ka? en-na mi-nam-ma šá la pi-yá a-na lìb-bi tu-ri-id at-ta ša* [lú]*man-za-az pānī-ya at-ta ù pu-luh-ta-a ti-du-u, lib-bu-ú a-ga-a-'i te-te-pu-uš! u šá la i-du-u ak-ka-a'-i ip-pu-uš? …šá* [md]*Sîn-di-ni-ēpuš ip-pu-šu a-mur-ma mim-ma šá a-na tar-si-šu a-na e-pe-ši ṭa-a-bu e-pu-uš-ma u ina* u_4*-me-šú tam-mar re-mut-ka.*

agû: NB这，这个
arādu: 向下走
ašša: NB那个
enna =inanna: 现在

第十四课　古阿卡德语文字语法和语音特点

古阿卡德语（公元前 2300－1900 年）是最早的塞姆语楔形文字，它的拼写受苏美尔语影响较明显。古巴比伦语、古亚述语等塞姆语楔形文字都是在它的基础上发展出来的。它和古巴比伦语文的区别主要是在语音体系、符号使用、指示代词、谓语动词的第三人称阴性单、复数代词前缀、动词从句式结尾和前置词。

14.1　古阿卡德语拼写规则：清浊辅音同一和辅音指示符加元音的结尾音节表示法

古阿卡德语音节中，受苏美尔语发音影响，清辅音和浊辅音不加区别，例如 G 和 K，D 和 T 不分：***Gu**-ti-ù 古提人*，*illakū <i-la-**ku**$_8$(GU) 他将去*，*lilqut<li-il-**qù**(GU)-ut 愿他触及（他）！ lu tanaddanu <**tá**(DA)-na-da-nu 你将一定给*，*iddin-a <i-**dì**(TI)-na 他给了我*，*iḍdiššum<i-**dì**(TI)-śum 他给了他。*

受苏美尔语表示语法作用的词尾元音表示法影响，阿卡德语动词表示语法作用的词尾元音有时也用元音结尾的开音节表示，开音节中的辅音应理解为苏美尔语中的前辅音指示符用法，不是动词中的辅音：

*ša iš 'a**ru**>śa iš$_x$-ar-**ru** 他战胜了的……；*

*imhu**rū**>im-hur-**ru** 他们接受了。*

14.2　双元音不缩合

古阿卡德语中由于弱辅音写不出来而形成的两个相联元音一般不缩合：

tiamtum 海、*iśniā* 她们再次做了，*Nabium* 那布神。

14.3 独特上颚摩擦音 ś（OB š）的用法

古阿卡德语有一个特殊的上颚摩擦音ś，它在古巴比伦语中被普通上颚摩擦音 š 代替。ś出现在指示代词 *śū* 那个、他，第三人称代词后缀 *-śu* 他的、*-śum* 予他 和朝向副词尾 -ś：*mahri-ś*（OB *mahriš* = *ana mahrim*）在……前。

Š 头动词干的 š 头也读为ś：*uśamqit* 我使（它）倒下；*śuta 'rib* 使多次进入。

最后，ś 代替一些动词词根中的 š 辅音：*śaplum*（=*šaplum*）下面的，*śadu 'um*（=*šadûm*）山，*karāśum*（=*karāšum*）到达，*na 'śum*（=*nēšum*）生命、名义，*qiāśum*（=*qiāšum*）赠给。

14.4 人称和指示代词 *śû*，*śī*，关系代词 *šu*，*ši*，*ša*，和第三人称代词后缀 *-śu*，*-śum*，*-śuni*，万能关系代词 *ša*

独立人称指示代词 *śū* 他、那个、和 *śī* 她 可以做独立第三人称代词，也可以做指示代词 这个、那个、这人、那人，以及指示形容词 上述的。和词尾助词 *-ma* 连用，独立人称指示代词 *śū* 他、*śī* 她 有他自己、她自己 的意义：

šarramśu-ma iṣbat 他自己捉住了那王。

śū 的宾格一属格是 *śua*（OB *śuāti*），复数是 *śunūti*：

ištum tāhāzīśunūti iš 'aru 在他取胜这些战斗之后……

关系代词 *šu* 有性、数的变化，单数阳性有主格、属格和宾格的变化：

	单数阳性	单数阴性	复数阳性	复数阴性
主格	*šu* 他，它	*šat* 她，它	*šūt* 他们，它们	*šāt* 她们，它们
属格一予格	*ši* 他的	无		
宾格	*ša* 他、它	无		

Ilum-dan šu Gugu 伊鲁姆丹是古古的男人＝ 伊鲁姆丹是古古的男仆。

in bītim ši uštābil-a 在那个我寄去（礼品）的家庭中，……

enū Nabium šūt Qīšum ilqi-am（这些是）那布神的物品（enū）：齐舒姆拿走了它们。＝（这些是）齐舒姆拿走了的那布神的一些物品，……。

古阿卡德语的第三人称代词后缀都是以特殊辅音 *ś* 开头的：*-śu 他的*，*-śunu* 或*-śuni 他们的*，*-śum 予他*。例如：*in āli-śuni 在他们的城中*。

万能关系代词 ***ša*** 此时已出现：*ša tuppam śua uśassak-ū-ni 任何一个让人抛弃这一泥板中的人……*

14.5 谓语动词代词前缀、变位元音、头弱动词、中弱动词和尾弱动词、*w* 头动词

谓语动词第三人称阴性单数的代词前缀不是 *i-* 而是 **ta-**：***ta**mhur 她接受了*。第三人称阴性复数后缀没有分化为 *-ā*，和阳性同样是 ***-ū***。：10 *amātu illak**ū** 十个女奴将去*。

一些动词的变位元音和古巴比伦语并不一样：

'arāšum(u/a) 耕种，OB *erēšum(i/i)*；

inaddan 他将给＞OB *inaddin*，*iddin*＝OB*他给了*。

弱辅音 **Aleph** 开头的动词不转变为 e 头动词：

a-ru-uš＝a 'ruš 我耕种了＞OB *ēriš*. *'à-ru-uš＝'aruš 耕种！*＞*eriš.*

u-śa-ri-ib 我把（东西或人）送入了＞OB *ušērib*；

śu-tá-ri-ib 让人经常送入！＞OB *šuterrib*。

原始塞姆语有五个喉音和咽音'$_{1\text{-}5}$（'，*h*，*ḥ*，咽音ʿ，*ġ*）在古巴比伦时期全部变为声门停顿：

* *'abum*＞*abum*，**halākum*＞*alāku*，**ḥarāšum*＞*erēšum*，

* *ʿalā'um*＞*elûm*，

**ġarābum*＞*'arābum*＞*erēbum*。

这五个音在古阿卡德语中并不变 *a* 为 *e*，它们可能仍然发音，但楔

形文字表示不出来。

古巴比伦语中的那些中辅音变为 *e* 的弱动词在古阿卡德语中仍然发音，因此动词中的 *a* 仍然保留，例如 **naḫārum 杀*：OAkk. *en 'ar 他杀了*＞OB *inēr*；

iš 'ar 他征服了；*uśka 'en 他俯倒地下*＞OB *uškēn*；*ura "iś 他扔下了*。

同样的原因，这五个弱辅音位于动词根的末尾或是第三辅音时，元音 a 仍然不变：*idā 'um 知道*，*tida ' 你知道*＞OB *tīde*。

*tamā 'um 起誓*有一个 *w* 头的形近同义动词 ***wamā 'um** 起誓*：*ù-má* ＝*umma 我将起誓*。*waṣā 'um 走出*的 Š 词干的将来时是 *uś**ū**ṣi 我（或他）送出了*＞OB *ušēṣi*。

14.6　动词的从句形式、否定祈愿式、前置词和从句连词

和古巴比伦语同样，古阿卡德语的动词从句式的结尾是在辅音后加 ***-u***，但也可以加 ***-ūni***：*Šarru-kīn ša Enlil māhira lā iddin-**ū**-śum 萨尔贡是恩利勒神没有给他敌手之人*；

*ša tuppamśua uśassak-**ūni** 那个使人抛弃这件泥之人*；

*umma(wamāum) in ramāni-ka lū tanaddan-**u** 我将起誓：你一定会亲自交来（它）*。

有时，从句式可能在辅音之后加 *-a*：

*šu ana Šunītum addin-**a** 那个我给了舒尼吞的男仆*；

in bītim ši uśtābil-a 在那个我送人（礼品）的家族中。

古阿卡德语动词没有否定命令式，用第二人称的否定祈愿式的否定词 ***ay*** 表示它的意思：

a taq-bi(OB *lā taqabbi*) *愿你不要说（它）!*

信件开头和其他文献中指示后面的直接引语的指示词是 *en-ma*，在古巴比伦语中，它变为 *um-ma*：*šībūt en-ma Mannu ana Kinūnu 曼努对基努说的证词如下：……*

同时，助词 ***-me*** 有时附加到引语中的词后面，表示直接引语：

*Gutium-ma-**me** eqlam ula a 'ruš*（他说：）“古提人在这里（侵扰），所以我没有耕种田地。”

古巴比伦前置词 *ina* 在……中在古阿卡德语中是 ***in***，*adi* 直到是 ***adi-ma***，

ištu 从……、在……后是 ***ištum***，***ištum-ma***。

ištum 和 *kī* 如果、当……时可以做从句连词：

ištum tāhāziśunūti iš 'aru 在他赢得这些战斗后……

注意：*kī* 可以放在谓语动词前，其他成分的后面：

*an-ālim-ma **kī** allak-am* 如果我将来到城市……

练习十四　古阿卡德语楔形文字

规范化和翻译王铭节选：

1. *Šar-ru-kīn šar mātim* <*ša*> ^{d}*En-líl ma-hi-ra la i-dì-nu-śum*, *ti-a-am-tám a-lí-tám ùśa-pil-tám* ^{d}*En-líl i-dì-nu-śum*.

alītum：OAkk 上面的（*elītum* OB）　*šapiltum*：下面的

2. *a-dì-ma pu-ti ti-a-am-tim 'alappāt Me-luh-ha 'alappāt Má-gan*^{ki}*'alappāt Tilmun*^{ki} *in kà-rí-im ši A-ga-dè*^{ki} *ir-ku-us*. *Šar-ru-kīn šarrum in Tu-tu-li*^{ki} *a-na* ^{d}*Da-gan ús-kà-en*, *ik-ru-ub*; *ma-tám a-li-tám i-dì-śum*.

adi-ma：OAkk 直到（*adi* OB）

'alappum：OAkk. 船（*eleppum* OB）

ši：OAkk 他的（属格）

3. *ù* 50 *iššiakkī ù šarram śú-ma iṣbat ù in Na-gur*$_{8}$*-za-am*^{ki} *tāhāzam iś-ni-a-am iś-ku*$_{8}$*-na-ma iš*$_{x}$*-ar ù in Urim*^{ki} *uś-tá-li-śa-ma im*$_{x}$*-tá-ah-ṣà-ma iš*$_{x}$*-ar*.

šâru：征服，战胜　*śū*：OAkk 他（*šû* OB）

śanû：OAkk 再次做（*šanû* OB）　*šalāšum*：*šullušum* D 第三次做

4. *Rí-mu-uš šar Kiš in tāhāzim Urim*^{ki} *ù Umma*^{ki} *iš*$_{x}$*-ar*; *ù* 8040 *eṭlūtim u-ś a-am-qí-it*. … *ù Ka-kug šar Urim*^{ki} *i ṣ bat*, *ù Ki-ba-íd iššiakki Lagaš*^{ki} *iṣbat*, *ù āl-'śu-ni in'ar*, … *ù in ālī-'śu-ni* 5985 *eṭlūtim u-'s u-ṣí-am-ma a-na kà-ra-ś i-im iś-kùn*.

karāšum I 军营　*karāšum* II 灾难，废墟

5. *Na-ra-am-*^{d}*Sîn da-núm šar ki-ib-ra-tim ar-ba-im*, *ša-ir* 9 *tāhāzī in šattim* 1; *iš-tum tāhāzī śú-nu-ti is*$_{x}$*-ar-ru*, *ù šar-rí-śu-nu i-ik-mi-ma mah-rí-iś* ^{d}*En-líl u-śa-rí-ib*, *in u-mi-śu Li-pi*$_{5}$*-it-ì-li mara'-śu iššiakki Marad*^{ki} bīt ^{d}*Šar-Marad in Marad*^{ki} *ib-ni*. *ša ṭuppam śú-a u-ś a-sà-ku-ni* ^{d}*Šamaš ù* ^{d}*Šar-Marad išdī-śu li-sú-ha ù zar-śu li-il-qù-ta*.

danānum：是坚硬的　*erēbu*：进入，Š 词干 送入

kamû：*捆绑，抓住* *nasāhu*：*拔出，毁坏*

nasāku：*抛弃，扔掉，Š使扔*

6. ^{d}*Nergal pá-da-an* ^{d}*Na-ra-am-*^{d}*Sîn da-nim*$_4$ *ip-te-ma Ar-ma-nam*^{ki} *ù Eb-la*^{ki} *i-dì-śum ù A-ma-nam śa-dú erēnim ù ti-a-am-tám a-lí-tám i-qí-iś-śum-ma in kakki* ^{d}*Da-gan mu-śa-ar-bí-ì šar-ru*$_x$*-ti-śu* ^{d}*Na-ra-am-*^{d}*Sîn da-núm Ar-ma-nam*^{ki} *ù Eb-la*^{ki} *en-ar. ù iš-tum-ma pu-ti Purattim nārim a-dì-ma Ú-li-si-im*^{ki} *ni-śi*$_x$ *ša-at* ^{d}*Da-gan eššiś i-qi-śu-śum u-ra-iś*…

erēnu：*雪松* *eššiš*：(=*edš-iš*) *重新*

nahārum：*杀*，OAkk 过去时 *en 'ar*;*padānu*：*道路*

qiāšu：*赠给* *riāšu*：*高兴*，D*使高兴*，*幸福*

šāt：关系代词……*的*，阴性复数

7. 古阿卡德书信

en-ma Iś-ku-un-^{d}*Da-gan a-na* lugal-ra：*eqlam 'à-ru-uš ù būlam ù-ṣú-ur! a-pu-na-ma Gu-ti-um-ma-me eqlam ù-la a-ru-uš, a taq-bi …. Būlam a-na ālim śu-tá-rí-ib! … kaspam a-na-da-kum. e-ni na-'à-aś* ^{d}*Šar-kà-lí-šar-rí ù-má; šum-ma būlam Gu-ti-ù it-ru-ù. in ra-ma-ni-kà lu tà-na-da-nu. a-na-lim-ma ki a-la-kam kaspam a-na-da-nu-kum ù at-tà būlam ù-la tà-na-ṣà-ar. iš-pí-kí kí-nu-tim a-rí-iš-kà, mu-bi lu ti-da.*

appūna-ma(*appu*+*nā-ma*)：*此外*，*况且*；

būlum：*牲畜*，*牛群*；

ēni(=*anna*)：感叹词，*的确*；

en-ma：(*um-ma* OB) *说的话*(直接引语)；

erēšu(*i/i*)=OAkk *arāšu*(*u/a*)：*耕种*，*要求*

išpikū：*收成*，*产量*；

na 'āš OAkk(=OB *nêšu*=*nīšu II*)：*活着*，*恢复健康*，见 *nīšu*（用于誓言中）；

wamā 'um(=OB *tamû*)：*起誓*，*umma*：*我将起誓*；

ūma：*今天*；

tarû：*拿走*，*取走*。

第十五课 古亚述语文字的语法和语音特点

古亚述语（OA）文字和古巴比伦语（OB）文的区别是后者的一些元音变化并没有在古亚述语中发生，古亚述语有一些特殊的代词形式，特殊的祈愿式和从句中的谓语形式。

15.1 古亚述语的正字法：元音不缩合、元音和谐

双同辅音一般不用音节写法表示出来：

a-ta 你＞OB *at-ta*，

šu-ma 如果＞OB *šum-ma*。

长元音偶尔用元音重复表示：*a-he-e*＞OB *ah-he-e 兄弟们*。

有时，用元音重复的方法写一个并不是长元音的短元音，应该是指示一个比其他元音重要的元音：*a-hu-ú*(*ahu*)*Aguza 阿古扎的兄弟*；*ša i-ša-qú-lu-ú*(*išaqqulu*)*他将支付的东西*……

和古阿卡德语一样，古亚述语的两个相邻元音也不缩合：

*uṣṣ**iū***(OB *uṣṣû*) *他们出来了*；

ku 'ā 'um(OB *kûm*) *你的*；

itū(*w*)*ar*(OB *itâr*) *他们将回来*。

但是，两个同音的元音可以缩合：

**manā 'ān*＞*manân 二斤*；

**aši 'ī*＞*ašī 我的陨石铁*；

**išu 'ū*＞ *išû 他们有*。

被形态上的两个 aleph 弱辅音隔开的两个相同的元音不缩合：

uqa "a(OB *uqâ*) *他/我将等待*；

***da "ā**nē 法官们*。

亚述语的元音和谐是指当一个单词有两个以上元音时，开音节的短元音被其后的元音俘虏，变成同样的元音：

aššutum 妻子（OB *aššatum*），*aššitim*（OB *aššatim*），*aššatam*（OB *aššatam*），

aššitī（OB *aššatī*）*我的妻子*，

qaqqurū（OB *qaqqarū*）*土地*。

动词中的词根元音、变位元音 *a* 和中缀-*ta*-的元音 *a* 同样也要遵守元音和谐的变化：

变位元音：*taṣbitī*（OB *taṣbatīū*）*你（阴性）抓住了*，

iṣbutū（OB *iṣbatū*）*他们抓住了*；

ša išaqqulu（OB *išaqqalu*）*他称出的东西*。*ītiṣi*（OB *ītaṣi*）*他出去了*；

ilteqe（OA *laqû* **iltaqe*）*他拿走了*；

ikkinik（OB *ikkanik*）*它被印章封上了*；*ikkinikū*（OB *ikkanikū*）*它们被用印章封上了*。

15.2 人称和指示代词、代词后缀、独立物主代词

古亚述语中的人称指示代词和古阿卡德语不太一样：

šût（OAkk*šu*）*他、上述男*，*šīt*（OAkk. *šat*）*她、上述女子*，*šunu*（OAkk. *šūt*）*他们*，*šina*（OAkk. *šātū*）*她们*。

独立人称代词第二人称宾格是不缩合的 *kūati*（OB *kâta*）*你们*。

第二、三人称代词予格复数后缀和古巴比伦语中的宾格复数是同样的：

-*kunūti 予你们*，-*kināti 予你们（女）*，-*šunūti 予他们*，-*šināti 予她们*，

umme 'ānam lušazziz-ak-kunūti 让我使一个工匠为你服务。

第二、三人称代词宾格复数后缀没有-*ti* 尾音：

-*kunu*，-*kina 你们*，*šunu 他们*，-*šina 她们*：

kasap-kunu lušabbi-kunu 让我（归还）你们的银子使你们满意！

第一人称代词予格和宾格复数后缀则同形：

niāti *我们*（OB *niāšim* *予格*，*niāti* 宾格）：

iṣbutū-niāti（OB *iṣbatū*）*他们抓住了我们*；*taddan-niāti*（OB *taddin-niāšim*）*你将给我们*。

有两个元音的物主代词后缀-*šunu*，*kunu* 中的前元音在 a 之后可以滑落一个：*šuqulta-šnu* *他们的重量*。

古亚述语中还有带有格尾的独立的物主代词：

ya＋*um*＞*yā* ’*um*（OB *yûm*，*yattum*）*我的*，*kuā*＋*um*＞*ku* ’*ā* ’*um*（OB *kûm kattum*）*你的*，*šuā*＋*um*＞*šu* ’*ā* ’*um*（OB *šum šattum*），*niā*＋*um*＞*ni* ’*ā* ’*um*（OB *nûm nuttum*）*我们的*；

Alahim ni ’*ā* ’*im* *我们的阿拉胡姆*。

15.3 名词结构态、复数

古亚述语几个短词的结构态以 *a* 或 *u* 结尾：

me ’***ra*** *abim*（OB *mār abim*）*父亲的儿子*；

*ah**u*** *abim*（OB *ahi abim*）*父亲的兄弟*；

*ab**u*** *šarrim*（OB *abi šarrim*）*国王的父亲*。

古亚述语名词的复数形式的属宾格的用 ***ē*** 代替古巴比伦语中的 *ī*：

*ahh**ē***（OB *ahhī*）*兄弟们*；*me* ’*r**ē*** 儿子们（OB *mārī*）。

15.4 谓语动词阴性单数代词前缀、双写词干和 š 头词干的状态势和命令式的元音 a、头弱动词、中弱动词和尾弱动词、*w*、*n* 头动词、*šuzuzzum*

和古阿卡德语同样(14.5)，古亚述语谓语动词第三人称阴性单数的代词前缀不是 *i*- 而是 ***ta-***，***te***，***tu-***：

taṣbat-anni *她抓住了我*；*tuka* ”*il* *他掌握了*（*它*）。

但是，如果主语是第三人称阴性非人类名词，人称前缀仍然是 *i*-：

ṭuppum ša elli-anni *将出示的泥板文书*。

古巴比伦语的双写词干和 *š* 头词干的状态式和命令式等名词形式的第一元音是 *u*，但是古亚述语的元音却是 ***a***：

danninā（OB *dunninā*）（*你们*，）*加强*！***ša**šqil*（OB *šušqil*）*让人称出*！

habbul-āku（OB *hubbul-āku*）*我是处于债务中。*

šabbu（OB *šubbu*）*他被满足了*；*dammuqum*（OB *dummuqum*）*恩惠*；*ta "urrum*（OB *turrum*）*还给*。

古亚述语以弱辅音 **Aleph** 开头的动词（原始塞姆语的五个喉音和咽音 '，*h*，*ḥ*，咽音ᶜ，*ġ*）比弱辅音不转变为 e 头动词的古阿卡德语前进了一步：'*a* 头变为 *e* 头，但是词形中没有元音和谐：*erābum*（OB *erēbum*）*进入*，*ētarab*（OB *ītetub*）*他进入了*。注意 *erābu*(*a*/*a*) *进入* 的变位元音和古巴比伦的 *erēbu*(*u*/*u*) 不同。

同时，在古亚述语中，古巴比伦谓语动词的代词前缀 ***i'*** 写成 ***ē***，*i 'a* 也变成了 *e-*：*ēhuz*（OB *īhuz*，*ahāzu*）*他娶了*；*ehhaz*（OB *ihhaz*）*他将娶妻*；*ētahaz*（OB *ītahaz*）*他已经娶了*。

古巴比伦语中的尾辅音为 ***-e*** 为弱动词在古亚述语中没有元音和谐，因此 *e* 前面的 *a* 并不变为 *e*：*tašamme*（OB *tešemme*）*你将听到*；*aštanamme*（OB *eštenemme*）*我将会经常听到*。

词尾元音有时并不缩合：*ilaqq**eū***（OB *ileqqû*）*他们将拿走*。

有时也可缩合：*itmû*＝*itmaû 他们发了誓*。

第三弱动词的词尾短元音经常故意写成长元音：

i-šu-ú（OB *i-šu*）*他有*；Dt *uš-ta-ba-a*（OB *uš-ta-ba*）*他将被满足*。

古巴比伦语中的中弱动词的长元音 *ī* 也变成 *ē*：

kēn（OB *kīn*）*这是真的*。

ua 被更精准地拼写 ***wua*** 代替：*adi tu**wār***（OB *tuār*）*Idī-Adad 直到伊迪阿达德回来*。

中弱动词的双写词干有的形式保留弱动词，不缩合：

ta "urum（OB *turrum*）*还给*；*ša tuka "ilu*（OB *tukīllu*）*你掌握的东西*。

但是将来时和古巴比伦一样：*utâr*，*utarrū 他们将还给*。

古亚述语的 *w* 头动词的双写词干中的 ***wa*** 音节脱落：*lū nuššer*（OB *nuwaššer*）*我们释放了*。

n 头词干命令式没有开头元音：*din-am*（OB *idin-am*）*给出！* 例外有：*i 'id*(*na 'ādum*) *注意！*

nadānu 在亚述语变成了一个第一弱动词 **adānu*，它的特殊变化是：

iddan 他将给，*iddunū 他们将给*（OB *inaddinū*），*iddin 他给了*，*ittidin 他已经给了*（OB *ittadin*）。

在古亚述语中，***izzuzum***（OB *izuzzum*）*站立*、*服务*的形式像一个 N 头动词 ***nzz***，而它在古巴比伦语中像个中弱动词 *zz*：

lizziz（OB *liziz*）*让他服务！*

Š 头词干：***uša****zzaz*（OB *ušzaz*，*ušzazzū*）*他将使人服务*；*ušazziz*（OB *ušziz*）*他使人服务了*；*uštazziz*（OB *uštaziz*）*他刚才使人服务了*；***ša****zziz*（OB *šuziz*）*让人服务！*

15.5 祈愿式、从句式

古亚述语的反身祈愿式只在动词过去时前只用 ***l-***，无固定的元音 ***u***（OB *lu-*）：

lašqul（OB ***lu****šqul*）*让我称出（银）！* ***l****ēpuš*（OB *lūpuš*）*让我做吧！*

同伴祈愿式的指示词是 ***lu***（OB ***i***）：*lu nuššer-ka 让我们释放你！*

和反身祈愿同样，古亚述语的祈愿式也是只加 ***l-***头，无固定的元音 ***i***（OB *li-*）：

l*izziz 让他服务！* ***lu****šazziz*（OB *lišziz*）*让他使人服务！*

从句中的无后缀的动词形式和古巴比伦语一样添加从句后缀***-u***；但是，如果动词已有其他后缀，则在后缀之后再加从句指示***-ni***：*tuppum ša elli-an*（*am*）***-ni*** *出现的泥板文书*；*ša ta "uram utarr-akka-ni*（= **utâr-am-ka-ni*）*那个将把东西还给你的人*。

15.6 前置词、复合前置词、否定副词

古亚述语前置词 *in 在……中*的 *n* 和古阿卡德语一样在辅音前可以被同化变为其他辅音：

il-libbi-ka（OB *ina libbi-ka*）*在你心中*。然而，在元音前和有时在辅音前，它被写成 *ina*：*ina itti erāšim 在播种结束的时候*；*ina tuāri-šu 在他回来时*。*ana 到……*有时也写成 *an-*并发生 *n* 被同化 *aq-qātī-šu*

到他的手中。

其他前置词有：*adi 直到……*、*mahar 在……前*，*išti*（OB *itti*）*和……一起*、*ṭehi 近于……*。

前置词和名词构成复合前置词：

in＋*ṣērum 背*＞*iṣṣēr*（*债务*）*在*（*某人*）*身上*＝*某人欠债*；*in*＋*libbum 中心*＞*il-libbi 属于……*，*an*＋*šumum 名字*＞*aš-šum*（*i*）*因为、关于*，*an*＋*mala 全部*＞*ammala 对应*，*bari-*（OB *biri*）*在……之间*，*ana bari-šunu 在他们之间*。

古亚述语的主句否定词也用从句否定词 ***lā***（OB 主句否定是 *ul*），有时也用 *ula*。

练习十五 古亚述语楔形文字

1. （婚约）*kunuk E-na-na-tim mer 'i Tí-tí-na-ri*，*kunuk Šu-sú-in mer 'i Ili$_5$-mì-tí*，*kunuk ^{d}Adad-damiq mer 'i Pì-lá-ah-Ištar.* ^{d}*Adad-damiq a-ša-tám mer 'at Ištar-na-da e-hu-úza-ša-tám ša-ni-tám ú-lá e-ha-az. šu-ma a-ša-tám ša-ni-tám e-ta-ha-az* 1 *ma-na kaspam i-ša-qal. šu-ma a-na warah* 2^{kam} *lá i-tal-kam ù da-tám ša a-ší-tí-šu lá iš-ta-al sú-ha-ar-tám a-na mu-tim ša-ni-im i-du-nu*……

2. （遗产继承分割契约）*A-mur-^{d}Šamaš a-hu-ú A-gu$_5$-za*，*A-šùr-rabi mera A-gu$_5$-za*，*Šu-Ištar A-šùr-ṭāb me-er-ú A-gu$_5$-za ù a-ha-sú-nu Gu$_5$-ba-áb-tum ni-iš A-lim^{ki} it-mu-ú. a-na bé-tí-im ša Kà-ni-iš ša A-šùr-rabi wa-áš-bu ù ší-ma-at a-bi-šunu ù a-na mì-ma šu-um-šu A-mur-^{d}Šamaš a-na A-šùr-rabi ù a-he-šu me-er-e A-gu$_5$-za ú-lá i-tù-ar. ù me-er-ú A-gu$_5$-za a-na A-mur-^{d}Šamaš ù me-er-e-šu a-na mì-ma šu-um-šu ú-lá i-tù-ru qá-qú-ru ša ṭé-hi-i bēt I-dí-A-šùr mer 'i Ku-bi$_4$-di a-na ba-ri-šu-nu i-za-zu. mahar Ku-ku-wa*，*mahar Ili*5*-ba-ni*，*mahar* …，*mahar A-šùr-lá-ma-sí*

3. （分割遗产契约）*Lá-bar-ša Lá-ma-sí ù Šu-bi-ša-ma-an i-zu-zu-ma ù Lá-bar-ša iš-tí bé-tim i-tí-ṣí. a-hu-um a-na a-he-e la i-tu-wa-ar. ša i-tù-ru* 5 *ma-na kaspam i-ša-qal*……

4. （房宅抵押贷款）Four seals. 18 *šiqil kaspam i-ṣé-er Ha-na ù Be-tí-a-na-al-kà Hu-ma-da-šu ù I-lá-li-iš-kà i-šu-ú. kaspam i-na i-tí e-ra-ší-im i-ša-qá-lá* é *be-tám a-na ša-pár-tim ú-kà-lu. kaspam i-ša-qá-lá-ma ú i-na* é *be-tim ú-ṣí-ú.*

5. （债务偿还凭证）x^3 *ma-na kaspam i-na ṭup-pì-a ha-ar-mì-im ša a-na Puzur-A-šur ha-bu-lá-ku-ni áš-qúl.*

6. （城区债务尝还）14 *ma-na weri 'am dammuqam i-ṣé-er Ša-lim-be-lí A-šur-re-ṣi i-šu-ú. šu-ma i-na ba-áb-tim ša Ša-lim-be-lí A-šur-re-ṣi weri 'am il$_5$-té-qé i-na hu-bu-li-šu ša Ša-lim-be-lí uš-ṭá-ba-a*……

（Three witnesses）

第十六课　中亚述语文字的语法和语音特点

中亚述语是从古亚述语基础发展出来的，它们之间的变化很像中巴比伦语和古巴比伦语之间的变化，如：名词格尾不再用尾音-*m*，*št* 变为 ***lt***，*gabbu* 表示全部等等。此外，中亚述语还有一些特殊的元音变化和代词形式。

16.1　中亚述语的正字法、-m 尾音废止、m、n 和 w 的音变

和古亚述语中常用一个辅音表示的两个同辅音不同，中亚述语中的双同辅音经常用音节明确地表示出来：*šum-ma 如果*，*at-ta-ma-nu*＝*attamannu 每个*。

长元音经常用单独的元音符表示：*šu-**ú**-ut*＝*šūt 他，那个男子*，*har-ra-**a**-na*＝*harrāna 旅行、商队*。

奇特的是单独元音符的写法有时还表示短元音，这明显是指示这个短元音是第二长的元音：*šu-**ú**-a*＝*šua 他*（属宾格），*ša-**a***＝*ša 那个……*，***e**-ep-pu-ú-šu-uš*＝*eppušūš*(*u*) *他们将处理他*。注意：两个辅音前的长元音不用长音符号 - 表示。

同时，单独元音符的写法有时用在动词元音人称前缀之前，表示一个一般不指示的元音前的声门塞音：*i-id-da-an*＝*iddan 他将给*；*i-it-ti-la-an-ni*＝*ittil-anni 他与我睡过了*。

和中巴比伦语一样，中亚述语的名词代词的格尾***-m*** 音也只是在-*ma* 之前得以保留：*šu-a-a**m**-ma 他自己*。属格尾-*im* 变为 ***-e***：*ša šarrutte*（OB *šarrūtim*）*王权的*。

同理，予格代词后缀-*šim 予她* 变为 -*še*：*iddin-aš-**še** 他给了她（某物）*。

-*šum 予他* 变为 -*šu*：*utta* ”*erū-niš-**šu** 他们向他指示了*。

在中亚述语中，**m** 在两个元音之间时，经常弱化为'音：*a 'īlu*<*amīlu*(OB *awīlu*) *自由人*，*ahā '-iš*<*ahām-iš* *互相*，*da 'iq*<*damiq* *他是好的*，*a-na īne*<*ana mīnim* *为何?*

同样，*n* 也可以变为'音：*ša ki 'āte*(OB *ša kinātim*) *月名*。

wa 头变为 **u**：***u**sbat*(OB OA *wašbat*，MB *ašbat*) *她居住*；***u**rkiš*(OB *warkiš*) *然后*。

16.2 辅音变音、人称代词、指示和关系代词

在齿音和齿擦音（咝音）前，*š* 变为 **l**：*iltēn*(OB *ištēn*) *一个*；*iltuhur*(OB *ištahur*) *他转圈走了*。

在阴性词尾 *t* 前，*z* 变为 **l**：*mazzaltu*(OB *mazzaztum*) *地方、位置*。

但是，前置词 *ištu* 和，连词 *ištu* *在……后*不变音。

完成时中缀 *ta* 在 *q* 后面变为**ṭa**：*uqṭanarrubbū*(OB *uqtanarrubū*) *他们不断地带来*。

在 *b*、*p* 等唇音前的 *š* 变为 **s**：*u**s**bat*(OB OA *wašbat*，MB *ašbat*) *她居住*；*la**s**pur*(OB *lušpur*) *我要派人通知*。

予格人称代词不缩合：*ana kuāša*(MB *ana kâša*) *对你*；*ana šuāšu/a*(MB *ana šâšu*) *对他*。属宾格：*šua* 或 *šuātu*(MB *šâtu*) *他、那个*。

予格 *šuāšu* 也可以做属宾格：*eqle šuāšu* *那块地的*。宾格复数是 *šunātunu*，*šinātina*(OB *šunūti*，MB *šâtunu*) *他们，她们*：*mā 'ē šunātunu* *这些水*。

指示和关系代词 ša 和名词组成新的概念：

ša**-a sinnilte* *女人的财物*；ša**-rēš-šarre*(OB *šūt-rēšim*) *服侍王者、太监*，***ša**-rēš-šarr-ānu* *这位王常侍*。

ammar(OB *ana-mala*) 成为万能关系代词：*ammar naṣṣ-at-ūni*(OB *ša našât-u*) *她携带的全部财物……*。

gabbu 用作泛指代词：*gabbu ša sinnilte* *那女人的全部财产*；*gabbe hiṭṭānē* *全部罪行*。

yamattu 每个，*atta-mannu*(*无论你是谁*)。每一用来表示每个或全部人。

16.3 动词阴性第三人单数代词前缀 *ta-*、动词 *naṣû*(*našû*) 和从句式

和古阿卡德语及古亚述语同样（14.5），中亚述语谓语动词的第三人称阴性单数的代词前缀不是 *i-* 而是 ***ta-***，***te***，***tu-***，比古亚述进步的是这些前缀既用于人也用于物：

tuppu ašar telli-anni *在那个泥板出现的地方*。

中亚述语的特殊动词 ***naṣû*** *举起、携带*是古巴比伦 ***našû*** *举起、携带*的变形，在它的状态式中，词根中隐形的第三弱辅音被ṣ同化后现身为ṣ：*naṣ 他携带着*，*naṣṣ-at 她携带着*。

谓语动词的从句式以 *-u-ni* 结尾：

*kī iddin-**uni***

当他给了后；*ammar naṣṣ-āt-**uni** 所有她携带的财物*；

甚至动词的后缀后也可以加从句结尾：*šum-ma ušāhizū̄-ši-**ni** 如果我让人娶了她*。

在动词的人称复数指示后缀元音 *-ū* 或 *-ā* 或来向指示后缀 *-a*(*m*) 和 *-ni*(*m*) 之后，从句式的后缀是 *-ni*：*ištu uqrribū-**ni** 在他们带来（祭品）后*；*ša mus-sa iddin-aš-še-**ni***(OB *iddin-aš-šim*) *她的丈夫给了她的东西*。

助词 *-ni* 可以代替系助词 *-ma* 附在名词句子的名词之后表示系词义：*kī aššat a 'ile-**ni** ide 他知道她是一个人的妻子*。

16.4 前置词、从句连词、直接引语、誓言和词尾助词 *-ma*

itti 或 *išti 和……一起*在中亚述语中的读音为 *ištu*，特殊的是：当 *ištu* 带有代词后缀时，又变为 ***ilte***：*ištu ahā 'iš 互相*，*ilte-ša idabbub 他要和她说话*。

复合前置词有：*ana*＋*muhhi*（*头皮*）＝*在……上，朝……*，*ana*＋*pān*（*面*）＝*对……前*，*ina*＋*pān*＝*在……面前*，*ina libbi 在……中*，*ana ṣēr 朝着、关于……*。

注意前置词 *ištu 和……一起*与从句连词 *ištu 在……后*的区别。

古巴比伦语直接引语指示副词 *umma 如下*在中亚述语变为 *mā*：

mā še 'am šēbila mā tuppa altaṭar（他）话如下：*“给我寄来大麦！我已经让人写了泥板文书了。”*

从句连词 *kī*（OB *kīma*）表示宾语从句、时间从句和比较从句：

kī aššat a 'ile-ni ide 他知道她是一个人的妻子。kī a 'īlu bitqāte iddin-uni 当这个人给回赔偿后；

kī ēpuš-uni eppušū-š 人们会像他对待（其妻）一样对待他。

誓言句子由 *šumma 如果*从句连词引起，用于假设某事发生，会遭神谴（省略了主语）表示决不做此事的承诺：

šumma ušāhizū-ši-ni 如果我真的让人抓了她，（我将死）！

中亚述语句子中的两个动词的连接很少使用连接助词后缀 *-ma*，而是动词的简单排列：

šūt iltuhur iltē-ša idabbub 他绕过来，开始和她说话。

-ma 经常用在名词后，表示强调：

mamma šanium-ma la išaqqi 没有另一人会灌溉（它）。

练习十六 中亚述语楔形文字

规范化和翻译：中亚述法典节选

1. *šum-ma aššat a 'īle i-na bēt a 'īle ša-né-e-ma mìm-ma tal-ti-ri-iq, a-na qa-at 5 ma-na anneke tu-ta-at-ter, bēl šur-qé i-tam-ma, ma-a: šum-ma ú-ša-hi-zu-ši-ni, ma-a: i-na bētī-ya še*$_{20}$*-er-qí! šum-ma mu-us-sa ma-ge-er, šur-qa id-dan ù i-pa-aṭ-ṭar-ši; uz-né-ša ú-na-ak-ka-ás. šum-ma mu-us-sa a-na pa-ṭa-ri-ša la-a i-ma-ag-gu-ur, bēl šur-qé i-laq-qé-e-ši ù ap-pa-ša i-na-ak-ki-is.* （亚述法第5条）

šarāqu: 偷； *tamû*: 发誓；

šurqu: 被偷的物品，属格 *šurqe*；

ahāzu: 抓住，娶（妻），知道，Š. 使抓住，教唆；

magāru(*u*/*u*): 同意，欢迎；

nakāsu(*i*/*i*): 砍下，D. 多次砍；

laqû(*leqû*): 拿走，获得； *uznu*: 耳朵；

appu: 鼻子； *paṭāru*(*u*/*a*): 释放；

a 'īlu=OB *awīlu* MB *amīlu* 自由人；

atāru/*watāru*: 是超过的，D *uttaru* 累计超过，使超过；

adānu(*nadānu*): 给，MB 将来时 *iddan*，过去时 *iddin*。

2. *šum-ma aššat a 'īle la-a a-bu-ša la-a a-hu-ša la-a mar-ša a 'īlu ša-ni-um-ma har-ra-a-na ul-ta-aṣ-bi-si, ù ki-i aššat a 'īle-ni la-a i-de i-tam-ma-ma ù 2 bilāt anneke a-na mu-ut sinnilte i-id-dan. šum-ma ki-i aššat a 'īle-ni i-de bi-it-qa-a-te id-dan i-tam-ma, ma-a: šum-ma a-ni-ik-ku-ši-ni, ù šum-ma aššat a 'īle taq-ti-bi, ma-a: i-it-ti-ka-an-ni, ki-i a 'īlu bi-it-qa-a-te a-na a 'īle id-di-nu-ú-ni, a-na nāre il-lak; ri-ik-sa-tu-šu la-áš-šu. šum-ma i-na nāre it-tu-ra, ki-i mu-ut sinnilte aššas-su e-pu-šu-ú-ni a-na šu-a-šu e-ep-pu-ú-šu-uš.* （亚述法22条）

šaniu: 第二，另一个； *harrānu*: 旅行，商队；

ṣabātu: 占有，抓住，侵入； *wadû*: 知道；

mutu：*丈夫*； *sinništum*，*sinniltu*：*女人*；

bitqu：*损失，欠款，损害赔偿金*； *qabû*：*说*；

alāku：*走、去*；

nāru：*河流，水道，运河，在河流中（经受神判）*；

rikistu：*（王）法令，规定*；

laššu <*la išu*：*（那里）没有*；

epšu：*处理，对待*； *nâku*，*niāku*：*私通，性交*；

ta- 亚述语阴性第三人称单数动词前缀，她……

3. *šum-ma sinniltu i-na bēt a-bi-ša-ma us-bat mu-us-sa e-ta-na-ra-ab*，*mim-ma nu-du-un-na-a ša-a mu-us-sà id-di-na-aš-še-ni šu-a-am-ma i-laq-qé*；*a-na ša bēt a-bi-ša la-a i-qa-ar-ri-ib*.（亚述法 27 条）

wašābu：*居住，坐着，待在*； *erābu*：*进入*；

nudunnû：*结婚的礼物*； *šu 'am*：*他自己*（<*šû*）；

qarābu，*qerēbu*：*走进*，在 MA 法律文书中：*主张权利，要求*。

4. *šum-ma* ^{mí}*al-ma-at-tu ana bēt a 'īle te-ta-ra-ab*，*mi-im-ma am-mar na-ṣa-tu-ú-ni gab-bu ša-a mu-ti-sa*；*ù šum-ma a 'īlu a-na muhhi sinnilte e-ta-rab*，*mi-im-ma am-mar na-aṣ-ṣu-ú-ni gab-bu ša-a sinnilte*.（亚述法 35 条）

almattu：*寡妇*； *ammar*：*……所有东西*；

našû，*举起，携带*，MA 特殊状态式：*naṣû*；

ina muhhi：*在……上，朝……*。

5. *šum-ma mā 'ū i-na lìb-bi būrē ša a-na ši-i-qe a-na ša-ka-a-ni il-lu-ku-ú-ni i-ba-áš-ši*，*bēlē eqlātī iš-tu a-ha-iš iz-za-zu*；*a 'īlu a-na ṣè-er eqlī-šu ši-ip-ra e-ep-pa-áš eqil-šu i-ša-aq-qí*. *ù šum-ma i-na lìb-bi-šu-nu la-a ma-ag-ru-tu i-ba-áš-ši*，*ma-ag-ru ša líb-bi-šu-nu dayyānē i-ša-'a-a-al*，*ṭup-pa ša dayyānē i-ṣa-bat ù ši-ip-ra e-ep-pa-áš*. *mā 'ē šu-na-a-tu-nu a-na ra-mi-ni-šu i-laq-qé eqil-šu i-ša-aq-qí*. *ma-am-ma ša-ni-ú-um-ma la-a i-ša-aq-qí*.（亚述法 17 条）

mû，*mā 'ū*：*水*； *būru*：*井，水井，水池*；

šīqu：灌溉；　*šakānu*：放，搁置；

bašû：存在，出现，那儿有；

ištu ahā 'iš（＝*itti ahāmiš*）：互相；

zâzu，*zuāzu*：分配，分担，分割；　*ana ṣēr*：朝向……；

šipru：任务，工作，制品；　*šaqû*：灌溉；

dayyānu：法庭，法官；　*šâlu*：要求，询问；

ramānu：自己；*šunātunu*：这些的（宾格）；

uzuzzu，*izuzzu*：站立，服务；　*magrūtu*：同意，一致。

第十七课 新亚述语文字的语法和语音特点

新亚述语和中亚述语比有一些明显的变化。主要有辅音和元音的变化、格尾的同一、阿拉美亚语的影响、特殊的正字法和音变特殊的 *w* 头动词完成形式以及特殊的前置词和从句连词等等。

17.1 新亚述正字法、从句式、*e*=*i*、元音缩合

双同辅音有时用音节法表示出来，但经常不表示出来：*it-tal-ka* = *ittalk-a 他来了*。*a-sa-pá-ra-šu* = *assapar-aš-šu 我已经派他送信了*。

长元音只是在开音节时用加写元音表示：

ki-i = *kī 当……，像……。那……的*；*a-de-**e*** = *adê i-qab-bu-**u**-ni* = *iqabbû-ni 他将对我发话*。但在闭音节中，长元音不特殊指示：*da-an* = *dān 他是强的*。词中加元音指示长元音：*ṭa-**a**-ba*（或*ṭa-ba*）= *ṭāba 他好*。

和新巴比伦语同样，动词的元音在结尾常常被不按音节书写，即和它拼读的辅音脱离开地书写：*ta-šá-ka**n-a**-ni 你将确立*，*ša e-pu-u**š-u**-ni 那个做了的人*；*iš-pu**r-a**n-ni 他通知了我*。正确的音节写法也常见：*la ta-ta-ba-**ka**-a-ni 不要向我倾倒！*

当动词以元音结尾时，前面的单辅音被不规范地写成双辅音：*tu-še-ša**b-ba*** = *tušeššeba 你将安置*；*lā šumma ta-na-ke-e**r-ra**-ni* = *tanakker-a-ni 如果你不反对我……*；

*šumma lā tu-hal-la**q-q**a-a-ni* = *tuhalla**q**-a-ni 如果你不毁灭……*。

除非在词头，新亚述语中的 *e* 和 *i* 不加区分：*e-pu-šu* = *eppušū 他们将做*；*i-du-ak* = *idūak 他将杀死*。在词中间和词尾的 *e* 和 *i* 等于一个

音：*šim-te*＝*šim-ti* 命运的，*ep-ši-tu*＝*epšetu* 事业。

和古亚述和中亚述语不同，新亚述语的两个相邻的元音经常缩合，如 *ai* 缩合为 *ê*：*samā 'i*＞*šamê* 天的。但在词尾，有半元音的音节 -*ia*(*ya*)，-*iu*(*yu*) 和 -*ua*(*wa*) 可以不缩合：*bik**iā*** 你们，哭吧！ *ann**iu*** 这个，*qul**uā*** 你们，烧吧！

然而，元音后还有音节时，两个元音缩合：*ša iqbi-am-kunu-ni*＞*iqb**â**-kanū-ni* 那个和你们说话的人；**anniūte*＞*ann**û**te* 这些，**šanium-ma*＞*šan**û**-ma* 另一个。

ia 可以不缩合：*šan**iā**te* 其他人。

中弱动词中的半元音：*ia* 和 *ua* 可以不缩合：*iṭiab* 他将高兴；*ipt**ua**g* 他将抢劫；*t**uā**ru* 还给。

17.2 辅音变化：*št*＞*ss*，*lt*＞*ss*，*m*＞ '，*w*＞*b*、名词单数仅有主/属两种格尾、复数仅有一种格尾

中巴比伦语和中亚述语把辅音连缀 *št* 变为 *lt*，新亚述语则把 *št*/*lt* 变为 **ss**：*ussēṣâ-k-kunu*(OB *uštēṣi-am-kunuti*) 我已经把你们带出来了；*assapar-aš-šu*(OB *aštapr-am-šu*) 我已差遣他了；*issi*(OB *itti*，MB MA *išti*) 和……一起。

注意：有些 *lt* 辅音连缀不是由 *št* 变来的也变成了 **ss**：*isseqe*(OB *ilteqe*) 他拿走了。

nadānu 中的 *d* 有时被后面的 *n* 所同化：*itta**nn**-a*(OB *ittadn-am*) 他已经给了(完成时)。

和中巴比伦语同样，新巴比伦语中的 *m* 位于两个元音中间时经常变为 '：*di 'ātu*(OB *dimātum*) 泪涟涟，*de 'iqtu*(OB *damiqtum*) 好。

然而，如果两个元音中的鼻唇音 *m* 是由 *w* 变来的时，*m* 变为爆破唇音 ***b***：OA *awutu*(OB *awātum*)＞MA *a**m**atu*＞NA *a**b**utu* 话、事；*a**b**at šarrim* 王的话。在 *š* 之前，***m*** 变为 ***n***：*šula**n**-šunu*(OB *šalam-šunu*) 他们的安全。

在词的开头，半元音 *w* 变成元音-***u***-，但 *wā*- 变成 ***ā***-：***u**rdu*(OB *wardum*) 奴仆，***ā**šibūte*(OB ***wā**šibūtim*) 居民们。

新亚述语名词单数只有两种格尾变化：主格和宾格结尾都是**-u**，属格结尾是**-i**：***ūmu* anniu lā ṭāba** *这一天不吉利*；*ip**šu** **bārtu abutu** lā de ' iq**tu** teppašā-niš-šu-ni 如果你们将对他做尴尬的事或不好的事，……*；*ana šarri 对王*。

复数名词已经不再变格，各格结尾都是**-ē** 或**-i**：*-āni*，*-ūte*/*ūti*，*-āte*/*āti*. *-ūte*/*ūti*：**adê** *盟约*，*ilāni rabū**ti** āšibūte 住在那里的大神们*。

单数三辅音强名词的主宾格和辅音开头的代词后缀连用时，古巴比伦语一般要把元音 *a* 加到第三辅音后，新亚述则把对应元音加到第三辅音之前：***ṣupur-šu***（OB *ṣupra-šu*）*他的指甲*。有些名词可以把 a 加到名词尾辅音后，但要进行元音和谐的变化：*liptu-šu*（OB *lipta-šu*）*他的触及*，*urda-ka 你的奴仆*，*urdu-šu 他的奴仆*（OB *warda-šu*）。但是，代词复数后缀*-šunu* 前的 *a* 并不发生和谐变化，可能由于重音的转变：*dul-la-šú-nu 他们的仪式*。

17.3 复数代词后缀的宾格和予格同形、关系指示代词、指示代词 *memēni*

新亚述语中的第二和第三人称复数予格代词和宾格代词后缀不加区别，同为*-kunu* 和*-šunu*。在从句指示后缀*-ni* 前面，它们变成**-kanu**，**-šanu**：

*ša ukallimu-**kanū**-ni iqbâk-**kanū**-ni*（OB *ša ukallim-(ak)-kunūšim iqbâk-kunūšim*）*他指给你们看并与你们谈论的那个人……*；*ussêṣâk-kunu*（OB *uštêṣak-kunūtim*）*我派了你们出去*。

关系指示代词的主格 *šut*，*šīt 那个*可以用宾格 **šuātu šīatu** 代替：

amēlu šuātu ṣaripna 那个被买的男人。

指示代词 *anniu 这，这是* 常常被写成 **hanniu**：*ak-kī anni-ma*/*hannim-ma 同样地*。

新的不定代词 **memēni** *某人*、*某物*被使用，和否定词 **lā** 连用表示*无人*、*无物*：

memēni issi-ya lā idbub 无人和我争辩。

疑问代词是 **mannu** *哪位，谁*和 **mīmu** *什么*：*mannu šarru ša ak-kī* *annī* 哪位王如同这位？

选择疑问代词 ***ayyu***那一个、哪一个可以做主语：*ayyu bēl ṭābti ša ak-kī annī* 哪有一位恩主如同这位一样？

万能人称关系代词是 ***mannu ša*** 无论那个……人：*mannu ša…ubta"š-ni* 无论发现了（他）是谁……

17.4 从句动词指示后缀、誓言表达式、完成时取代过去时、过去时用于从句、否定主句和特殊动词形式

新亚述语的动词从句式的词尾如没有元音和其他后缀，先加元音 ***-u-***，然后加指示后缀***-ni***：*ša šum-šu izkur-uni* 那个他直呼其名的人……

注意：在***-u-***和***-ni*** 之间可以出现代词后缀：

*ša ukallim-**u**-kanū-**ni*** 那位我指给你们看的人……

如果从句动词已带有复数长元音后缀或者带有“来向后缀” *-am*，*-nim*，在这些后缀之后再加*-ni*；同样，在***-u-***和***-ni*** 之间可以插入代词后缀：

*šum-ma lā taṣabbatā-**ni*** 如果你们不想抓住（叛徒），你们将死亡！

*šum-ma teppašā-niš-šu-**ni*** 如果你们做事反对他，（你们将死）！

誓言表达式常常用在效忠条约中，是用“如果”从句和省略的惩罚主句表达的，注意：誓言句子在表达的肯定意义用否定式从句，表达否定意义用肯定式从句：

ina šarrūti māt Aššur šumma tunakkarā-šu-ni 如果你们将反对在亚述国王位上的他的话，（你们将死）！＝你们绝不能反对亚述国王！

šumma attūnu ana Aššur-bāni-apli lā tanaṣṣarā-ni 如果你们不保护阿淑尔巴尼帕，（你们将死）！＝你们起誓要保护他！

当“如果从句”是一般的条件句时，和巴比伦语法同样，新亚述语“如果从句”也不使用从句动词指示后缀：

šumma ᵐ*Aššur-ahu-iddina ana šimte ittalak* 如果阿淑尔哈东走到命运尽头……

与中和新巴比伦语一样（13.7），新亚述语的动词的完成意义一般用完成时表达，过去时仅仅用来表达从句中的和否定式主语中的已完成

的动作：

ikkaru ihtesi bēs-su imtaša 'eqlu iptūag 他虐待了农民，抢走他的宅产，夺走了土地。

memēni issi-ya la idbub 无人与我争论。

ša šarru išpur-anni 王通知我的事……

注意：如同中巴比伦语 *kī*(13.8)，***kī-ma*** 加完成时构成的时间从句表示主句动作紧接 ***kī-ma*** 从句的动作。

w 头动词完成时元音发生变化：*ittūbil*（OB *ittabal*）他带来了。中弱动词的完成时插入元音-*a*-：*iptūag*（< **iptug*）。*idû* 知道变成了 *udā 'u*：*udda* 他将知道（将来时），他知道了（状态式）。

17.5 前置词、副词、从句连词和正置词序

新亚述语使用一些巴比伦语不用的、独特的复合前置词和副词，它们是：

ana muhhi（*"到头皮"*）*到……上、在……上*，*ina muhhi 关于、因为……、在……上；*

ina pān 在……面前，*issu pān 从……前面；*

ana libbi 到……中，对……，为……，issu libbi 从…… 中，

umā 现在，ina šerte 明天，ina ši 'āri 明天，ina lidiš 后天，ina urkiš 以后、将来，

ina matē-ma 有时，addanniš 很、非常，ak-kī(*h*)*annīm-ma 同样地，正好地。*

比较连词是 *ak-kī ša 正如……，像……一样：*

ak-kī ša abu ana marē-šu eppušu-ni 如同父亲对待其儿一样，他……

ak-kī 还可以做时间连词：

ak-kī dabābu aniu ašmû-ni 当我听了这些话时……

宾语从句由 *kī 那* 引起，原因从句由 *nēmel 因为* 做从句连词：

nēmel ina rēšuš-šu azziz-uni 因为我站在他的前头（比他等级高），……

时间从句用 *issu bēt*（直译“从……房”）*从……以来*，*adu 只要……*、

直到……，immat 当…… 时表达：

issu bēt nišē ibbišû-ni 自从人类出现以来，……

adu šamê qaqqaru dārû-ni 只要天地尚存，……

immat šarru iqabbū-ni 当王要对我说话时，……

注意：新亚述语中的 *kī-ma 当……时*不用从句动词式，也不用过去时，而用完成时：

kī-ma ᵐ*Aššur-ahu-iddina ana šimte it**ta**lak 当阿淑尔哈东走到命运尽头时，……*

*kī-ma it**ta**bši 当他出现时，……*

受阿拉美亚语影响，新亚述单词在句子的次序不像古巴比伦语那样总是把谓语动词放到最后，有时和中文一样，按照主语、谓语、宾语的次序排列：

*ša-rēši it**tū**bil-anni ana bēt* ᵐ*Dani 这个太监把我带到了达尼的家中。*

17.6 Š 头双写词干（ŠD）在新亚述语和标准巴比伦语中

在新亚述王室铭文中，一些铭文是使用标准巴比伦语写成的，这里有时使用一种少见的词干——ŠD 词干，其目的是表达双写词干形成的及物动词的役使意义：

tamlâ ušmalli（ŠD of *malû*）*我让人把（草地）充填成台地。*

练习十七 新亚述语楔形文字

规范化和翻译 Treaty of Esarhaddon and the Medean Princes 节选：

[41] *a-de-e šá Aš-šur-*PAB-AŠ(*Aššur-ahu-iddina*) *šar*$_4$ (MAN) *māt Aš-šur ina* igi(*pāni*) diĝir-meš(*ilānī*) gal-meš(*rabûti*)[42.] *šá* an^{-e} (*šamê*) *u qaqqiri is-si-ku-nu iškunu-nu-u-ni* [43] *ina* ugu(*muhhi*) *Aš-šur-bāni-apli* (dù-a) dumu man gal *šá* é-ús^{ti} (*bēt redûti*)[44.] dumu Aš-šur-PAB-AŠ(*Aššur-ahu-iddina*) *šar*$_4$ *māt Aš-šur* en(*bēlī*)*-ku-nu*, *šá a-na* dumu man^{-u-ti} [45.] *šá* é-ús^{ti} (*bēt redûti*) *šùm-šú iz-kur-u-ni ipqi-du-šú-u-ni*.

[46] *ki-ma Aš-šur-*PAB-AŠ(*Aššur-ahu-iddina*) *šar*$_4$ (man) kur(*māt*) *Aš-šur a-na šim-ti it-ta-lak*, [47] *Aš-šur-*DÙ-A dumu man gal(*rabiu*) *šá* é-ús^{ti} (*bēt redûti*) *ina* ^{giš}gu-za(*kussī*) [48] lugal^{ti} (*šarrūti*) *tu-še-šab-ba*! lugal(*šarrūtu*) *bēlūtu* [49] *šá* kur *Aš-šur ina muh-hi-ku-nu up-pa-áš*……

[62.] *šum-ma at-tu-nu a-na Aš-šur-*DÙ-A(*bāni-apli*) dumu-man-gal(*rabiu*) *šá* é-ús^{ti} (*bēt redûti*) [63] *šá Aš-šur-*PAB-AŠ(*Aššur-ahu-iddina*) man kur (*šar*$_4$ *māt*) *Aš-šur ú-kal-lim-u-ka-nu-ni*, [64] *iq-ba-ka-nu-ni*, *a-de-e i-na muh-hi-šú is-si-ku-nu* [65] *ú-dan-nin-u-ni iš-ku-nu-ni*, *la ta-na-ṣar-a-ni*; [66] *anà lìb-bi-šú ta-ha-ṭa-a-ni*, šu(*qātā*)-2-*tē-ku-nu a-na* hul^{tim} (*lemutim*) [67] *anà lìb-bi-šú tu-bal-a-ni*, *ip-šú bar-tu a-bu-tú la* dùg-ga^{tú} (*ṭābtu*) [68] *la* sig$_5$^{tu} (*de'iqtu*) *te-ep-pa-šá-ni-šú-u-ni*; *ina* lugal(*šarrūti*) kur *Aš-šur* [69] *tu-nak-kara-šú-u-ni*; *issu* (TA) *lìb-bi* šeš-meš(*ahhē*)*-šú* gal-meš (*rabūti*) tur-meš(*ṣehrūti*) [70] *ina ku-mu-šú* ^{giš}gu-za (*kussī*) kur (*māt*) *Aš-šur tu-šá-aṣ-bat-a-ni*; [71] lugal (*šarru*) *šanûm-ma* en(*bēlu*) *šanûm-ma ina muh* (ugu)*-hi-ku-nu ta-šá-kan-a-ni*; [72] *a-na* lugal(*šarri*) *šanīm-ma* en(*bēli*) *šanīm-ma ma-miti ta-tam-ma-a-ni*! ……"

[237] *šum-ma Aš-šur-*PAB-AŠ(*Aššur-ahu-iddina*) man kur *Aš-šur ina ṣa-ha-ri šá* dumu-meš(*marē*)*-šú* [238] *a-na šim-te it-ta-lak*, *lu šá-ziq-ni lu* lú-sag(*ša-rēši*) [239] *a-na Aš-šur-*DÙ-A(*bāni-apli*) dumu man gal(*rabi'u*) [240] *šá* é-ús^{te} (*bēt redûti*) *i-du-ak*, lugal (*šarru*)*-u-tu* [241] *šá* ^{kur}(*māt*) *Aš-šur it-ti-ši* [242] *šum-ma at-tu-nu is-si-šú ta-šá-kan-a-ni*, [243] *a-na* lú-arad^{mu-ti}*-šú*

ta-tu-ra-a-ni; [244]*la ta-bala-kàt-a-ni la ta-na-ke-er-ra-ni*;[245] kur-kur (*mātāti*) *gab-bu issi-šú la tu-šam-kar-a-ni*, [246]*la ta-ṣab-bat-a-ni-šú-u-ni*, *la ta-du-ka-šú-u-ni* [247]*ù* dumu *Aš-šur*-DÙ-A(*bāni-apli*) dumu gal(*rabiu*) *šá* é-ús[ti] (*bēt redûti*) [248]gišgu-za(*kussiu*) *šá* kur(*māt*) *Aš-šur la tu-ša-aṣ-bat-a-ni*!

[249]*šum-ma at-tu-nu ina pān* [f]A-*ri-ti* [250]*šá Aš-šur*-PAB-AŠ(*Aššur-ahu-iddina*) man kur *Aš-šur ù aššat Aš-šur*-DÙ-A(*bāni-apli*) dumu man gal(*rabiu*) [251]*šá* é-ús[ti] (*bēt redûti*) *la ta-da-gal-a-ni*; [252]*ki-ma it-tab-ši*, *la tu-rab-ba-a-ni*; [253]gišgu-za(*kussiu*) *šá* kur(*māt*) *Aš-šur la tu-ša-a ṣ-bat-a-ni*; [254]*e-pi-šá-nu-ti šá bar-ti la ta-ṣab-bat-a-ni* [255]*la ta-du-ka-a-ni*, *šùm-šú-nu zēr-šú-nu* [256]*ina* kur(*māti*) *la tu-hal-laq-qa-a-ni*; *da-me ku-um da-me* [257]*la ta-ta-ba-ka-a-ni*! ……

附录1　数字、日期、度量衡

1. 数字的书写

1＝diš　　600＝gíš 'u　(GIŠ＋U)

10＝u　　3600＝šár

60＝gíš　　36000＝šar 'u (ŠAR x U＝3600x10)

例子：＝2 或 120（或是 1/60），＝3 或 180，＝4，或 240，＝5 或 300，＝6 或 360，＝7 或 420，＝8 或 480，＝9 或 540

＝20，＝30，＝40，＝50，＝60，＝70 或＝600，＝80，＝90

＝ 1*me* ＝ 100，＝ 2 *me* ＝ 200，＝ 500，＝ 670 或 1200 ＝ 2 *lim* ＝ 2000，＝ 3000，＝ 3600，＝ 3600 ＋ 5 × 60 ＋ 25 ＝ 4115

＝3600＋600×2＋60×9＋59＝5399，

＝7200

2. 年名、名年官和在位年

从古阿卡德时期开始，尼普尔的文件开始用“年名”记年，并逐渐向各城推广，到乌尔王朝成为通用记年法，古巴比伦时期同样。“年名”是用一个既定的事件来表示年序的方法，一般是使用上一年发生的政治、军事或宗教方面的大事，如，新王继位元年都是“某某成为王”，又如，“年名：马瑞城墙被摧毁”是汉穆腊比执政的第三十三年。文件中的年名有时提到王的名，但它是该王在位的第几年只能查找古代的“国王年名表”，更多的时候，为了书写简短，文件中的年名不提王的名字，要知道这种年名属于那位王的第几个在位年，只能依靠年名表。从卡喜特王朝中期开始，在巴比伦国的文献中，年份开始用国王的在位年来表达，如：mu-3-kam NAME lugal *某某为王的第三年*。

在亚述国中，每个年份都是以一个贵族官员的名字来命名，被称为“名年官”，名年官的排序只能查找古代的“名年官表”，否则不知每个“名年官”在王朝中的次序。

3. 月份名和年历

古代近东和古代欧洲一样，12 个月时不用数字序列表示，而是用月名来表达各个月份：ud-15-kam iti-še-kin-kud *“大麦收获月”*（十二月）的第十五天。在古巴比伦统一之前的苏美尔城邦、阿卡德王朝和乌尔第三王朝时期，月份的名称在各个城邦是不同的。乌尔、拉旮什、温马和阿达卜等城的月名多以神的节日为名，如：iti-ezem-Ninazu，iti-ezem-mah，iti-ezem-Anna，iti-ezem-Mekigal；而尼普尔的十二月名中只有一个月名提到女神伊南那。乌尔王朝瓦解后，巴比伦外围的阿摩利人地区如西帕尔、马瑞和埃什嫩那等城邦各自使用自己的塞姆语月名体系。巴比伦统一天下后，尼普尔城的月名体系获得塞姆语对应月名，被推广到整个巴比伦尼亚，并在一千纪时，被新亚述帝国使用，成为标准两河流域年历。这一塞姆语年历体系在古代近东影响很大，如犹太年历和帕勒米尔年历就采用了这套月名，它在犹太人中使用至今。在古亚述和中亚述时期，亚述城邦和地区使用特有的亚述城邦的塞姆月名。

亚述年历因不加闰月为纯阴历年，每年的日数 354 天比太阳年的 $365\frac{1}{4}$ 天缺欠 $11\frac{1}{4}$ 天。巴比伦尼亚地区使用阴阳合历（农历），有闰月，普通年为 354 天（小月 29 天，大月 30 天），每满 3 年后，年日数比太阳历少 $33\frac{3}{4}$ 天。因此一般在第三年加闰月 30 天，使闰年达 384 天，这样阴历的季节和阳历的季节在第三年基本同步。然而，30 天的闰月比 $33\frac{3}{4}$ 天还少 $3\frac{3}{4}$ 天；两年后比太阳年少的 $22\cdot\frac{1}{2}$ 天＋闰年少的 $3\frac{3}{4}$ 天＝$26\frac{1}{4}$ 天，因此，还必须在第二年再加闰月 29 天（比太阳历多了 $2\frac{3}{4}$ 天）。这样，通过或在每第三年加闰月然后在每第二年加闰月这样的精密调节，巴比伦人使每年的季节和太阳年基本相符合。古代中国、希腊和以色列用 19 年加 7 个闰月 210 天与太阳历同步的方法一定也用于两河流域。

尼普尔暨巴比伦暨标准两河流域年历的月份名称在文献中一般都是用对应的苏美尔语月名表达，塞姆语的月名拼写极少出现。月名前面加上 iti“月份”表示月份，在书写中常用缩写形式，只写出“月”和第一个词符，如 iti-bára-zag～gar-ra 只简写为 iti-bára，iti-gud-si～sa 简写作 iti-gud 等。

尼普尔暨巴比伦苏美尔月名（始于公元前 2400 年）
和对应的标准两河流域塞姆语月名（始于约公元前 1900 年）

iti-bára-zag～gar-（ra）“置（神）殿台”＝*Nisānum* 农历一月
iti-gud-si～sa/sá“备牛（或配牛）”＝*Ayarum* 农历二月
iti-sig$_4$-ga$_4$“（制）砖”＝*Sīmānum* 农历三月
iti-šu-numun“手（播）种”＝*Dumuzi* 农历四月
iti-ne-ne-gar“置香炉”＝*Abum* 农历五月
iti-kin-^{d}Inanna“爱神工作”＝*Ulūlum* 农历六月
iti-du$_6$-kù“圣丘”＝*Ta/ešrītum* 农历七月
iti-apin-du$_8$-a“掌犁”＝*Araḫ-samnum* 农历八月
iti-gan-gan-è“出罐罐”＝*Kislīmum* 农历九月
iti-ab-ba-è“出窗”（或“逝去的父”）＝*Tebētum* 农历十月
iti-zíz-a“（收）红麦”＝*Šabāṭum* 农历十一月
iti-še-kin-kud“收割大麦”＝*Addaru* 农历十二月
iti-diri-（še-kin-kud）“附加（收大麦）月”＝闰月

4. 重量单位

楔形符号	苏美尔语	阿卡德语	英文名称	现代重量	中文译名
	še	*uṭṭatum*	grain	约 0.05 克	“黍”（粒，秦汉 1 豆＝16 黍）
特殊单位 gín-tur＝3 še＝1/60 gín 锱，ma-na（或 ŠA）-tur（或 ninda xše 1 ma-na）＝60 še＝1/3 gín 锱。新巴比伦 *hummušu*＝1/5＝36 še，*suddû*＝1/6 gín＝30 še，*bitqu*＝1/8 gín＝22.5 še.					

续 表

	gín =180 še（波斯：米底锱=2/3 锱，Daric=1 锱，10 锱 = *karša*，6 *karša*=1 斤）	*šiqlum*	shekel	约 8.3 克	锱（秦 1 锱=36 豆=576 黍），= 1/64 斤=1/4 两
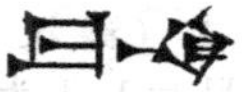	ma-na =60 gín	*manûm*	mina	约 500 克	斤（秦汉斤=250 克，北朝 =520-600，隋=700，唐=670 克，宋元=630 克，明清=590 克）
 或 	gú=gú-un =60 ma-na	*biltum*	talent	约 30 公斤	钧或 60 斤

注释：中国古代：1 石=4 钧，1 钧=30 斤，1 斤=16 两 =64 锱，1 两 =4 锱=24 铢，1 锱=6 铢=36 豆=576 黍，1 铢=6 豆=96 黍，16 黍为 1 豆，据《汉书．律历志》。

5. 长度单位

楔形符号	苏美尔语和阿卡德语单位	英文	现代度	中文译名
	še	grain	0.27 厘米	黍（秦汉 1 黍=分=0.23 厘米）
	šu-si =*ubānum* 寸= 6 še（一指宽）	finger	约 1.6 厘米	指寸（商代 1 寸 = 1.58 厘米，秦汉 = 2.3厘米=10 黍/分）
	古苏美尔：šu-dù-a 手立（掌长）=10 šu-si；		约 16.6 厘米	手长（商尺为 16 厘米）
	古苏美尔：zipah（šu+bad）伸手=15 šu-si（亚述：*kabistu* 脚印 = 16? šu-si = 26.6 厘米，*kimṣu* 大腿骨/*eṣmtu* 骨 = 18? šu-si）		约 25 厘米	前臂长（秦汉尺 = 23 厘米）

续 表

	OS-OB-SB kùš/*ammatum* =**30** šu-si=180 še (NeoBab. kùš 尺 = **24** šu-si=40 厘米，kùš gal 大尺=75 厘米。)	cubit	约 50 厘米	臂尺（半米，唐大尺=36 厘米=100 黍/分；秦汉跬=半步=3 尺=70 厘米）
	nikkas（Ass. *purīdu 大腿*）= 3 kùš = 90 šu-si（NB *nikkas* = 3.5 kùš 尺 = 84 šu-si=1.75 米）		1.5 米	步、半丈（秦汉 1 步=6 尺=1.4 米，仞=人高=7 尺=1.6米）
	gi/*qanûm* = 6 kùš=180 šu-si（NB gi=7 kùš 尺=168 šu-si = 3.5 米）	reed	约 3 米	苇丈(秦汉丈=2.3 米，明清营造丈=3.2米)，或“寻”=8 尺(今尺=2.66 米)
	ninda（n）（+ du）/ *nindanu*=2 gi=12 kùš（NB 1 nindan=14 kùš 尺=336 šu-si=7 米）	——	约 6 米	常（常 = 2 寻 = 16 尺:秦汉尺算=3.68 米，今尺推算=5.33 米）
	亚述地区 *humānu* Hur.=5 gi=30 kùš，*ṣuppu* ninda=10 gi=60 kùš			
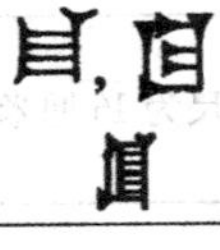	éš（e）/*ašlum*（Ass. *ikū*）=10 nindan=20 gi=120 kùš	cord	约 60 米	绳引（秦汉 1 引=100 尺=23 米）
	ús/uš“追”=**6** éše =60 nindan=120 gi=720 kùš	——	约 360 米	里（秦汉 1 里=300 步=**18** 引=**1800** 尺=414 米）
	danna=30 ús=180 éše=**1800** nindan		约 11 千米	双小时/10 千米

注释：古代一丈六尺为常。《小尔雅·广度》注："寻舒两肱也，倍寻谓之常。"《仪礼·公食礼》注："丈六尺曰常，半常曰寻。"《孔子家语》："布指知寸，布手知尺，舒肘知寻。"《汉书·律历志》注："一黍为一分，十分为一寸，十寸为一尺，十尺为一丈"。即 1 引＝10 丈＝100 尺＝23 米 ＝1000 寸＝10000 分/黍。

6. 容量单位

楔形符号	苏美尔语和进位	阿卡德语	英文名	现代容积	中译名
	1 silà	*qûm*	quart	约 1 升	升（秦汉晋梁陈＝0.2 升，北齐＝0.3 升，北魏＝0.4 升。隋唐宋＝0.6 升，元明清＝0.96 升）
	1 bán ＝10 silà（古苏美尔拉旮什 1 bán ＝ 6 silà）	*sūtum*		约 10 升	斗（中国斗＝10 升，隋唐宋 1 斗＝6 升，元明清 1 斗＝10 升）
苏美尔不定容积：dug 罐＝20 silà 或 30 silà；ul ＝36 silà；sá-dug$_4$＝18 或 24 或 40 silà。OB 亚述 1 anše 驼＝10 斗					
	1 nigida，ba-rí-ga ＝ 6 bán ＝60 silà（古苏美尔和新晚巴比伦＝ 6 bán ＝ 36 silà）	*pānūm/parsiktum*		约 60 升	斛（战国齐 1 区＝4 豆/斗，隋唐宋斛＝10 斗＝60 升。宋代将 1 斛（或称 1 石）改为 5 斗（30 升），10 斗（2 斛）为 1 石，元明清 1 斛＝5 斗＝50 升）

续 表

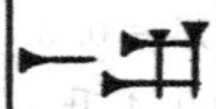	1 Akk-OB gur = **5** bariga = 30 bán = **300 silà**;（古苏美尔：Fara 城：1 gur-mah 钟 = 2 líd(NI)-(da)-ga/ li-id-ga 石/lidda (ŠÀ + DIŠ = ŠITA) = 4 bariga 斛 = 24 bán = **240 silà**；拉旮什 1 gur= **4** bariga=24 bán= **144 silà**，其他古苏美尔城 1 gur = 4 bariga = 24 bán = **240 silà**。新和晚巴比伦 1 gur = **5** bariga = 30 bán = **180 silà**）	*kurrum*	kor	约 300 升	钟（秦汉每钟 = 6.4 斛/石 = 128 升。唐钟 = 6.4 斛 = 384 升，近似两河的 gur。宋元明清废钟为石 = 2 斛 = 10 斗 = 100 升，元明清石比两河 gur 少很多，因此不用"石"为译名。）
	guru₇"堆、仓"用于古苏美尔，在 Fara/苏如帕克 = 2400 gur 钟，其他城 = 3600 钟	*karû*	heap	300 升 × 3600 = 1,080,000 升	仓

注释：中国古代千二百黍为一龠（yuè），二龠为一合，十合为一升，十升为一斗，十斗为一石/斛：即 1 斛=10 斗 =100 升=1000 合=2000 龠=2，400，000 黍。战国齐国的量器有豆、区、釜、钟：四升为豆（斗），四豆为区，四区为釜，十釜为钟。常用容量单位由小到大有升、斗、斛（石）、钟，通常学者们认为斛和石相通，自秦汉开始它们之间都是十进制，但斛和钟的关系可能不是，钟可能等于 6.4 斛。

斗和斛的特殊写法

	2 bán	2 斗	20 升		2/30 钟
	3 bán	3 斗	30 升		3/30 钟
	4 bán	4 斗	40 升		4/30 钟
	5 bán 斗	5 斗	50 升	6 进位	5/30 钟
	2 ba-rí-ga	2 斛	12 斗＝120 升		2/5 钟
	3 ba-rí-ga	3 斛	18 斗＝180 升		3/5 钟
	4 ba-rí-ga	4 斛	24 斗＝240 升	5 进位	4/5 钟

钟的特殊写法

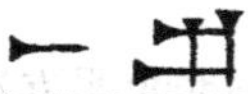	1 gur	1 钟	＝5 斛＝30 斗＝300 升
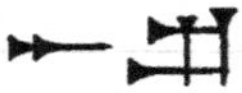	2 gur	2 钟	＝10 斛＝60 斗＝600 升
	3 gur	3 钟	＝15 斛＝90 斗＝900 升
	4 gur	4 钟	20 斛＝120 斗＝1200 升
	5 gur	5 钟	25 斛＝130 斗＝1300 升
	6 gur	6 钟	30 斛＝180 斗＝1800 升
	7 gur	7 钟	35 斛＝210 斗＝2100 升
	8 gur	8 钟	40 斛＝240 斗＝2400 升
	9 gur	9 钟	45 斛＝270 斗＝2700 升

续 表

	10 gur	10 钟	50 斛＝300 斗＝3000 升
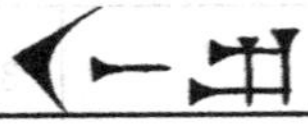	11 gur	11 钟	55 斛＝330 斗＝3300 升

7. 面积单位

楔形符号	苏美尔语和进位	阿卡德语	现代面积	中文名
	še＝1/3 gín		0.2 平方米	黍
	1 gín＝3 še＝1/60 sar		0.6 平方米	厘
	sar＝1×1 nindan 常（2×2 苇丈）＝60 gín 厘＝180 še 黍	*mus/šarum*	约 6×6＝36 平方米	分
	iku(＝100 sar)＝1×1 éše 绳	*ikum*	约 3600 平方米	亩
	eše(＝6 iku，＝600 sar)＝1 ús “追”（6 éše）×1 éš 绳（6∶1）	——	约 21600 平方米	垧
	bùr^{iku}(＝3 eše＝18 iku＝1800 sar)＝1 ús 追×3 éš 绳（2∶1）	*būrum*	约 64800 平方米	顷
 或 	bùr ’u^{iku}(＝10 bùr^{iku}＝30 eše＝180 iku)	——	约 648000 平方米	10 顷
	šár^{iku}(6 bùr ’u^{iku}，＝60 bùr＝180 eše)	——	约 3.8 平方千米	60 顷
	šár ’u^{iku}(10 šár^{iku}＝600 bùr＝1800 eše)	——	约 38 平方千米	600 顷

附录 2　练习题答案

练习题参考答案

练习一

1. 转写与翻译。

(1) *kalbam*：a male dog 一条公狗（宾格）

(2) *wardim*：of a slave 一个奴隶（属格）

(3) *nišī saphātim*：the scattered people 分散的人（属宾格）

(4) *arnam kabtam*：the heavy punishment 重罪（宾格）

(5) *šarrum gitmālum*：the noble king 高贵的国王（主格）

(6) *pušqī waš ṭūtim*：very difficult 非常困难（属宾格）

(7) *ina šarrī*：among the kings 在众王之间（属宾格）

(8) *Anum rabûm*：the great Anum 伟大的安努神（主格）

(9) *aššum erretim*：because of the curse…… 由于诅咒……（属格）

(10) *ilū rabûtum*：the great gods 伟大的神们（主格）

(11) *ummum rabītum*：a great mother 一位伟大的母亲（主格）

(12) *ina tamhārim*：in the battle 在战场上（属格）

(13) *kīma išātim ezzētim*：like the angry fire 好像愤怒的火焰（属格）

(14) *erretam maruštam*：the painful curse 痛苦的诅咒（宾格）

(15) *rīmum kadrum*：a wild bull 一头野牛（主格）

(16) *šarrum dannum*：the powerful king 一位强大的国王（主格）

(17) *aššum zikarim šanīm*：because of the second man 由于第二个男人（属格）

(18) *ana bītim šanīm*：in another house 在另一间房子里（属格）

(19) *ištu bītim*：from the house 从房子里（属格）

(20) *ina mahar ilim*: in front of the god 在神的面前（属格）

2. 变格。

(1) *šarrum*

格的形式	阳性名词	阴性名词
单数主格	*šarrum*	*šarratum*
单数属格	*šarrim*	*šarratim*
单数宾格	*šarram*	*šarratam*
双数主格	*šarrān*	*šarratān*
双数属宾格	*šarrīn*	*šarratīn*
复数主格	*šarrū*	*šarrātum*
复数属宾格	*šarrī*	*šarrātim*

(2) *erratum*

格的形式	阴性名词
单数主格	*erretum*
单数属格	*erretim*
单数宾格	*erretam*
双数主格	*erretān*
双数属宾格	*erretīn*
复数主格	*errātum*
复数属宾格	*errātim*

(3) *ezzum*

格的形式	阳性形容词	阴性形容词
单数主格	*ezzum*	*ezzatum*
单数属格	*ezzim*	*ezzatim*
单数宾格	*ezzam*	*ezzatam*
复数主格	*ezzūtum*	*ezzātum*
复数属宾格	*ezzūtim*	*ezzātim*

(4) *šanûm*

格的形式	阳性名词	阴性名词
单数主格	*šanûm*	*šanītum*
单数属格	*šanīm*	*šanītim*
单数宾格	*šanâm*	*šanītam*
复数主格	*šanû*	*šanâtum*
复数属宾格	*šanī*	*šanâtim*

3. 把下面的短语翻译成阿卡德语。

(1) *šarrū dannūtum*

(2) *awīlū rabûtum*

(3) *ilum kabtum*

(4) *ilū ezzūtum*

(5) *bītum šanûm*

(6) *ina išātim*

(7) *ištu tamhārim*

(8) *kīma wardim*

4. 翻译下面的楔形文字。

(1) diĝir *ra-bu-um*

ilum rabûm（主格）

(2) diĝir gal

ilum rabûm（主格）

the great god
伟大的神

the great god
伟大的神

(3) diĝir^{meš} gal^{meš}
ilū rabûtum（主格）
the great gods
伟大的神们

(4) *i-na* diĝir^{meš}
ina ilī（属格）
among the gods
在众神之间

(5) *a-na* é
ana bītim（属格）
to the house
对这间房子

(6) *i-na* diĝir^{meš} gal^{meš}
ina ilī rabûtim（属格）
among the great gods
在伟大的众神之间

(7) diĝir gal-gal
ilū rabûtum（主格）
the great gods
伟大的神们

(8) a^{meš}
mû（主格）
water
水

(9) *i-na* é-gal（属格）
ina ekallim in the palace
在宫殿中

(10) *ka-al-bu-um*
kalbum a dog
一条狗

练习二

1. 转写与翻译。

(1) *bēl šamē u erṣetim*: the lord of the heaven and the earth 天地之主

(2) *aran dīnim*: the punishment of the judgement 审判的处罚

(3) *ina qāt mār awīlim*: in the hand of a man's son 在一个男人的儿子手里

(4) *aššat awīlim*: a man's wife 一个男人的妻子

(5) *aššas-su*: his wife 他的妻子

(6) *warad ekallim*: a slave of the palace 一个王宫里的奴隶

(7) *šar mīšarim*: a just king 一位公正的国王

(8) *libbi* [d]*Marduk*: Marduk's heart 马尔杜克的心

(9) *zērum darûm ša šarrūtim*: the lasting seed of kingship 王权的永久的种子

(10) *mār awīlim ṣehram*: a man's little son 一个男人的小儿子

(11) *šaluštim eqlim*: one third of the field 三分之一的土地

(12) *ṣibas-su*: its interest 它的利息

(13) *itti bēlti-ša*: with her mistress 和她的女主人

(14) *bēlēs-sa*: her mistress 她的女主人

(15) *eli-šu*: on him 在他（身上）

(16) *itti-šunu*: with them 和他们

(17) *rēûs-sina*: their shepherdship 她们的牧羊人

(18) *bēl-ni*: our lord 我们的主人

(19) *eṣemti warad awīlim*: a bone of a slave of a man 一个人的奴隶的骨头

(20) *šum-šu ṣīram*: his exalted name 他高贵的名字

(21) *ina libbi-šu*: in his heart 在他心里

(22) *ana bēli-šu*: to his lord 对他的主人

(23) *bīs-šu*: his possession 他的财产

(24) *zitta-šu*: his share of property 他的财产份额

(25) *ana aššati-šu*：to his wife 对他的妻子

(26) *awātī-ya šūqurātim*：my precious words 我宝贵的话语

(27) *dīnī*：my judgement 我的审判

(28) *mās-su*：his land 他的土地

(29) *ana nīši-šu*：to his people 对他的人民

(30) *errēšum*：a farmer 一个农民

(31) *erres-su*：his peasant 他的农民

(32) *bēl hulqim*：a owner of the lost object 丢失东西的人

(33) *huluq-šu*：his lost object 他丢失的东西（主宾格）

2. 翻译成阿卡德语。

(1) *mār awīlim* 一个男人的儿子

(2) *ahi awīlim* 一个男人的兄弟

(3) *šipir awīlim* 一个男人的工作

(4) *niditti awīlim* 一个男人的礼物

(5) *aššat awīlim* 一个男人的妻子

(6) *šubat awīlim* 一个男人的住处

3. 加前置词 *ina*。

(1) *ina mār awīlim* (2) *ina ahi awīlim*

(3) *ina šipir awīlim* (4) *ina niditti awīlim*

(5) *ina aššat awīlim* (6) *ina šubat awīlim*

4. 翻译。

(1) *ṭuppa-šu* 他的泥板

(2) *kunukka-šunu* 他们的圆筒印章/加印文件

(3) *libba-ka* 你的心

(4) *bānī-ni* 我们的建造者

(5) *māru-ša* 她的儿子 (6) *ah-ī* 我的兄弟

(7) *abu-šu* 他的父亲 (8) *bīš-ī* 我的财产

(9) *eṣmēt-šunu* 他们的骨头 (10) *awāt-ī* 我的话

(11) *šarras-sa ṣehertum* 她的小王后

(12) *itti zitti-ya* 和我的财产份额

(13) *errēs-su* 他的农夫

5. 翻译下面的楔形文字。

(1) *a-wi-lum*

awīlum

a man

一个男人

(2) *i-na* é *a-wi-lim*

ina bīt awīlim

in a man's house

在一个男人的房子里

(3) *it-ti* dumu *a-wi-lim*

itti mār awīlim

with a man's son

和一个男人的儿子

(4) *i-na qá-at* dumu *a-wi-lim*

ina qāt mār awīlim

in the hand of the man'son

在男人儿子的手中

(5) arad é-gal

warad ekallim a slave of the palace

一个王宫的奴隶

(6) *a-na* é-*ia*

ana bīti-ya to my house

去我的房子

(7) *i-na* é-gal-*ia ina ekalli-ya*

in my palace

在我的王宫里

练习三

1. 转写与翻译。

(1) *išruk*：He gave. 他给了。(过去时第三人称单数)

(2) *imhaṣ*：He struck. 他攻击了。(过去时第三人称单数)

(3) *ikšud*：He reached. 他到达了。(过去时第三人称单数)

(4) *ipšiṭ*：He erased. 他删去了。(过去时第三人称单数)

(5) *mīšaram ina pī mātim aškun*：I established the justice in the mouth of the land. 我使正义立于人民（国家）的口中。(过去时第一人称单数)

(6) *šumma dayyānum purussām iprus*：If the judge made a decision，…… 如果法官作了一个决定，……

(7) *awīlum namkūr ilim išriq*：A man stole the possession of a god. 一个人偷了一个神的财产。(过去时第三人称单数)

(8) *bīs-su iṣbat*：He seized his house. 他占有了他的房子。(过去时第三人称单数)

(9) *išakkanū*：They will put. 他们将建立。(将来时第三人称阳性复数)

(10) *inaṣṣar*：He will guard. 他将看守。(将来时第三人称单数)

(11) *ipaqqidū*：They will care for. 他们将照顾。(将来时第三人称阳性复数)

(12) *nīš ilim izakkar*：He will swear by the oath of god. 他将起誓。(将来时第三人称单数)

(13) *iraggum*：He raise a legal claim. 他将提出法律要求。(将来时第三人称单数)

(14) *išebbirū*：They will break. 他们将打破。(将来时第三人称阳性复数)

(15) *iṣam inakkisū*：They will cut a tree. 他们将砍断一棵树。(将来时第三人称阳性复数)

(16) *ritta-šu inakkisū*：They will cut his hand. 他们将砍掉他的手。(将来时第三人称阳性复数)

(17) *kaspam išaqqalū*：They will weigh out the silver. 他们将称出银子。(将来时第三人称阳性复数)

(18) *bīs-su ana kaspim inaddin*：He will sell his house for silver. 他将把他的房子卖为银钱。(将来时第三人称单数)

(19) *pālih ilī*：godfearing person 敬神者(动名词)

(20) *šākin mê nuhšim ana nišī-šu*：The one who provides the abundant water to his people. 为他的人民提供充足水源的人。(动名词)

(21) *pāqid bītim*：The one who cares for a house. (housekeeper) 照顾家产的人。(动名词)

(22) *ina alāki-šu*：When he goes，…… 当他走的时候，……(动词不定式)

(23) *ana kašādim*：For conquering，…… 为了征服，……(动词不定式)

(24) *bītum nadnum*：a given house 一个被给出的房子(动形词)

2. 写出下列词的过去时、将来时、命令式。

(1) *kašādum*

单 数

人 称	过去时	将来时
第三人称共性	*ikšud*	*ikaššad*
第二人称阳性	*takšud*	*takaššad*
第二人称阴性	*takšudī*	*takaššadī*
第一人称共性	*akšud*	*akaššad*

复 数

人 称	过去时	将来时
第三人称阳性	*ikšudū*	*ikaššadū*
第三人称阴性	*ikšudā*	*ikaššadā*
第二人称共性	*takšudā*	*takaššudā*
第一人称共性	*nikšud*	*nikaššad*

命令式：*kušud*（阳性单数）*kušdī*（阴性单数）*kušdā*（复数共性）

（2）*šarāqum*

单　数

人　称	过去时	将来时
第三人称共性	*išriq*	*išarriq*
第二人称阳性	*tašriq*	*tašarriq*
第二人称阴性	*tašriqī*	*tašarriqī*
第一人称共性	*ašriq*	*ašarriq*

复　数

人　称	过去时	将来时
第三人称阳性	*išriqū*	*išarriqū*
第三人称阴性	*išriqā*	*išarriqā*
第二人称共性	*tašriqā*	*tašarriqā*
第一人称共性	*nišriq*	*nišarriq*

命令式：*širiq*（阳性单数）*širqī*（阴性单数）*širqā*（复数共性）

（3）*šebērum*

单　数

人　称	过去时	将来时
第三人称共性	*išbir*	*išebbir*
第二人称阳性	*tašbir*	*tašebbir*
第二人称阴性	*tašbirī*	*tašebbirī*
第一人称共性	*ašbir*	*ašebbir*

复 数

人 称	过去时	将来时
第三人称阳性	*išbirū*	*išebbirū*
第三人称阴性	*išbirā*	*išebbirā*
第二人称共性	*tašbirā*	*tašebbirā*
第一人称共性	*nišbir*	*nišebbir*

命令式：*šibir*（阳性单数）*šibrī*（阴性单数）*šibrā*（复数共性）

3. 动名词和动形词：

动名词：*kāšidum* *šāriqum* *šēbirum*

动形词：*kašdum* *šarqum* *šebrum*

4. 把短语译成阿卡德语。

(1) *targum* 你要求了。

(2) *ilī ipallah* 他将敬畏诸神。

(3) *awīlam imhaṣ* 他打了一个男人。

(4) *bēl-ī ṭuppa-šu išbir* 我的主人打碎了他的泥板。

(5) *ab-ī ana ilī apaqqid* 我把我的父亲委托给诸神。

(6) *niditta-šu ina mahar ili iškun* 他在神的前面放下了他的礼物。

(7) *kaspam ina bīt abi-šu išaqqal* 他正在他父亲的房间称量银子。

(8) *awāt-ī ipšiṭ* 他删去了我的话。

(9) *ina kašādi-ka* 当你到达，……

(10) *ana bīti-šu naṣārim* 为了看守他的房子，……

(11) *awīlum ṣabtum* 一个被抓住的男人

5. 翻译下面的楔形文字。

(1) é-*sú iṣ-ba-at*

bīs-su iṣbat

He seized his house.

他侵占了他的房子。（过去时第三人称单数）

(2) kù-babbar *i-ṣa-ba-at*

kaspam iṣabbat

He will seize the silver.

他将得到银子。（将来时第三人称单数）

（3）*qá-at* diĝir-*šu*

qāt ilī-šu

a hand of his god

他的神的一只手（瘟疫）

（4）ᵈIškur

ᵈ*Adad*

the god Adad

阿达德神

（5）*i-ṣa-am*

iṣam

a tree

一棵树（宾格）

（6）*a-na* é diĝir *ik-šu-ud*

ana bīt ilim ikšud

He arrived to the temple of a god.

他到了神庙。（过去时第三人称单数）

练习四

1. 转写与翻译。

(1) *awīlum šarrāq*：The man is a thief. 这个男人是贼。

(2) *šumma mārū-šu ṣeher*：If his son is small，如果他的儿子很小，……

(3) *sinništum ūl aššat*：The woman is not a wife. 这个女人不是妻子。

(4) *eqlum kīma nadnu-ma nadin*：The field as it should be given has been given. 这块地的确被给（卖）出了。

(5) *sinništum ša mārī waldat*：The woman who gave birth to sons …… 这个已经生了儿子们的女人……

(6) *anāku šumruṣ-āku*：I am ill. 我病了。

(7) *iṣṣabat*：He has seized. 他被抓住了。

(8) *izzakar*：He has spoken. 他说了。

(9) *ihtaliq*：He has disappeared. 他消失了。

(10) *iṭṭarad*：He has sent. 他派了（人）。

(11) *iṣṣabtū*：They have seized. 他们占领了。

(12) *iṣṣabas-si*：He have seized her. 他抓住她了。

(13) *anum-ma Rim-^{d}Sin aṭṭard-akkum*：Herewith，I have dispatched Rim-^{d}Sin to you. 与此同时，我派了瑞姆辛去你那儿。

(14) *ana Gimil -^{d}Marduk aštapr-am*：I have written to Gimil -^{d}Marduk. 我给吉米勒马尔杜克写了信。

(15) *šumma mārum aba-šu imtahaṣ ritta-šu inakkisū*：If a son has struck his father，they will cut off his hand. 如果儿子打了他父亲，那么人们将要砍下他的手。

(16) *šumma awīlum mārat awīlim imhaṣ* 10 *šiqil kaspam išaqqal*：If a man has struck a daughter of a man，he will weigh out 10 shekels of silver. 如果一个男人打了另一个（自由）人的女儿，他将称出 10 钱银子。

(17) *išṭur-šum*：He wrote down (a tablet) for him. 他为他写下了(一件泥板书)。

(18) *am-mīni lā išpur-am*：Why didn't he write to me? 为什么他不给我通信?

(19) *ṭurd-aš-šunūti*：(You), dispatch them to me!(你)，派遣他们到我处!

(20) *awāt izkuru*：The word that he spoke. 他所说的话是……

(21) *kasap išqulu*：The silver that he weighted out. 称出的银子。

(22) *kasap tamkārum išqulu*：The silver that the merchant weighted out. 那商人称出的银子……

(23) *ašar illik-u*：The place where he went. 他去的地方……

(24) *adi balṭ-at*：As long as she is alive …… 只要她活着，……

(25) *ṭēm kirīm šupr-am*：Send me the news of the orchard! 通知我果园的消息!

(26) *awāt mīšarim ša ina narīm ašṭuru*：The word of justice which I wrote on the stele. 我在这碑上刻写的公正的话。

(27) *šarrum ša* ᵈ*Šamaš kīnātim išruku-šum*：The king to whom Šamaš presented the justice.(我是)沙马什授予其公正的国王。

2. 状态式。

(1) *halāqum*

	单　数	复　数
第三人称阳性	*haliq*	*halq-ū*
第三人称阴性	*halq-at*	*halq-ā*
第二人称阳性	*halq-āta*	*halq-ātunu*
第二人称阴性	*halq-āti*	*halq-ātina*
第一人称共性	*halq-ku*	*halq-ānu*

(2) *damqum*

	单　数	复　数
第三人称阳性	*damiq*	*damq-ū*
第三人称阴性	*damq-at*	*damq-ā*
第二人称阳性	*damq-āta*	*damq-ātunu*
第二人称阴性	*damq-āti*	*damq-ātina*
第一人称共性	*damq-āku*	*damq-ānu*

(3) *bēlum*

	单　数	复　数
第三人称阳性	*bēl*	*bēl-ū*
第三人称阴性	*bēl-et*	*bēl-ā*
第二人称阳性	*bēl-ēta*	*bēl-ētunu*
第二人称阴性	*bēl-ēti*	*bēl-ētina*
第一人称共性	*bēl-ēku*	*bēl-ēnu*

3. 完成时。

(1) *šaṭārum*(*u*/*a*)

单数		复数	
第三人称共性	*ištaṭar*	第三人称阳性	*ištaṭr-ū*
第二人称阳性	*taštaṭar*	第三人称阴性	*ištaṭr-ā*
第二人称阴性	*taštaṭr-ī*	第二人称共性	*taštaṭrā*
第一人称共性	*aštaṭar*	第一人称共性	*ništaṭar*

(2) *ṭarādum* (*u/a*)

单数		复数	
第三人称共性	*iṭṭarad*	第三人称阳性	*iṭṭard-ū*
第二人称阳性	*taṭṭarad*	第三人称阴性	*iṭṭardā*
第二人称阴性	*taṭṭardī*	第二人称共性	*taṭṭardā*
第一人称共性	*aṭṭarad*	第一人称共性	*niṭṭarad*

(3) *halāqum* (*i/i*)

单数		复数	
第三人称共性	*ihtaliq*	第三人称阳性	*ihtalqū*
第二人称阳性	*tahtaliq*	第三人称阴性	*ihtalqā*
第二人称阴性	*tahtalqī*	第二人称共性	*tahtalqā*
第一人称共性	*ahtaliq*	第一人称共性	*nihtaliq*

(4) *balāṭum* (*u/u*)

单数		复数	
第三人称共性	*ibtaluṭ*	第三人称阳性	*ibtalṭū*
第二人称阳性	*tabtaluṭ*	第三人称阴性	*ibtalṭā*
第二人称阴性	*tabtalṭī*	第二人称共性	*tabtalṭā*
第一人称共性	*abtaluṭ*	第一人称共性	*nibtaluṭ*

4. 把下面的句子翻译为阿卡德语。

(1) *šarrāq-ma*
(2) *Marduk u Anum ezzū*
(3) *haliq*
(4) *azzakar*
(5) *izzakrū*
(6) *iṭrud-ka*
(7) *awīlam iṭrud-akkum*
(8) *iddin-aš-šunūšim*
(9) *iddin-šunūti*
(10) *illik*
(11) *illik-am*
(12) *warki awīlam imhaṣu-ma ištapr-am*
(13) *šumma lū šarram lū wardam imhaṣihalliq*
(14) *iṣam ikkis-ma ištabir-šu*

5. 翻译下面的楔形文字。

(1) *a-na-ku*

anāku

I

我

(2) *ki-ma na-ad-nu*

kīma nadnu

As it is given, ……

当它被给（卖）了时，……

(3) *a-di ba-al-ṭa-at*

adi balṭ-at

As long as she is alive, ……

只要她活着，……

(4) *a-wa-at mi-ša-ri-im*

awāt mīšarim

word of justice

正义之词

(5) dumu-meš *wa-al-da-at*

mārī wald-at

She gave birth to sons.

她生了儿子们。

(6) *iṭ-ṭa-ra-ad*

iṭṭarad

He has dispatched.

他已经派人了。

练习五

1. 规范化转写与翻译。

(1) *šumma rē 'ûm itti bēl eqlim lā imtagar*：If a shepherd did not agree with the owner of the field，…… 如果一个牧羊人不同意土地的主人，……

(2) *šarrum muštālum*：a prudent king 一位谨慎的国王。

(3) *kīma ahu-ka šumma rabiam ištaknu*：When your brother has established (his) reputation，……当你哥哥确立了（他的）名声时，……

(4) *iltabšū*：They clothed themselves. 他们自己穿衣服。

(5) ᵈ*Ṣarpanitum likrub-am*：May Ṣarpanitum bless me！愿查尔帕尼吞女神保佑我！

(6) *purrussā-šina liprus*：Let him make their decision！愿他作出关于他们的决定！

(7) *haṭṭa-šu lišbir*：May he break his scepter.！愿他折断他的王杖！

(8) *ṣibis-sunu labīram kīma ṣabtu-ma lū ṣabtū*：Let them seize their old property as they should！让他们得到他们应得的过去的利息！

(9) *qaqqas-sa lū kabit*：Let her be honored！让她受尊重！

(10) *lū šalm-āta*：May you be healthy！愿你健康！

(11) *lā watur ibaqqar*：He shall not claim excessively. 他不能过多地要求。

(12) *lā tallak*：Don't go！不要走！

(13) *ê taplah*：May you not be afraid！愿你不要害怕！

(14) *lā tapallah*：Don't be afraid！别害怕！

(15) *awīlum šū*：that man 那个男人

(16) *aran dīnim šuāti*：the punishment of that case 那个审判的处罚（属宾格）

(17) *wardam šuāti*：that servant 那个奴隶（宾格）

(18) *šarrī šunūti*：those kings 那些国王（宾格）

(19) *sinništam šuāti*：that woman 那个女人（宾格）

(20) *annītam arhiš šupr-am*：Quickly write this to me! 尽快通知我这一事件！

(21) *ana mannim ludbub šumma ana abi-ya lā adbud*：To whom may I speak if I do not speak to my father!? 如果我不对我父亲说，那么我对谁说!?

(22) *ana mannim ašappar*：To whom I shall write? 我要通知谁?

2. 词形变化 *mahārum*。

将来时	过去时	完成时	动名词	命令式	不定式	状态时
imtahhar	*imtahar*	*imtathar*	*mumtahrum*	*mithar*	*mithurum*	*mithur*

将来时

<table>
<tr><th></th><th>单　数</th><th>复　数</th></tr>
<tr><td>第一人称共性</td><td>amtahhar</td><td>nimtahhar</td></tr>
<tr><td>第二人称阳性</td><td>tamtahhar</td><td rowspan="2">tamtahharā</td></tr>
<tr><td>第二人称阴性</td><td>tamtahharī</td></tr>
<tr><td>第三人称阳性</td><td rowspan="2">imtahhar</td><td>imtahharū</td></tr>
<tr><td>第三人称阴性</td><td>imtahharā</td></tr>
</table>

完成时

<table>
<tr><th></th><th>单　数</th><th>复　数</th></tr>
<tr><td>第一人称共性</td><td>amtathar</td><td>namtathar</td></tr>
<tr><td>第二人称阳性</td><td>tamtathar</td><td rowspan="2">tamtatharā</td></tr>
<tr><td>第二人称阴性</td><td>tamtatharī</td></tr>
<tr><td>第三人称阳性</td><td rowspan="2">imtathar</td><td>imtatharū</td></tr>
<tr><td>第三人称阴性</td><td>imtatharā</td></tr>
</table>

3. 翻译成阿卡德语。

(1) *iltabaš*　(2) *iltabbaš*　(3) *iltatbaš*

(4) *litabaš*　　(5) *lā taltabbaš*　　(6) *liltabaš*

(7) *i niltabaš*

(8) *itti šarrāqī ul imtagrū*

(9) *lū mitgur*（状态式）

(10) *qaqqad wardim šuā ti ul kabit*

(11) *ul šarrum awīlum annûm*

(12) *rē 'û šunu mīnam išriqū*

(13) *ammīnim lā tašpuram*

(14) *ul tašpuram*

4. 翻译下面的楔形文字。

(1) *lu-ú ša-al-ma-ta*

lū šalm-āta

May you be healthy!

愿你健康!

(2) dIškur *li-ik-ru-ba-am*

dAdad *likrub-am*

May Adad bless me!

愿阿达德神保佑我!

(3) arad *šu-a-ti*

wardam šuāti

that servant

那个奴隶（宾格）

(4) d*A-num*

d*Anum*

An

（天神）安

(5) *la ta-ka-ra-ab*

lā takarrab Don't pray!

不要祈祷!

练习六

1. 规范化转写与翻译。

(1) *awīlam ubtalliṭ*: He has healed the man. 他救活了这个男人。

(2) *abbutti wardim ugdallib*: He has shaven off a slave-lock of a slave. 他给一个奴隶剃去了奴隶发型。

(3) *kī 'am ulammid-anni*: Thus he taught me. 他教了我这些。

(4) *mukammer nuhšim*: The one who heaps up abundance. 累积丰富（经验）的人。

(5) *murappiš mimma šumšu ana Meslam*: The one who makes everything board for Meslam. 为美斯兰神庙拓宽每件事的人。

(6) *āl-šu uhallaq*: He will destroy his city. 他将摧毁他的城市。

(7) *aššum še 'im ša ussannaqu*: Regarding the barley which will be checked out. 关于这些将被检验的大麦……

(8) *eqlam ṣēnam uṣṭākil*: I let sheep and goats eat the field. 我让羊群啃了这块地。

(9) *mušaršid šubat* ^{uru}*Kiš*^{ki}: The one who has founded the dwelling of Kish. 奠定基什住处的人。

(10) *šarrūtam dārītam ša kīma šamê u erṣetim išdā-ša šuršudā*: The everlasting kingship foundation of which established like the heaven and the earth. 基础像天与地一样建立的长久的王权……。

(11) *mušalbiš warqim gigunē* ^{d}*Ayya*: The one who has clothed the terrace temple of Ayya in green. 为阿亚的塔庙披上绿装的人。

(12) *mušaddil mēreštim*: The one who has widened the field. 拓宽田地的人。

(13) *mušaklil terētim*: The one who made divination perfect. 使预兆完善的人。

(14) *šū-ma illak*: He will go. 他将走。

(15) *umma šū-ma*: his saying…他的话如下……

(16) *sarrūtim šunūti*: those liars 那些说谎者（宾属格）

(17) *kīma yâti*：like me 像我

(18) *ana kâšim*：for you 为你

2. 写出 *šapārum* 的 D，Dt，Š 头，Š 头加 t 词干的词形变化，并写出 D 词干过去时和 Š 头词干完成时人称变位。

时　态	D	Dt	Š	Št
将来时	**ušappar*	*uštappar*	*ušašpar*	*uštašpar*
过去时	*ušappir*	*uštappir*	*ušašpir*	*uštašpir*
完成时	*uštappir*	**uštatappir*	*uštašpir*	**uštatašpir*
动名词	*mušappirum*	*muštappirum*	*mušašpirum*	*muštašpirum*
命令式	*šuppir*	*šutappir*	*šušpir*	*šutašpir*
不定式	*šuppurum*	*šutappurum*	*šušpurum*	*šutašpurum*
动形词	*šuppurum*	*šutappurum*	*šušpurum*	*šutašpurum*
状态式	*šuppur*	*šutappur*	*šušpur*	*šutašpur*

D 词干过去时

	单　数	复　数
第三人称阳性	**ušappir*	*ušappirū*
第三人称阴性		*ušappirā*
第二人称阳性	*tušappir*	*tušappirā*
第二人称阴性	*tušappirī*	
第一人称共性	*ušappir*	*nušappir*

Š 头词干完成时

	单　数	复　数
第三人称阳性	*uštašpir*	*uštašpirū*
第三人称阴性		*uštašpirā*
第二人称阳性	*tuštašpir*	*tuštašpirā*
第二人称阴性	*tuštašpirī*	
第一人称共性	*uštašpir*	*nuštaašpir*

3. 翻译为阿卡德语。

(1) *uballiṣ-sunūti*
(2) *ubtallitū*
(3) *išdīn urappiš*
(4) *errēšū erṣetam ušaklalū*
(5) *mannum kīma kâti*
(6) *dayyānānu*
(7) *dayyānū-ka nīnu*
(8) *ṣubātam ulabbišanni*
(9) *ṣubātam yâti ulabbišū-ni*
(10) *uhtalliq*
(11) *ālam uhalliq*
(12) *anāku uhalliq-šu*
(13) *kaspam yâšim iddinū-nim*

4. 翻译下面的楔形文字。

(1) *a-al-šu ú-hal-la-aq*
āl-šu uhallaq
He will destroy his city.
他将摧毁他的城市。

(2) *a-bi-ni*
abi-ni
our father
我们的父亲

(3) *ki-a-am ú-la-am-mi-da-an-ni*
Kī 'am ulammid-anni
Thus he taught me.
他教我这些。

(4) mí/munus *šu-a-ti*
sinništam šuāti
that woman
那个女人（宾格）

(5) *mi-im-ma šum-šu*
mimma šumšu
everything
每件事

(6) *um-ma šu-ú-ma*
umma šū-ma
his saying...
他所说的话是……

(7) *ú-ra-ap-pí-iš*
urappiš
He made broad.
他拓宽了。

(8) *mu-šal-bi-iš wa-ar-qí-im*
mušalbiš warqim
The one who clothes in green.
使（城市）穿上绿妆的人。

(9) *mu-ša-ad-di-il me-re-eš-ti-im*
mušaddil mēreštim
The one who enlarges the cultivated land.
扩大耕地的人。

(10) *ab-bu-ti* arad
abbuti wardim
the slave-lock of a slave
奴隶的发型

练习七

1. 规范化转写与翻译。

(1) *innaddin*：He will be given. 它将被给予。

(2) *attalbiš-am siriyam*：I have wore on myself the armor/mail. 我为我自己穿上了铠甲。

(3) *ul iššaqqil*：It will not be paid. 它（银子）将不被称付。

(4) *ittaṣbat*：He has been seized. 他已经被抓住了。

(5) *lizzamir*：May it be sung! 愿它被歌颂！

(6) *sattukkī imtanahharū*：They will always receive offering. 他们将连续地接受日常供奉。

(7) *limtahharū*：May they always receive! 愿他们连续接受（祭品）！

(8) *Yašub-[d]Dagan ana Imar[ki] kayyāniš iššanappar*：Yašub-[d]Dagan will continually be sent to Imar. 亚舒卜达干将被连续地派往伊马尔国。

(9) *ana dullī bīti-šu issanahhur*：He will care constantly for the work of his house. 他将经常关心他家的工作。

(10) *ana ahi-ya aštanappar*：I will write to my brother. 我将常常给我兄弟发信。

(11) *ana balaṭi-ka mūšam u urram aktanarrab*：I will keep praying for your life day and night. 我将日夜为你的生命祈祷。

(12) *ana mīnim libba-ki imtanarraṣ*：Why will your heart be grieve constantly? 为什么你的心总是难过？

(13) *Anum u [d]Ellil ana [d]Marduk ippalsū-šum*：Anum and Enlil looked at Marduk. 安努和恩利勒看着马尔杜克。

(14) *mimma ša išqulu*：Something he weighed. 他称出的东西。

(15) *mimma bīšam*：some propert 一些财产（宾格）

(16) *šumma awīlum ša mimmûšu halqu mimmâšu halqam ina qāt*

awīlim iṣṣabat：If a man，whose property is lost，has seized his lost property in the hand of a man，…如果一个男人，他的财产丢失了，却在（另一个）男人手中找到了，……

（17）*mimma awīlī šarûtim lā taṭarrad*：Do not send rich men at all！千万不要派富人们！

（18）*mala izkuru*：All that he spoke…他所说的一切……

（19）*mimma mala izkuru*：All the things that he said…他所说的所有事情……

（20）*mimma libba-ka lā inakkud*：Let your heart not be worried at all. 你心千万不要心忧！

（21）*kabtum u rubûm mamman ša qaqadī lā ukabbitu ul ibašši*：There are no some noble and prince who will not honor me. 没有任何一个王公和贵族不尊重我。

（22）*innaddiš-šum*：It will be given to him. 它将被给予他。

2. 变位。

ṣabātum　*paqādum*　*kašādum*

N头词干

时　态	**ṣabātum**	**paqādum**	**kašādum**
将来时	*iṣṣabbat*	*ippaqqid*	*ikkaššad*
过去时	*iṣṣabit*	*ippaqid*	*ikkašid*
完成时	*ittaṣbat*	*ittapqid*	*ittakšad*
动名词	*muṣṣabtum*	*muppadum*	*mukkašdum*
命令式	*naṣbit*	*napqid*	*nakšid*
不定式	*naṣbutum*	*napqudum*	*nakšudum*
动形词	*naṣbutum*	*napqudum*	*nakšudum*
状态式	*naṣbut*	*napqud*	*nakšud*

-tn-词干

时　态	**ṣabātum**	**paqādum**	**kašādum**
将来时	*iṣṣanabbat*	*iptanaqqid*	*iktanaššad*
过去时	*iṣṣabbat*	*iptaqqid*	*iktaššad*
完成时	*iṣṣatabbat*	*iptataqqid*	*iktataššad*
动名词	*muṣṣabbitum*	*muptaqqidum*	*muktaššidum*
命令式	*ṣitabbat*	*pitaqqad*	*kitaššad*
不定式	*ṣitabbutum*	*pitaqqudum*	*kitaššudum*
动形词	*ṣitabbutum*	*pitaqqudum*	*kitaššudum*
状态式	*ṣitabbut*	*pitaqqud*	*kitaššud*

3. 翻译阿卡德语。

(1) *šumšu ippašiṭ*　　(2) *šumī ittapšiṭ*

(3) *šū immahiṣ*　　(4) *mamman ul imtanahhas-su*

(5) *mimma ul ilmad*　　(6) *ana kaspišu mušam u urram issanahhur*

(7) *ālī uhtanallaq*　　(8) *ultammidū yāti*

(9) *ippalisū yāti*

4. 翻译下面的楔形文字。

(1) *šum-ma a-wi-lum ša mi-im-mu-šu hal-qú mi-im-ma-šu hal-qá-am i-na qá-ti-šu iṣ-ṣa-ab-at šumma awīlum ša mimmû-šu halqu mimmâ-šu halqam ina qāti-šu iṣṣabat*

If a man, whose property is lost, has seized his lost property in his hand, ...

如果一个丢失了其物品的人在他的手中找到了其丢失的物品，……

(2) *mi-im-ma a-wi-li ša-ru-ti-im la ta-ṭa-ra-ad*

mimma awīlī šarûtim lā taṭarrad

Do not send rich men at all!

千万不要派富人去！

(3) *ma-la iz-ku-ru*

mala izkur-u

All that he said.

所有他说的…….

(4) *im-ta-na-ha-ru*

imtanahharū

They will receive constantly.

他们将经常收到。

(5) *i-ma-ar*

Imar

Imar

伊马尔

(6) *a-na a-hi-ia iš-ta-na-ap-pa-ar*

ana ahi-ya ištanappar

He will write to my brother constantly.

他将经常给我哥哥发信。

(7) *ni-iš* diĝir *u-ul iz-ku-ur*

nīš ilim ul izkur

He didn't swear by the name of god.

他没有以神的名起誓。

(8) *tu-hal-la-aq*

tuhallaq

You will destroy.

你将摧毁。

(9) *is-sa-na-ah-hu-ur*

issanahhur

He will search constantly.

他将总是寻找。

练习八

1. 规范化转写与翻译。

(1) *zēr šarrūtim ša* ^d^*Sîn ibnû-šu*：The seed of kingship which Sin built，… 月神辛创造的王权的种子，……

(2) *ša šurqam ina qāti-šu imhuru*：The one in whose hand he received the stolen object. 那个他从其手中接受了赃物的人。

(3) *šu igmilu nišī Mera*[ki]：He who showed mercy to the people of Mari.（我是）那个宽恕了马瑞人民之人。

(4) *ša epšētu-šu eli Ištar ṭābā*：The one whose deeds are pleasant to Ištar.（我是）其事业使伊什塔尔高兴的人。

(5) *ṣehr-ēku*：I am small. 我是小的。

(6) *islimû*：They were friendly. 他们是友好的。

(7) *ilqe*：He took. 他拿走了。

(8) *ileqqe*：He will take. 他将拿走。

(9) *iltaqe*：He has taken. 他已经拿走了。

(10) *ilqû*：They took. 他们拿走了。

(11) *ipte*：He opened. 他打开了。

(12) *ittepte*：He has opened. 他已经打开了。

(13) *mārī-ša urabbâ*：She will raise her sons. 她将养大她的儿子们。

(14) *ištu mārī-ša urtabbû*：After she has raised their sons. 在她养大她的儿子们之后。

(15) *ibaššû*：He will be… 他将是……

(16) *uštabši*：He has produced. 他已生产了（谷物）。

(17) *ibbaššû*：They will become… 他们将成为……

(18) *ittabši*：He has become… 他已经成为……

(19) *ilū ušarbû-šu*：Gods made him great. 众神使他伟大。

(20) *muhaddi libbi* ^d^*Ištar*：The one who makes the heart of Ištar happy. 使伊什塔尔的心高兴的人。

(21) ^{d}*Dagan bāni-šu*：Dagan, his creator. 达干是他的建造者。

(22) ^{d}Íd *išalli-am-ma*：He will jump to the Holy river. 他将跳入圣河中（接受考验）。

(23) *ina kussê dayyānūti-šu ušetbû-šu*：They will raise him up from his seat of the judgeship. 他们将把他从法官的座位上赶走。

(24) *ina bīti-šu iktala-šu*：He has detained him in his house. 他把他扣留在他房子里。

(25) *irdam*：He led. 他引导。

(26) *irtede*：He has led. 他已经引导了。

(27) *irtaši*：He has acquired. 他已经获得了。

(28) *imannu-ši*：He will count her (as a slave). 他将把她当做（战利品）。

(29) *eštenemme tazzimta-ka*：I constantly hear the complaint about you. 我总是听到关于你的抱怨。

(30) *tazzimta-ka lā eštenemme*：Don't let me hear repeatedly the complaint about you! 不要让我总是听到关于你的抱怨！

2. 变格。

bašûm

时　态	G	D	Š	N
将来时	*ibašši*	*ubašša*	*ušabša*	*ibbašši*
过去时	*ibši*	*ubašši*	*ušabši*	*ibbaši*
完成时	*ibtaši*	*ubtašši*	*uštabši*	*ittabši*
命令式	*biši*	*bušši*	*šubši*	*nabši*
状态式	*baši*	*buššu*	*šubšu*	*nabši*
不定式	*bašûm*	*buššûm*	*šubšûm*	*nabšûm*
动名词	*bāšûm*	*mubaššûm*	*mušabšûm*	*mubbašûm*

时　态	Gt	Dt	Št	Ntn	Gtn
将来时	*ibtašši*	*ubtašša*	*uštabša*	*ittanabši*	*ibtanašši*
过去时	*ibtaši*	*ubtašši*	*uštabši*	*ittabši*	*ibtašši*
*完成时	**ibtassi*	**ubtatašši*	**uštatabši*	**ittatabši*	**ibtatašši*
命令式	*bissi*	*butašši*	*šutabši*	*itabši*	*bitašši*
状态式	*bissu*	*butaššu*	*šutabšu*	*itabšu*	*bitaššu*
不定式	*bissum*	*butaššûm*	*šutabsûm*	*itabšûm*	*bitaššûm*
动名词	*mubtašûm*	*mubtaššûm*	*muštabšûm*	*muttabšûm*	*mubtaššûm*

petûm

时　态	G	D	Š	N
将来时	*ipette*	*upetta*	*ušepta*	*ippette*
过去时	*ipte*	*uptti*	*ušepti*	*ippeti*
完成时	*iptete*	*upatetti*	*uštepti*	*ittepte*
命令式	*pete*	*putti*	*šupti*	*netpi*
状态式	*peti*	*puttu*	*šuptu*	*netpi*
不定式	*petûm*	*puttûm*	*šuptûm*	*neptûm*
动名词	*pētûm*	*mupettûm*	*mušeptûm*	*muppetûm*

时　态	Gt	Dt	Št	Ntn	Gtn
将来时	*iptette*	*uptetta*	*uštepta*	*ittenepte*	*iptenette*
过去时	*iptete*	*uptetti*	*uštepti*	*ittepte*	*iptette*
*完成时	**iptette*	**uptetetti*	**uštetepti*	**ittetepte*	**iptetette*
命令式	*pitte*	*petuetti*	*šutepti*	*itepte*	*pitette*
状态式	*pittu*	*putettu*	*šuteptu*	*iteptu*	*pitettu*
不定式	*pittûm*	*putetúm*	*šuteptûm*	*itepûm*	*pitettûm*
动名词	*muptetûm*	*muptettûm*	*mušteptûm*	*muttetûm*	*muptettû*

3. 翻译为阿卡德语。

(1) *ileqqe* (2) *ileqqû* (3) *ilqe*

(4) *leqe* (5) *illelqe* (6) *libbī uhaddâ*

(7) *huddi-šunūti*

(8) *awīlum ša kaspa-šu iklû*

(9) *sinništum sarratum ša mārī-ya urabbû*

(10) *imannu*

(11) *ul ipte*

4. 翻译下面的楔形文字。

(1) *iš-tu* dumu^{meš}*-ša úr-ta-ab-bu-ú*

ištu mārī-ša urtabbû

After she has raised her sons.

在她养大她的儿子们之后。

(2) *šu-úr-qá-am im-hu-ur*

šurqam imhur

He received the stolen object.

他接受了赃物。

(3) *ni-ši Me-ra*^{ki} *ig-mi-il*

nišī Mera^{ki} *igmil*

He showed mercy to the people of Mari.

他宽恕了马瑞国的人民。

(4) ^{m}*Gi-mil* -^{d}30

Gimil-^{d}*Sin*

Gimil-Sin

吉米勒辛（人名）

(5) *ša ep-še-tu e-li* ^{d}*Iš*$_{8}$*-tár ṭa-ba*

ša epšētu-šu eli ^{d}*Ištar ṭābā*

The one whose deeds are pleasant to Ištar.

其事业上使伊什塔尔高兴的人。

(6) numun *šar-ru-tim ša* ^{d}*Sîn* (30) *ib-ni-ú-šu*

zēr šarrūtim ša Sîn ibni-u-šu

The seed of kingship which Sin created, ...

月神辛创建的王权的种子，……

(7) *ṣe-eh-re-ku*

ṣehr-ēku

I am small.

我是小的。

(8) *ib-ba-aš-šu-ú*

ibbaššû

They are here.

他们在那儿。

练习九

1. 规范化转写与翻译。

(1) *iddâk*: He will be killed. 他将被杀。

(2) *muṭīb libbi* ᵈ*Marduk*: The one who makes Marduk's heart pleasant. 使马尔杜克神的心高兴的人。

(3) *mukīn išdī Sipparim*: The one makes the foundations of Sippar firm. 使西帕尔基础牢固的人。

(4) *šīr nišī utīb*: He gave joy to the people. 他给人民欢乐。

(5) *irâb*: He will replace. 他将代替。

(6) *ašâm*: I will buy. 我要买。

(7) *ištām*: He has bought. 他已经买了。

(8) *itâr ana bēli-šu*: He will return to his lord. 他将回到他的主人身边。

(9) *māt-su ana tilli abūbim litēr*: May he make his land turn into an old tell! 愿他把他的土地变成洪水过后的废丘（古老的遗址）!

(10) *mutēr Eridim ana ašri-šu*: The one who restores Eridu to his place. 在其（原）地上重建埃利都的人。

(11) *izūzzū*: They will divide. 他们将分到。

(12) *izūzū*: They divided. 他们分到了。

(13) *ul izâz*: He will not receive a share. 他将得不到一份财产。

(14) *idūkkū*: They will kill. 他们将杀。

(15) *šumma šinništum mus-sa izêr*: If a woman hates her husband, … 如果一个女人恨她的丈夫，……

(16) *mus-sa ušdīk*: She caused her husband to be killed. 她让人杀死了她的丈夫。

(17) *uštamīt*: She has caused someone to die. 她导致了某人的死。

(18) *murīš Barsipa*: The one makes Barsipa rejoice. 使波尔西帕高兴的人。

(19) *uwēr-anni*: He will instruct me. 他将指示我。

(20) *šā 'im šīmat mātim*: The one who has determined the fate of the land. 决定土地命运的人。

(21) *ana* ^d*Marduk Ellilūt kiššat nišī išīmū-šum*: They determined (to grand) for Marduk the Ellil-ship of all the people. 他们为马尔杜克确定了全世界人民的恩利勒神王权。

(22) *zikram u sinništam mamman lā iša 'am*: No one will determine the fate of a man or a woman. 没有人将决定男人或女人的命运。

2. 词形。

(1) *errēšum*: *parrās* type
(2) *šarrāqānum*: *parrās*+*ān* type
(3) *šaknum*: *paris* type
(4) *nēmelum*: *pāris* type
(5) *teptītum*: *taprisum* type
(6) *šīmtum*: *piristum* type

3. 翻译成阿卡德语。

(1) *idâk*
(2) *idukkū*
(3) *idūk*
(4) *idūkū*
(5) *iddūk*
(6) *iddūkū*
(7) *ušamīt*
(8) *ušdakkū*
(9) *ušdīk*
(10) *ušdīkū*
(11) *utâr*
(12) *uttarū*
(13) *utīr*
(14) *utirrū*
(15) *ištu šī niššu uṭību-ma itti-šu izzūz*

4. 翻译下面的楔形文字。

(1) *mu-ṭi-ib li-ib-bi* ^dAmar-Utu

muṭīb libbi Marduk

The one makes Marduk's heart pleasant.

使马尔杜克神心情愉快的人。

(2) *mu-sà uš-di-ik*

mus-sa ušdīk

She caused death of her husband.

她让人杀死了她丈夫。

(3) *ši-ir ni-ši ú-ṭi-ib*

šīr nišī uṭīb

He made the body of the people pleasant.

他给人们欢乐。

(4) *a-na be-lí-šu ú-ta-ar-ru-šu*

ana bēli-šu utarrū-šū

They will make him return him to his lord.

他们将把他还给他的主人。

(5) *ša-i-im ši-ma-at še*

šā 'im šīmat še 'im

The one who determines the fate of the barley.

决定大麦命运的人。

(6) *li-te-er*

litēr

May he restore!

愿他重建（送回）!

(7) ᵈ*En-líl-ut ni-ši*

Enllilūt nišī

The Enllil-ship of people.

对人民的神王统治权。

(8) *ú-ul i-za-az*

ul izâz

He will not divide a share.

他将不得分割财产。

练习十

1. 规范化转写与翻译。

(1) *ana išātim innaddi*: He will be thrown in the fire. 他将被扔进火里。

(2) *šumma nērtam eli-šu iddi*: If he accused him of murder, …如果他起诉他谋杀，……

(3) *ša eli-šu kišpī iddû*: The one whom he accused of sorcery…被他以巫术罪起诉的人……

(4) *inaddû-ši*: They shall throw her. 他们应该扔她。

(5) *ittadin*: He has given. 他给予了。

(6) *inaddin*: He will give. 他将给予。

(7) *iddin*: He gave. 他给了。

(8) *ittandin*: He has been given. 他已经被给予了。

(9) *inaddiš-ši*: He will give her (to someone). 他将把她给（人）。

(10) *eqlētim idna-šunūšim*: Give them the fields! 给他们土地！

(11) *idin*: Gave! 给！

(12) *idiš-šum*: Gave to him! 给他！

(13) *šuttam iṭṭul*: He saw a dream. 他看见了一个梦。

(14) *ittakir*: He has been in enmity. 他一直是充满敌意的。

(15) *tamkārum ippal*: The merchant will pay. 商人将付钱。

(16) *ītamar*: He has seen. 他已经看见了。

(17) *īhuz*: He took. 他娶/取走了。

(18) *ihhaz*: He will take. 他将娶/取走。

(19) *ana Id illak*: He will go to the river. 他将走进河里。

(20) *ana šīmtim ittalak*: He has gone to (his) fate. 他走到了命运（终点＝死了）。

(21) *ittallak*: He will go away. 他将离开。

(22) *warka abum ana šīmtim ittalku*: After father died, … 在父

亲走到了命运终点（死）后，……

（23） *šumma kunukkam ušēzib*：If he made the documents be left，...如果他留下了加盖印章的文件，……

（24） *irriš*：He will wish. 他将要求/耕种。

（25） *īterub*：He has entered. 他已经进来了。

（26） *ušerreb-ši*：He will cause her to enter. 他将让她进来。

（27） *īpuš*：He did. 他做了。

（28） *awātim šināti epšā*：Do that！你们，做那件事！

（29） *mubbib šuluh É-Abzu*：The one who has purified the ritual of the temple of Abzu. 使阿布朱神庙典礼净化的人。

（30） *muddiš É-babbar*：The one who has renewed the temple of É-Babbar. 更新巴巴尔神庙的人。

（31） *ana šutēšur nišī*：To keep the people in order. 使人民有秩序。

2. 变位。

ezēbum

时　态	G	D	Š	N
将来时	*izzib*	*uzzeb*	*ušezzeb*	*innezzib*
过去时	*īzib*	*uzzib*	*ušēzib*	*innezib*
完成时	*ītezib*	*ūtezzib*	*uštezib*	*ittenzib*
命令式	*ezib*	*uzzib*	*šūzib*	*nenzib*
状态式	*ezib*	*uzzub*	*šūzub*	*nenzub*
不定式	*ezēbum*	*uzzubum*	*šūzubum*	*nenzubum*
动名词	*ēzibum*	*muzzibum*	*mušēzibum*	*munnezbum*

时　态	Gt	Dt	Št	Gtn
将来时	*ītezzib*	*ūtezzeb*	*uštezzeb*	*ītenezzeb*
过去时	*ītezib*	*ūtezzib*	*uštēzib*	*ītezzib*
（完成时）	（*ītetezzib*）	（*ūtetezzib*）	（*uštetezib*）	（*ītetezzib*）

续 表

命令式	*ezzib*	*utezzib*	*šutēzib*	*etezzib*
状态式	*ezzab*	*utezzub*	*šutēzub*	*etezzub*
不定式	*ezubum*	*utezzubum*	*šutēzubum*	*etezzub*
动名词	*mūtezbum*	*mūtezzibum*	*muštēzibum*	*mūtezzibum*

G 过去时

单 数		复 数	
第三人称共性	*īzib*	第三人称阳性	*īzibū*
第二人称阳性	*tēzib*	第三人称阴性	*īzibā*
第二人称阴性	*tēzibī*	第二人称共性	*tēzibā*
第一人称共性	*ēzib*	第一人称共性	*nīzib*

nadānum

时 态	G	D	Š	N
将来时	*inaddin*	*unaddan*	*ušaddan*	*innaddin*
过去时	*iddin*	*unaddin*	*ušaddin*	*innadin*
完成时	*ittadin*	*uttaddin*	*uštaddin*	*ittadin*
命令式	*idin*	*nuddin*	*šuddin*	*nandin*
状态式	*nadin*	*nuddun*	*šuddun*	*nandum*
不定式	*nadānum*	*nuddunum*	*šuddunum*	*nandunum*
动名词	*nādinum*	*munaddinum*	*mušaddinum*	*munnadnum*

时 态	Gt	Dt	Št	Gtn
将来时	*ittaddin*	*uttaddan*	*uštaddan*	*ittanaddin*
过去时	*ittadin*	*uttaddin*	*uštaddin*	*ittaddin*
（完成时）	（*ittataddin*）	（*uttataddin*）	（*uštataddin*）	（*ittatadin*）
命令式	*iddin*	*nutaddin*	*šutaddin*	*itaddin*

续 表

状态式	*iddun*	*nutaddun*	*šutaddun*	*itaddun*
不定式	*iddunum*	*nutaddunum*	*šutaddunum*	*itaddunum*
动名词	*muttadnum*	*muttaddinum*	*muštaddinum*	*muttaddinum*

G 过去时

单 数		复 数	
第三人称共性	*iddin*	第三人称阳性	*iddinū*
第二人称阳性	*taddin*	第三人称阴性	*iddinā*
第二人称阴性	*taddinī*	第二人称共性	*taddinā*
第一人称共性	*addin*	第一人称共性	*niddin*

3. 规范化翻译成阿卡德语。

(1) *šuttam iṭṭul mās-su ītezib*

(2) *mannum sarram ana ekal šarrim ušērib*

(3) *marāt šarrim bīt ilim ubbib*

(4) *Šamaš nišī tuštešser*

(5) *išdī bītim uddiš*

(6) *šumma awīlum šu nērtam eli-ya iddi iddâk*

(7) *warka šinništam ītahzu itti-ša ikkir*

(8) *ana mīnim bīt ilim lā ūtebbib*

4. 翻译下面的楔形文字。

(1) *a-na i-ša-tim in-na-ad-di*

ana išātim innaddi

He will be thrown to the fire.

他将被扔进火里。

(2) *šum-ma ne-er-tam e-li-šu id-di*

šumma nērtam eli-šu iddi

If he accused him of murder, ...

如果他控告他谋杀,……

(3) a-šà$^{hi-a}$ *id-na-šu-nu-ši-im*

eqlētim idnā-šunūšim

Give them the fields!

给他们土地!

(4) dam-gàr *i-ip-pa-al*

tamkārum ippal

The merchant will pay.

商人将付钱。

(5) *šum-ma ku-nu-uk-kam ú-še-zi-ib*

šumma kunukkam ušēzib

If he had a document left, ...

如果他留下了加盖印章的文件,……

(6) *i-ta-mar*

ītamar

He has seen.

他已经看见了。

(7) i-hu-uz

īhuz

He took.

他取/娶了。

练习十一

1. 规范化转写与翻译。

(1) *zā 'irī-šu uwaššar*：He will release his enemies. 他将释放他的敌人们。

(2) *ūtaššar*：He is released. 他被释放。

(3) *amas-su ša mārī uldu-šum*：His woman slave who bore sons for him. 那个为他生了儿子们的他的女奴。

(4) *ittalad*：She has born. 她已经生了。

(5) *šumma mārī lā ūlid*：If she has not given brith to sons，… 如果她没有生儿子们，……

(6) *šumma mārī ūlis-sum*：If she bore sons to him，… 如果她给他生了儿子们，……

(7) *ublam*：He brought. 他带来了。

(8) *ubbalū*：They will carry. 他们将拿走。

(9) *uššab*：He will sit. 他将坐下。

(10) *ušātirū-šu*：They made it excessive. 他们使它超过了。

(11) *dannum enšam ana lā habālim*：In order that the strong will not oppress the weak. 为了强不能压弱。

(12) *ana mātim nuwwurim*：To enlighten the land. 为了照亮国土。

(13) *ana šīr nišī ṭubbim*：In order to make people happy. 为了使人民快乐。

(14) *purussê mātim ana parāšim*：To make the decision of the land. 为国家作决定。

(15) *kibrāt erbettim*：the four world-regions 四方

(16) *šar kibrātim arba 'im*：the king of the four world-regions 四方之王

(17) *adi 30-šu inaddin*：He shall give 30 times as much. 他将给 30 倍。

(18) *šaluštum*：1/3

（19） *ina rebūtim šattim*：in the fourth year 在第四年

（20） *rebūtum šattum*：fourth year 第四年

（21） *ša šattim ištiat*：that of one year 一年的租金

（22） *šittīn inaddin šaluštam ileqqe*：He will give 2/3，will take 1/3. 他将给出 2/3，拿走 1/3。

（23） 4 *sūt še 'am*：4 seabs of barley 4 斗大麦

（24） *šina qâ še 'am*：2 litres of barley 2 升大麦

（25） *ištēn manā kaspam*：1 mina of silver 1 斤银

（26） *šalšat manā kaspa*：1/3 mina of silver 1/3 斤银

（27） *ešer šiqil kaspum*：10 sheqels of silver 10 锱银

（28） *ešrīšu aštappar-akkim*：I kept sending ten times to you. 我一直给了你 10 倍之物。

2．变位。

时　态	G	Gt	Gtn	N	Ntn
将来时	*ullad*	*ittallad*	*ittanallad*	*iwwallad*	*ittanallad*
过去时	*ūlid*	*itlad*	*ittallad*	*iwwalid*	*ittallad*
完成时	*ittalad*	*ittatlad*	*ittatallad*	……	……
命令式	*lid*	*talad*	*itallad*	……	……
状态式	*walid*	*itlud*	*itallud*	……	……
不定式	*walādum*	*itludum*	*italludum*	……	……
动名词	*wālidum*	……	*muttalidum*	……	……

3．翻译阿卡德语。

（1） *ina māt Hatti uššab*

（2） *ana šamê ubbalū-nim*

（3） *ištu iwwaldu mimma ul izzakar*

（4） *kussâ-šu u haṭṭ-šu ušābilam*

（5） *sattukkī ušātir*

4. 翻译。

(1) *ana hulluq za*(2)*irīšu kašād šarrim*

(3) *ina tebê-ka* (4) *ana epēš bītim*

5. 翻译下面的楔形文字。

(1) géme-*sú ša* dumu-meš *ul-du-šum*

amas-su ša mārī uldu-šum

His slave woman who bore sons for him.

为他生了儿子们的他的女奴。

(2) lugal *ki-ib-ra-tim ar-ba-im*

šar kibrātim arba 'im

king of the four world-regions

四方之王

(3) *pu-ru-sé-e ma-tim a-na pa-ra-si-im*

purussē mātim ana parāsim

To make the decision of the land,...

为了国家作出的决定，……

(4) igi-8-gál

samuntum

one eighth

1/8

(5) *dan-nu-um en-ša-am a-na la ha-ba-lim*

dannum enšam ana lā habālim

In order that the strong will not oppress the weak.

为了强不能压弱。

(6) 10 gín kù-babbar

ešer šiqil kaspum

10 sheqels of silver

10 锱银子

(7) *šum-ma* dumu^{meš} *ú-li-súm*

šumma mārī ūlis-sum

If she bore sons to him，...

如果她给他生了儿子们，……

(8) *aš-ta p-pa-ra-ak-ki-im*

aštappar-ak-kim

I kept writing to you.

我一直给你写信。

(9) lú$^{-lum}$ lú $^{-lam}$ *ú-wa-aš-še-er*

awīlum awīlam uwaššer

The man has released a man.

这个男人释放了一个男人。

练习十二

1. 规范化转写与翻译。

(1) *ṣābum kalû-šu*：all the soldiers 所有士兵

(2) *gimir mātim*：all the land 所有土地

(3) *gimir ṣābim ša mātim kalî-ša*：All the soldiers at all the land 所有土地上的所有士兵。

(4) *rubûm ša nīš qāti-šu Adad idû*：The prince whose prayer Adad knows. 那个其祈祷为阿达德所知的王公……

(5) *mušēṣi nūrim ana māt Šumerim u Akkadim*：he who sent the light over the land of Sumer and Akkad...发出光辉笼罩苏美尔和阿卡德之人……

(6) *šumma nērtam eli-šu iddī-ma lā uktīn-šu*：If he accused him of murder but he could not proved (it) in him，... 如果他控告他谋杀却又不能证明他（的罪），……

(7) *šumma dayyānum dīn-šu īteni*：If a judge has changed his judgement，... 如果一位法官改变了他的判决，……

(8) *ītelli*：He will forfeit... 他将丧失……

(9) *ana waṣêm*：In order to go out，... 为了出去，……

(10) *ālam ušeṣṣû-šu*：They shall cause him to go out of the city. 他们将让他出城。

(11) *mīšaram ina mātim ana šūpîm*：In order to make justice visible in the land，... 为了在国土中彰显正义，……

(12) *ana numēt bēl bītim īn-šu iššī*：He coveted household goods of the owner of the house. 他眼盯（贪求）房子主人的财产。

(13) *šumma awīlum ina dīnim ana šībūt sarrātim ūṣi'am*…：If a man in a judgement came out to a judgement-for a false witness，... 如果一个人出席审判做伪证，……

(14) *aran dīnim ittanašši*：He will keep bearing the punishment of the judgement. 他将持继承受该案件的惩罚。

(15) *ša ūmīšu izzazu ana* É-babbar：The one who serves the temple of Babbar everyday... 每天为“光明房”神庙服务的人……

(16) *ina šutti-ya Bēlet-bīri izzizz-am*：Lady of the divination stood before me in my dream. 预言女神在我梦里出现在我面前。

(17) *ina pānī bīti-ya tazzaz*：You will stand in the front of my house. 你将站在我家前面（服务）。

(18) *alpū ša mahri-ka izzazzū*：The oxen that stand before you. 站在你面前的公牛。

(19) *ešmē-ma attaplsah*：After I heard，I prostrated myself。在我听见后，跪下了。

(20) *ana Bābilim allak ū abbalakkat-am*：I shall go to Babylon and revolt. 我要去巴比伦并起义。

2. 翻译成阿卡德语。

(1) *ibbalakkat*	(2) *ušbalkitū-šunūti*	(3) *šahur*
(4) *ušharrar*	(5) *ušharrir*	(6) *gimir mātim īde*
(7) *waṣâm ul ile 'i*	(8) *izzizz-am*	(9) *šarram uqa "û*

3. 翻译下面的楔形文字。

(1) gud-hi-a *ša ma-ah-ri-ka iz-za-az-zu*

alpū ša mahri-ka izzazzu

The oxen that stands before you.

站在你面前的公牛。

(2) *i-na šu-ut-ti-ia* ᵈNin-bi-ri *iz-zi-iz-za-am*

ina šutti-ya Bēlet-biri izzizz-am

Lady of divination stood before me in my dream.

预兆女神在我梦里出现在我面前。

(3) *gi-mi-ir ṣa-bi-im ša* Ká-dingir-raᵏⁱ uru *ú-še-ṣa-am gimir ṣabim*

ša Bābilim ālam ušēṣâm

He caused all the soldiers of Babylon to come out of the city.

他让巴比伦所有的士兵出城。

（4）*šum-ma a-wi-lum i-na di-ni-im a-na ši-bu-ut sà-ar-ra-tim ú-ṣi-a-am šumma awīlum ina dīnim ana šībūt sarrātim ūṣi-am*

If a man in a judgement came out for a false testimony，…

如果一个男人在审判中出来做伪证，……

（5）*nu-ma-at be-el* é

numāt bēl bītim

household goods of the owner of the house

房主人的财产

练习十三　中巴比伦和新巴比伦语楔形文字

1-7 规范化转写并翻译中巴比伦信件。

1. *ana* ᵐ*Amil-*ᵈ*Marduk qibī-ma*! *umma šarrum-ma*, *umma ana Amil-*ᵈ*Marduk-ma*:

mār ᵐ*Šadi-ahhū-wa ittī-ka ana Bābili leqâm-ma kuld-a*!

(书吏、你) 对阿米勒马尔都克说! 以下是国王对阿米勒马尔都克说的话:

"带着沙迪阿胡瓦 (意为"我的靠山是我的兄弟们") 的儿子和你一起到巴比伦来!"

单词: *qabû*: *说*;　　*leqûm*: *拿、带*;

kuld-a =OB *kušd-am*: *kašādu* (命令式、单数) *到达、征服*。

2. *ana* ᵐᵈ*Amurru-karābi-išme qibī-ma*! *umma* ᵈ*Enlīl-damiq-ma*:

šibšu ša šamaššammi ša ᵈ*Enlīl-muballiṭ attū-šu u ša šutāpi-šu muššer-ma šû lišbuš*, *attā la tašabbuš*.

对阿穆如卡腊比什美说! 以下是恩利勒达米可的话:

"放开属于恩利勒穆巴里忒本人及其亲属的芝麻税收, 让他 (自己) 收! 你不要收!"

单词: *šibšu* *税收* <*šabāšu* (*u/u*) *收、采*;

šamaššammi *芝麻*;　　*attū* *本人的*;

šutāpu/ *šutāppû*<苏美尔语 **šu-tab**, *亲属*;

muššuru=D only, OB *wuššuru*: *释放、放松*。

3. *arad-ka*: … *ana dinān bēli-ya lullik*! *umma ana bēli-ya-ma*:

eqlētū ša bēlī iddin-a, —— ᵐ*Ubarru ana bēlī-ya iqbû*, *umma*: *eqlēti undeššer* (完成时表示过去), *anāku ul umaššer*, ᵐ*Ubarrū ana errēši iddin*…

你的仆人某某说: 我愿为我主献身 (我愿代替我主去)! (我) 对我主的话如下:

(关于) 我主给我的田地, ——乌巴尔如对我的主人说: "他放弃了田地。”我并没有放弃它（继续耕种），而是乌巴尔如（把它租）给了农民……

单词：***undeššer*** = ****umtaššer***（D词干完成式或Dt词干过去时）；***m*** 在清齿音 ***t*** 前变为凿鼻音 ***n***，然后 *-nta-* 浊化为 *-nde-*，***a*** 变为 ***e***；OB *ūtaššer*；OB *wuššuru* > MB ***muššuru***（D词干）：*释放，放弃*。

4. *ana Amīlīya qibī-ma! umma*ᵐ *Katarsah ahū-ka-ma*：

*ana kâša lū šulmu! ilānū āšibū ina*ᵘʳᵘ *Kār-*ᵈ *Bēli napšati-ka liṣṣurū! umma ana*ᵐ *Amīlīya-ma*：

*ṭuppa ša šarru ušēbil-akku, aššum eqli ša*ᵘʳᵘ*Kaduku, ki pī ṭuppi ša šarru ušēbil-akku hanṭiš šupur-ma arad-ka* ᵐ*Kubbula lā ikallû-ma littalka!*

对阿米利亚说！这是你的兄弟卡塔尔萨赫的话：

“愿平安属于你！愿住在卡尔拜里城（主之港）的诸神保护你的生命！”以下这是对阿米利亚说的话：

国王寄给你的泥板文书是关于卡杜库城的田地。根据国王寄给你的这泥板内容立即下令，让你的仆人不要扣押库布拉，让他离开！

单词：*hanṭiš* < *hamṭiš*：*迅速地*，***m*** *在齿音* ***ṭ*** *前变为凿鼻音* ***n***。

kalû：*扣留，耽搁*

5. *arad-ka* ᵐ*Imguru*：*ana dinān bēli-ya lullik! ana bīt bēli-ya šulmu!*

ᶠ*Qaqqadānitu šēp-ša ikkal-ši*, ᵐ*Huzalu ki elqâ ītamar-ši*（完成时表示过去）. *ṭēm murṣi-ša ki išālu-ši*（过去时在从句）*riksa ki ēsihu urakkasū-ši*…

你的仆人寅古如（说）：我愿为我主献身！愿平安授予我主之家！

喀喀达尼图的脚使她痛苦（咬她）。当我带来胡扎鲁（医生）后，他看了她。在他向她询问了她的病情和发了绷带之后，人们开始包扎她（伤）。……

单词：*akālu*：*吃、咬*；　*leqû* 取、拿、得（注意：*laqā'u*：*遭受*）；

amāru：看、检验； *ṭēmu*：指示、理解、说明、情况；
murṣu：疾病； *šâlu*：问； *esēhu*：分配、指派；
riksu：绷带、包布。

6. *ana bēli-ya qibī-ma*！*umma* [d]*Ninurta-ašarēd arad-ka-ma*：*ana dinān bēli-ya lullik*！
mīna hīṭâ ahṭi（过去时表问句）*ana bēli-ya*？… *yâši bēlī ṭēma akanna iltakn-anni*（完成时表示过去），*umma*：*uṭṭeta u šipātī šunni-ma muhur-šu*！*ana muhhi annīti āla qīp-āku-ma ušēdī*，*tāmerta qīp-āku-ma ušēṣī udû-wa ana bēli-ya yânu u bēlī ide*.
对我的主人说！以下这是你的仆人宁乌尔塔阿沙瑞德说的话：我愿为我主献身！
我对我主犯了什么错？我主命令我如下，说："（你），加倍收取大麦和羊毛！"我委托了城市负担此事并通知了他们。我委托了牧场（的人）并派他们出去了（收羊毛）。但是，这里没有为我主准备的我的麻袋，愿我主知道。"

单词：*hīṭu* A：错误、损害、罪、罚（*hīṭu* B 付款）；
akanna：这样； *iltakn*<*ištakn*<*šakānu*：放置；
uṭṭetu：谷物、大麦； *šīpātu*：羊毛；
šanû 是第二，D *šunnû* 再次做，做两次，加倍；
mahāru：面对、反对、接收；*muhhu*：顶部，
ana muhhi 附加于……， *qâpu*：信任、委托；
wadûm：知道； *udû*：麻袋、工具、设备；

7. **EA 8**：
ana Naphūrurija šār [kur]*Miṣrī ahī-ya qibi-ma*！*umma Burra-Burija šār* [kur]*Karaduniyaš ahū-ka-ma*：*ana jâši šulmu*. *ana kâša mātī-ka bītī-ka aššātī-ka mārī-ka rabûtī-ka sisī-ka narkabātī-ka danniš lū šulmū*！
anāku u ahū-ya itti ahāmiš ṭābūta niddabub，*u annīta niqtabi*，*umma*：*kī abbū-ni itti ahamiš ṭābū*，*nīnnu lū ṭāb-anu*！

inanna tamkārū-a ša itti Ahu-ṭābu tebū（状态式从句）*ina* ^{kur}*Kinahhi ana šīmāti ittaklū*（N词干），*ultu Ahu-ṭābu ana muhhi ahi-ya ītiqū*（过去时从句）*ina āl*^{ki} *Hinnatuni ša* ^{m}*Šum-adda mār Balummē* ^{m}*Šutatna mār* ^{m}*Šarātu ša* ^{uru}*Akka amēlē-šunu ki išpurū*（过去时从句）*tamkārī-ya iddūkū u kasap-šunu ittablū*（完成时表示过去）… *ana pāni-ka kī altapr-ak-ku šitāl-šu-ma liqbâk-ku*！

^{kur}*Kinahhi māt-ka u šarrānu-ša ardūtu-ka. ina māti-ka hummuṣ-aku. sunniq-šunūti-ma kaspa ša itbalū šullim*！*u amēlī ša ardī-ya idūkū*（过去时在从句）*dūk-šunūti-ma dami-šunu tēr*！*u šumma amēlī annûti ul taddūk*（完成时），*iturrū-ma lū harrāna attû-wa u lu* $^{\text{lú.meš}}$*mārē-šipri-ka idukkū-ma ina biri-ni mār-šipri ipparras. u šum-ma inakkirū-ka* 1 *amēla attû-wa* ^{m}*Šum-adda šēpē-šu kī unakkisu*（过去时在从句）*ittu-šu iktala-šu*（完成时表示过去）*u amēla šanâ* ^{m}*Šutatna Akkāyau ina rēši kī ulzizzu ana pāni-šu izzaz, awīlūti šašunu lilqû-nik-kum-ma amur-ma*！

u iâtu šalma lu tīde ana šulmāni 1 *manâ* $^{\text{na4}}$*uqnâ uštēbil-ak-ku. mār šipri-ya hamuṭṭa kuššid-šu šalma ša ahi-ya lu ide-ma*！*mār šipri-ya la takalla-šu*！*hamuṭṭa littallak*！

你，对埃及（米施瑞）王——我的兄弟那坡胡阿如瑞亚说！下面是巴比伦（卡腊杜尼阿什）王——你的兄弟布尔腊布瑞阿什的话：

祝愿平安属于我！祝愿平安属于你本人、你的国家、你的宫廷、你的妻子们、你的儿子们、你的官员们、你的群马、你的战车队！我和我的兄弟互相宣布了朋友关系，我们说了以下的话：让我们像父辈们互相友好那样友好吧！

现在，随阿胡沓布出发的我的商人们被滞留（完成时表示过去）在迦南等决定（*ana šīmāti*），在阿胡塔布向我的兄弟处行进之后，在迦南的欣那图尼城，在巴隆美之子顺阿达与阿克城的沙腊吞之子舒塔特那派遣他们的人（袭击）后，他们杀了我的商人们并夺走了他们的银子。

我火速派遣某某到你面前，请询问他，让他告诉你（情况）！

迦南是你的国家，它的国王们是你的仆人们。在你的国家里，我遭到了抢劫。请审讯他们，请全部补偿他们夺走的银子！请杀掉那些杀掉我仆人的人，请偿还他们的血债！如果你不杀掉这些人，他们将会再次杀掉我的商人或者你的使节，这样，在我们之间（往来）的使节将会被杀光。如果他们对你矢口否认，有个我的人在顺阿达切断的他的脚后被扣留在他处，以及另一个（商）人被阿克城人舒塔特奴役并且仍然在服侍他，让人把这两个人带给你，于是你可以检验他们！

愿你知道我平安的消息！我寄给你一斤天青石作为问候礼。请尽快接见我的使节，这样我就知道我的兄弟是否平安了！不要滞留我的使节，让他们尽快出发！

ultu＝OB *ištu* *从，在……后*；*šâšunu* 予宾格：*(对)这些*；

šâtu 予宾格＝OB *šuātu* *(对)这个*；

MB *ittu*＝OAkk. *ittum*＝OB *itti* *和……一起*。

8. 新巴比伦信件

ana šarri bēli-ya arad-ka šandabakku：

^{d}Enlil ^{d}Nin-urta *u* ^{d}Nusku *ana šarri bēli-ya likrubū*!

šarru īde ša lū ma 'da mar ṣ-āk. lā mar ṣ-āk ana šulmi šarri attalk-an-šu. adû ^{md}*Bēl-usatu ahu-wa u* 10 *mārī banûti ša Nippur ana šulmi šarri bēli-ya altapr-a.*

šarru īde mātāti gabbi ana muhhi māt Aššur izêru-nâši. šēpā-ni ina mātāti gabbi ul ītrid-a(*arādu* Gt) *ašar nillak-a niddâk-a* (N), *umma*：*mīnam-ma šēpī māt Aššur taṣbat-a*? *adu abullī-ya nuptahhi. ana pithi ul nuṣṣu*…… *maṣṣarta ša šarri ninamṣar* (*ninaṣṣar*). *šukkallū u rabûti ša ana akanna šarru išpur-u gabbi ītamrū ana šarri liqbû*! *šarru ana qātī mamma lā umaššer-an-nâši*!

mê ēni yānu, ina ṣummê lā nimât-a. šarru abū-ka mê ša ^{id}*Banīti ittanna-nâši, umma*：*šilihti ša* ^{id} *Banīti ana Nippur hirâ*! ……
enna šarru ana ^{m}*Ubar* ^{lú}*šākin ṭēmi* (^{lú}GAR-UŠ$_{4}$) *ša Bābili lišpur-*

am-ma šilihti ša [id]*Banīti liddin-an-nâši-ma mê itti-šunu nilti*; *ina ṣummê la qātī šarri lā nilli u mātāti gabbi lā iqabbû*: *umma*: *Nippurayyū ša šēpī ša māt Aššur iṣbatū ina ṣummê ana ṣirê* ***indalū*** (***imtalū***).

你的奴仆（尼普尔的）大总管对国王我主（说）：

愿恩利勒、宁乌尔塔和努斯库保佑国王我主！

王知道我病得厉害。（如果）我没有生病，我就会去给王问安。因此，我派我兄弟拜勒乌萨图和十个尼普尔的良家子弟去给国王我主问安。

王知道各国都仇视着我们亚述国，我们的双脚不能下到各个国家。在我们去的地方，我们将被杀死，（他们）说："你为何抓住亚述国的脚?"于是，我们关闭了城门。我们将不从墙洞中逃出，我们要捍卫国王。让那些看到了全部情况的国王派到这里的使节和大人们告诉王（这些情况），请王千万不要放弃我们！

这儿没有水源，我们不愿渴死！你的父亲国王给了我们"幸福渠"之水，说："你们挖一条幸福渠的支渠到尼普尔！"现在，让王给巴比伦总督乌巴尔发令，让他给我们一条"幸福渠"的支渠，这样我们就可以与他们共饮（一江）水！于是，我们就不会因为王遭受渴水，其他的各国就不会说："抓住亚述国的脚的尼普尔人在缺水时只舔了到碗边（的一点水）!"

adû NB，*adi* EA *于是*；

ēnu：*眼，井眼*

la=*ina*：在……中

mâtu：*孔*

mamma：*某人*

naṣāru：*保卫*

šilihtu：*支渠*

šatû：*饮水*

enna：NB，NA=OB *inanna 现在*

herû：*挖*

malû：*满，注入*

arādu 下行

pithu：*洞，墙洞，出口*；

ṣirû：*边，沿*；

usātu：*帮助*

9. *amat šarri ana* [md]*Bēl-ibni*：*šulmu ay-yâši. libba-ka lū ṭāb-ka*!

ina muhhi miṣer ullû ša Gur-asimu ša tuša 'idânni：*ul libbu agā 'i ṭēmu aškun-ka umma: ašša libbū ša aqbâk-ka tētepš (u)-ma tattann-a mīnû lū uṣurātī-ka? enna mīnam-ma ša la pī-ya ana libbi tūrid? attā ša* [lú]*manzaz pānī-ya attā, u puluhtā tīdâ, libbu agā 'i tētepuš! u ša la īdû akkā 'ī ippuš! … ša* [md]*Sîn-dīni-epuš ippušū amur-ma mimma ša ana tarṣi-šu ana epēši ṭābu epuš-ma u ina ūme-šu tammar rēmūt-ka.*

（下面是）王的话，（说）给拜勒伊卜尼：

我很好（“健康属于我”）。愿你的心舒畅！

关于你通知我的古尔阿席穆那面边界的事，我难道没有这样地向你发过命令（我的话）：“根据我对你说过的话你做过并给了的，那些是你的打算?”现在，你，把我口中的命令放到你的心中了吗?你是我面前的仆人，你知道敬畏！你还居然这样做事！无知之人才如此地做事！看一下辛迪尼埃普舒正在做的事！按照他的做法，好好地做事，到那时，你就会看到（我对）你的报酬！

agû: NB*这，这个；* *ašša*: NB =*aššum因为、由于、关于；*
akkā 'i怎样、怎么，这样 *libbu心、愿望、想法、于……中；*
(w)arādu: *向下走；* *enna*=*inanna*: *现在；*
rīmūtu礼物、报答。 *nadānu给、换（钱）、卖*

练习十四　古阿卡德语楔形文字

规范化转写（王铭节选）

1. *Šarru-kīn šar mātim* < *ša* >^{d}*Enlil māhira lā iddin-u-šum*, *tiāmtam alītam u šapiltam* ^{d}*Enlil iddin-u-šum*.

萨尔贡是国家的王，他是恩利勒神没有给他敌手之人，他是恩利勒神给了从上海到下海（的领土）之人。

alītum：OAkk 上面的（*elītum* OB）　　*šapiltum*：下面的

2. *adi-ma pūti tiāmtim 'alappāt Meluha 'alappāt Magan*^{ki} *'alappāt Tilmun*^{ki} *in karīm ši Agade*^{ki} *irkus. Šarru-kīn šarrum in Tuttuli*^{ki} *ana* ^{d}*Dagan uškēn*, *ikrub*; *mātam alītam iddiš-šum*.

他把麦鲁哈的船只、马干的船只、提勒蒙的船只直到海面上所有的（船只）召集到了阿卡德的港口。萨尔贡王在图图勒向达干神跪倒并祈祷了，于是他（达干神）给了他上游（北方）的国土。

adi-ma：OAkk 直到（OB *adi*）

'alappum：OAkk 船（*eleppum* OB）

ši：OAkk 他的（属格）

rakāsu 绑到一起、捆扎、建筑、组织，

3. *u* 50 *iššiakkī u šarram šu-ma iṣbat u in Nagurzam*^{ki} *tāhāzam išni '-am-ma iškun-am-ma iš 'ar u in Urim*^{ki} *uštališ-am-ma imtāhṣ-am-ma iš 'ar*.

他自己捉住了 50 位公侯和该王，然后在那古尔扎姆他再次作战并战胜了（他们）。然后，在乌尔他第三次打击（他们）并取得胜利。

šâru：征服，战胜　　*śū*：OAkk 他（*šû* OB）

śanû：OAkk 再次做（*šanû* OB）

šalāšum：*šullušum* D 第三次做

4. *Rīmuš šar Kiš in* (*a*) *tāhāzim* Urim^{ki} u Umma^{ki} *iš 'ar*; *u* 8040 *eṭlūtim ušamqit*. …*u* Ka-kug *šar* Urim^{ki} *iṣbat*, *u* Kiba-id *iššiakki* Lagaš^{ki} *iṣbat*, *u āl-šuni in 'ar*, … *u in ālī-šuni* 5985 *eṭlūtim*

ušūṣâm-ma ana karāšim iškun.

基什之王瑞穆什在战斗中战胜了乌尔和温马；他打倒 8040 个壮丁……他捉住了乌尔之王卡库格，他捉住了拉格什的公侯基巴伊德，他摧毁了他们（两个王）的城市，从他们的城中，他把 5985 个壮丁赶出来（做奴隶），他把它（城）变成废墟。

karāšum I：军营　　　　　　*karāšum Π*：灾难，废墟

5. *Naram-*[d]*Sîn dannum šar kibrātim arba 'im, šā 'ir 9 tāhāzī in(a) šattim 1; ištum tāhāzī šunūti iš 'ar-u, u šarrī-šunu īkmi-ma mahriš* [d]*Enlil ušērib, in(a) ūmi-šu Lipit-ili mar 'a-šu iššiakki Marad*[ki] *bīt* [d]Lugal-Marda *in* Marad[ki] *ibni. ša ṭuppam šu 'a ušassak-ūni* [d]Šamaš *u* [d]Lugal-Marda *išdī-šu lissuh-ā*（双数）*u zār-šu lilqut-ā*（双数）.

那腊姆辛是强大者、四方之王，一年中赢得九次胜利者。当他赢得这些战斗之后，他捉住了他们的王，并且把他们送到恩利勒神的面前。这时候，他的儿子马拉德的公侯里皮特伊里在马拉德城中建筑了神“马拉德之王”的庙。愿沙马什神和“马拉德之王”两神扔掉这一泥板文书者的根基，并且毁灭他的子孙！

danānum：*是坚硬的；*　　　　　　*erēbu*：*进入，*Š*送入。*

nasāku：*抛弃，扔掉，*Š*使扔。*

6. [d]*Nergal pādan*[d]*Naram-*[d]*Sîn dannim ipte-ma Armanam*[ki] *u Ebla*[ki] *iddiš-šum u Amanam šadû erēnim u tiāmtam alītam iqīš-šum-ma in kakki* [d]*Dagan mušarbi šarrūti-šu Naram-*[d]*Sîn dannum Armanam*[ki] *u Ebla*[ki] *enār. u ištum-ma pūti Purattim nārim adi-ma Ulisim*[ki] *nišī šāt* [d]*Dagan eššiš iqīšu-šum ura iš.*

神涅旮勒打开了强大的那腊姆辛神的道路，并且他送给他阿尔马楠和埃卜拉二城。他赠给他阿马努斯山——雪松之山和上海（地中海）。使用达干神——伟大其王权者的武器，强大的神那腊姆辛毁灭阿尔马楠和埃卜拉二城。从幼发拉底河前面到乌里苏姆城，他使神达干新赠予他的人民幸福。

erēnu：雪松　　　　　　　　　　*eššiš*：（＝*edš-iš*）重新

nahārum：杀（过去时；他杀死 *en 'ar* OAkk）*padānu*：道路

qiāšu：赠给

riāšu：高兴，D使高兴，幸福

šāt 关系代词：……的，阴性复数

7. 古阿卡德语书信

*en-ma Iškun-*ᵈ*Dagan ana Lugala-ra*：

eqlam 'aruš u būlam uṣur！*Apūna-ma Guti 'um-ma-me eqlam ula a 'ruš*，*a taqbi* .... *būlam ana ālim šutarrib*！… *kaspam anaddak-kum*. *ēni nāš* ᵈ*Šar-kali-šari umma*：*šumma būlam Guti 'u itrū*，*in(a)ramāni-ka lū tanaddan-u*.

an-ālim-ma kī allak-am kaspam anaddanu-kum.

u attā būlam ula tanaṣṣar，*išpikī kīnūtim ariš-ka*，*mūbī lu tīde*.

伊什昆达干对卢旮拉（"王"）说了下面的话：

"耕种（我的）田地并且看好牲畜！"此外，愿你不要说："是（因为）库提人（干扰），我才没有耕种田地！"请不停地把牲畜送入城中！我会给你银钱。我真的以神沙尔卡里沙瑞王的名义（起誓）说："如果库提人拿走了牲畜，你本人将付（罚金）！"

当我来到城市时，我将付给你银钱。（如果）你没有看守牲畜，我将向你要求合适的谷物（赔偿）。愿你知道我的警告！

appūna-ma（*appu*＋*nā-ma*）：此外，况且

būlum：牲畜，牛群　　　　　　　*ēni*（＝*anna*）：感叹词，的确

en-ma：（*um-ma* OB）说的话（引语）

erēšu（*i/i*）＝OAkk *arāšu*（*u/a*）：耕种，要求

išpikū：收成，产量

na 'āš OAkk（＝OB *nêšu*＝*nīšu* II）：活着，恢复健康，见 *nīšu*（誓言中用）。

wamā 'um（＝OB *tamû*）：起誓　　　　*umma*：我将起誓

ūma：今天　　　　　　　　　　　*tarû*：拿走，取走

mubû 警告？？

练习十五 古亚述语楔形文字

规范化转写和翻译古亚述的法律契约档案：

1. （婚约档案）*kunuk Enanatim mer 'i Titinari*，*kunuk Šu-^{d}Sîn mer 'i Ili-miti*，*kunuk ^{d}Adad-damiq mer 'i Pilāh-Ištar*.

   ——*^{d}Adad-damiq aššatam mer 'at Ištar-nada ēhuz. aššatam šanītam ula ehhaz. šumma aššatam šanītam ētahaz* 1 *mana kaspam išaqqal. šumma ana warah* 2-kam *lā ittalk-am u dâtam ša aššiti-šu lā ištāl ṣuhārtam ana mutim šanīm iddunū*…

提提那瑞之子埃那那提的圆筒印、伊里米提之子舒辛的圆筒印和皮拉赫伊什塔尔之子阿达德达米喀的圆筒印（在文件上）。

——阿达德达米喀娶了伊什塔尔那达之女做妻子，他将不能再娶另一个妻子。如果他娶了第二个妻子，他将称出1斤银子（赔偿）。如果在两个月中他没有来到并且没有询问他的妻子的消息，他们可以把这个姑娘给另一个丈夫。

单词：*ahāzum* (*u/a*)：*抓住、娶。* *šanītum*：*第二个，别的；*
dâtam(<*id 'û* f.)OA：*信息、通知。*

2. （叔和侄子们分割遗产契约）*Amur-^{d}Šamaš ahu Aguza*，*Aššur-rabi mer 'a Aguza*，*Šu-Ištar Aššur-ṭāb mer 'ū Aguza u ahassunu Gubabtum nīš Alim^{ki} itmû*.

   ana bētim ša Kaniš ša Aššur-rabi wašbu u šīmat abi-šunu u ana mīmma šumšu Amur-^{d}Šamaš ana Aššur-rabi u ahhē-šu mer 'ē Aguza ula ituar，*u mer 'ū Aguza ana Amur-^{d}Šamaš u mer 'ē-šu ana mīmma šumšu ula iturrū. qaqquru ša ṭehī bēt Idi-Aššur mer 'i Kubidi ana bari-šunu izzazū*.

   mahar Kukuwa，*mahar Ili-bani*，{*mahar xx*}，*mahar Aššur-lamassi*

阿古扎之弟阿穆尔沙马什与阿古扎之子阿淑尔腊比、阿古扎之（二）子舒伊什塔尔和阿淑尔沓布和他们的妹妹古巴卜吞以城邦（阿淑尔）的名义起誓（约定如下）：

对于阿淑尔腊比（长子）居住的、在卡尼什城的房子和他们父亲的财产以及对于（他们的 ）任何物品，阿穆尔沙马什（叔叔）将不能对阿淑尔腊比和他的兄弟们即阿古扎的儿子们反悔要求它们。同时，阿古扎的儿子们也不能对（叔叔）阿穆尔沙马什和他的儿子们反悔要求任何财物。他们双方共同平分（家里的）靠近库比迪之子伊迪阿淑尔房宅的那块地。

（起誓是）在库库瓦面前、伊里巴尼面前、在阿淑尔拉马席面前。

单词：*tamû*：*起誓，诅咒*。 *wašbu*：*t居住*。

târum：*归还*， *šimtu*：*确定物、遗嘱、意愿、命运*。

barī＝*birī*：*在……之间，双方共同地*。

3. （遗产分割）*Labarša Lamassi u Šubišamnuman izūzū-ma u Labarša išti*(*itti*)*bētim ītiṣi. ahum ana ahhē la ituwar. ša iturru* 5 *mana kaspam išaqqal* ……

（遗产分割）拉巴尔沙、拉马席和舒比闪努曼平分了（遗产）。于是拉巴尔沙从家里出去（单过）了。这一兄弟不能对两个兄弟们反悔，反悔者将称出5斤银子作为补偿……（三个证人名）

单词：*zâzum*：*分割、分得*。 (*w*)*aṣûm*：*向外走、出去、离开*。

4. （房屋抵押贷款）（Four seals） 18 *šiqil kaspam iṣṣēr*(*ina ṣēr*)*Hana u Beti-analka Humadašu u Ila-liška išū. kaspam ina warah erāšim išaqqalā*.

bētam ana šapartim ukāllu. kaspam išaqallā-ma u ina bētim uṣṣiū.

（四人的印章印在泥板上）。胡马达舒和伊拉里什卡有18锱银子（贷）给哈那和贝提亚那勒卡。在播种季节，他们两人（借款人，双数）应该将称还银钱。

他们（放贷者，复数）将控制房宅作为抵押。当他们二人（借贷者，双数）称还银钱后，他们（放贷者，复数）将搬出房宅。

单词：*ittu* *记号、征象、季节征象、特征、符号、征兆、证明*；

šapartu Ass. *抵押物*； *kullu*：(D only) *掌握*。

5. （债务偿还凭证） *x mana kaspam ina ṭuppi-ya harmim ša ana Puzur-Aššur habul-āku-ni ašqul*.

我已经称还了 x 斤我向普朱尔阿淑尔借的写在我的有套封的泥板中的银子。

单词：*harmum*：*包的、有封套的。* *habālu*：*借入，D：贷出。*

6.（保证书）14 *mana weri 'am dammuqam iṣ-ṣêr Šalim-bēli Aššur-reṣi išū. šumma ina bābtim ša Šalim-bēli Aššur-reṣi weri 'am ilteqe ina hubuli-šu ša Šalim-bēli uštaba*……

阿淑尔雷采有 14 斤好铜贷给沙林贝里，如果阿淑尔雷采从沙里姆贝里那取回这些铜，他就……

练习十六　中亚述语楔形文字（中亚述法典）

规范化转写：

1. *šumma aššat a'īle ina bēt a'īle šanêm-ma mimma taltiriq (taštariq), ana qāt 5 mana anneke tūtatter, bēl šurqe itamma, mā: šumma ušāhizu-ši-ni, mā: ina bētī-ya širqi! -šumma mus-sa magir, šurqa iddan u ipaṭṭar-ši, uznē-ša unakkas; šumma mus-sa ana paṭāri-ša la imaggur, bēl šurqe ilaqqē-ši u appa-ša inakkis.*

如果一个人的妻子在另一个人的房里偷了东西，累计价值超过5斤铅的（赃物），失主将发誓说："如果我教唆说：'你，偷窃我的家的财物！'（我将受到神的惩罚）！"如果她丈夫同意，给还丢失物并赎出她，他可以砍掉她的两只耳朵；如果她的丈夫不同意赎出她，失物的主人可以带走她并将砍掉她的鼻子。

šarāqu：偷　　*tamû*：发誓

šurqu：被偷的物品，gen. *šurqe*

ahāzu：抓住，娶（妻），知道，Š. 使抓住，教唆

magāru (*u/u*)：同意，欢迎　　*nakāsu* (*i/i*)：砍下 D. 多次砍

leqû：拿走，获得　　*uznu*：耳朵

appu：鼻子　　*paṭāru* (*u/a*)：释放

a'īlu＝OB *awīlu*，MB *amīlu* 自由人

atāru/watāru：是超过的 D *uttaru* 累计超过，使超过

nadānu：给 MB *iddan* 将来时 *iddin* 过去时

2. *šumma aššat a'īle la abu-ša la ahu-ša la māru-ša a'īlu šanium-ma harrāna ultaṣbis-si* (Š perf), *u kī aššat a'īle-ni la īde itamma-ma u 2 bilāt anneke ana mut sinnilte iddan. šumma kī aššat a'īle-ni īde bitqāte iddan itamma, mā: šumma anīku-ši-ni, u šumma aššat a'īle taqtibi* (＝*iqtabi*), *mā: ittīk-anni, kī a'īlu bitqāte ana a'īle iddin-uni, ana* ^{d}*Nāre illak; riksātu-šu laššu. šumma ina* ^{d}*Nāre ittūra, kī mut sinnilte*

aššas-su epuš-uni ana šuāšu eppušūš.（亚述法 22 条）

如果一个人的妻子将被安排与另一个不是其父、不是其兄弟、也不是其子的人旅行，他应该发誓他不知道她是一个人的妻子，他应该付给这个女人的丈夫 120 斤铅。如果他知道她是一个人的妻子，他应支付损害赔偿，并且发誓说："如果我奸污了她，（我将受神罚）。"但是，如果人妻宣称说："他奸污了我。"该人已经给了那男人（女人的丈夫）损害赔偿金，他应该走向河流（接受神河裁定），而无其他法令（惩罚）他；如果他从神河旁退回来了（不敢受神河裁定有罪），人们应根据女人的丈夫对其妻的处理来处理这个人。

šaniu：第二，另一个　　*harrānu*：旅行，商队

ṣabātu：占有，抓住，侵入　　*wadû*：知道

mutu：丈夫　　*sinništum*，*sinniltu*：女人

bitqu：损失，欠款，损害赔偿金　　*qabû*：说

alāku：走

nāru：河流，水道，运河，在河流中经受磨难

rikistu：（王）法令　　*laššu*：（那里）没有

epšu：处理，对待　　*nâku*，*niāku*：私通，通奸

ta-亚述语阴性第三人称单数动词前缀，她……

3. *šumma sinniltu ina bēt abi-ša-ma usb-at mus-sa ētanarrab*, *mimma nudunnā ša mus-sa iddin-aš-še-ni šuam-ma ilaqqe*；*ana ša bēt abi-ša la iqarrib*.（亚述法 27 条）

如果一个女人居住在她父亲的家里并且他的丈夫经常进入（岳父家），他本人可以拿走他（作为）丈夫送给她的财物，他不应该对她父家的财产主张权利。

wašābu：居住，坐着，待在　　*erēbu*：进入

nudunnû：结婚的礼物　　*šuam*：他自己

qarābu，*qerēbu*：MA. 法律文书，走进

4. *šumma almattu ana bēt a 'īle tētarab*, *mimma ammar naṣṣ-at-uni gabbu ša muti-ša*；*u šumma a 'īlu ana muhhi sinnilte ētarab*, *mimma ammar naṣṣ-uni gabbu ša sinnilte*.（亚述法 35 条）

如果一个寡妇将进入一个男人的家，她携带的任何财物将属于她的丈夫；如果一个男人进入一个女人的家，他携带的任何财物将属于这个女人。

almattu：寡妇　　*ammar*：所有

našû，*naṣû*：举起，携带　　*ina muhhi*：在……上，朝……

5. *šumma ina ugāre ina libbi būrē mā 'ū ša ana šīqe ana šakāni illuk-ūni ibašši*，*bēlū eqlātī ištu ahā 'iš izzazzū*；*a 'īlu ana ṣēr eqlī-šu šipra eppaš eqil-šu išaqqi*. *u šumma ina libbi-šunu lā magrūtu ibašši*，*magru ša libbi-šunu dayyānē iša 'al*，*ṭuppa ša dayyānē iṣabbat u šipra eppaš*. *mā 'ē šunātunu ana ramini-šu ilaqqe eqil-šu išaqqi*. *mamma šanium-ma la išaqqi*.（亚述法 17 条）

如果在共享的灌溉区的水池中有可作为灌溉用的流动到指定的灌溉渠中的水，土地的主人们应该行动一致，每个人应该管理他自己的耕作田，并灌溉他的田地。如果他们中间存有分歧，在他们中服从（分配）的人应该询问法官，拿到法官（判决）的泥板后，他可以开始做工，自己取用这些水并灌溉他的田地，其他人不能灌溉。

mû，*mā 'ū*：*水*　　*būru*：*井，水井，水池*

šīqu：*灌溉*　　*šakānu*：*放，搁置*

bašû：*存在，出现，那儿有*　　*ištu ahā 'iš*（=*itti ahāmiš*）：互相

zâzu，*zuāzu*：*分配，分担，分割*　　*ana ṣēr*：*朝向*

šipru：*任务，工作，制品*　　*šaqû*：*灌溉*

dayyānu：*法庭，法官*　　*šâlu*：*要求，询问*

ramānu：*自己*　　*šunātunu*：这些（宾格）

uzuzzu，*izzuzu*：*站立，服务*　　*magrūtu*：*同意，一致*

练习十七　新亚述语楔形文字

1. 亚述王阿萨尔哈东与臣服的（米底）王公拥立亚述王继承人的盟约誓言节选：

adê ša ᵐ*Aššur-ahu-iddina šār māt* Aššur *ina pān ilānī rabûti ša šamê u qaqqiri issi-kunu iškunū-ni, ina muhhi* ᵐ*Aššur-bāni-apli mār šarri rabê ša bēt redûti mār Aššur-ahu-iddina šār māt Aššur bēlī-kunu, ša ana mar šarrūti ša bēt redûti šum-šu izkuru-ni ipqidu-šu-ni. kima* ᵐ*Aššur-ahu-iddina šār māt Aššur ana šimti ittalak,* ᵐ*Aššur-bāni-apli mar šarri rabiu šá bēt redûti ina kussī šarrūti tušēšabbā! šarrūtu bēlūtu šá māt Aššur ina muhhi-kunu uppaš……*

šum-ma attunu ana ᵐ*Aššur-bāni-apli mār šarri rabiu šá bēt redûti, ša* ᵐ *Aššur-ahu-iddina šār māt Aššur ukallimu-kanū-ni, iqbâ-kanū-ni, adê ina muhhi-šu issi-kunu udanninu-ni iškunu-ni, lā tanaṣṣarā-ni, ana libbi-šu tahaṭṭâ-ni, qātātē-kunu ana lemnetti* (= *lemnēti*) *ana libbi-šu tūbbalā-ni, ipšu bārtu abutu lā ṭābtu lā de 'iqtu teppašā-niš-šu-ni; ina šarrūti māt Aššur tunakkarā-šu-ni; issu libbi ahhē-šu rabûti ṣehrūti ina kūmu-šu kussī māt Aššur tušaṣbatā-ni; šarru šanûm-ma bēlu šanûm-ma ina muhhi-kunu tašakkanā-ni; ana šarri šanīm-ma bēli šanīm-ma māmīti tatammâ-ni! ……*

šum-ma ᵐ*Aššur-ahu-iddina šār māt Aššur ina ṣahhāri ša marē-šu ana šimte ittalak, lū ša-ziqni ša-rēši ana* ᵐ*Aššur-bāni-apli mar šarri rabiu ša bēt redûti iduak, šarrūtu ša māt Aššur ittiši* (*našû*)*, šum-ma attunu issi-šu tašakanā-ni, ana urdanūtī-šu taturrā-ni; lā tabbalakkatā-ni lā tanakkerrā-ni; mātāti gabbu issi-šu lā tušamkarā-ni, lā taṣabbatā-niš-šu-ni, la tadūkkā-šu-ni u mār* ᵐ*Aššur-bāni-apli mār šarri rabiu ša bēt redûti kussâ ša māt Aššur lā tušaṣbatā-ni! šum-ma attunu ina pān* ᵐⁱ*A-ri-ti ša* ᵐ *Aššur-ahu-iddina šar*₄ *māt Aššur u aššat* ᵐ*Aššur-bāni-apli mār šarri rabiu ša bēt redûti lā tadagalā-ni; ki-ma ittabši, lā turabbā-ni; kussiu ša māt Aššur lā tušaṣbatā-ni; ēpišānū-ti ša barti lā* *taṣabbatā-ni lā tadukkā-ni*，*šum-šunu zēr-šunu ina māti lā tuhallaqā-ni*；*dāme kūm dāme lā tatabbakā-ni*！……

下面是亚述国王阿萨尔哈东与你们在天地间的诸大神面前建立的誓约；

关于阿淑尔巴尼帕——太子宫居住的王太子，你们之主亚述王阿萨尔哈东之子，他提名他为世子宫的王权继承人，并把他委托（给你们）。当亚述王阿萨尔哈东逝去（"去向他的命运"）后，你们应让世子宫的王太子阿淑尔巴尼帕坐在王位上！他将对于你们行使亚述国的王权（及）主权。

如果你们不保护世子宫中的王太子阿淑尔巴尼帕——亚述国王阿萨尔哈东向你们昭示了（他）、对你们宣布了（他），以及与你们庄严地订立了关于他的誓约之人，违反他的意愿，伸手触及反对他的意愿的邪恶事物，对他作出反叛的行动和不好的、不善的事，（如果）你们从亚述国的王权上换掉他，使他的哥哥或弟弟们中的一个夺得来述国的王位；（如果）你们拥立另一个王或另一个主置于你们之上，对另一个王或另一个主发出誓言效忠……（你们将遭神谴）！

如果亚述国王阿萨尔哈东在他的儿子们尚年幼时逝去（走向他的命运）后，或一个有须者（贵族）或一个太监对世子宫中的王太子阿淑尔巴尼帕犯下了弑君罪，承担了亚述国的王权；如果你们与他共事，变为他的奴仆，不反叛他，不敌对他，不促使各国与他为敌；（如果）你们不为我抓住他，（如果）你们不杀掉他，并且你们不使世子宫居住的王太子阿淑尔巴尼帕的儿子抓夺得述国的王位，如果你们不看亚述王阿萨尔哈东的（妻子）阿瑞提以及世子宫居住的王太子阿淑尔巴尼帕的妻子的脸色（行事）；（如果）当他（王太孙）活着（年幼），你们不养大他，而且你们不使他抓住亚述国的王位，（如果）你们不抓住并杀掉叛乱的主谋们，不毁灭他们的名（族）和他们的种子，不使用流血报复流血，（你们将被神惩罚！）

单词表

adû：誓言。 *šakānu* 建立、放、搁、置。

issi：＝OB *itti*，和……一起； *abatu*＝OB *awāt* 话语

ina muhhi：因为、关于、对于、在……上。

zakāru：说、命名、起誓。 *paqādu*：信任、指定、照顾。

ana šīmti alāku：走向命运，自然死亡。

(*w*)*ašābû*：坐、居住；Š使……坐上。

danānu：加强、强化。

epēšu：做、行动；D. *uppušu*行使（权力）；*ipšu*/*epšu*：行动、行为。

ēpišānūtu：复数，"行动者们"、策划者；

bārtu：adj *bāru*，f，反抗、起义。见反叛的；

kullumu：显示、表现。 *qabû*：说、命令，宣布。

nakāru：(*i*/*i*)，是敌对的、否认的，D改变，Š **ušankarā*>*ušakkarā*>*ušamkarā*：反对、敌视。

de 'iqtu：adj，f，=OB *damiqtu*，好的；

haṭû：犯罪。 *naṣāru*：看守、保卫；

urdu=OB *wardu*，MB *ardu*；

wabālu qāta：伸手触及（忌讳物）。*dū 'aku*/*dâku*：杀、打。

ina kūmu-(*šu*) 前置词=*ina kūmi-šu*，取代……。

nabalkutu：越过，翻转，转变。 *tamû*：发誓、诅咒。

māmītu：誓言、诅咒。 *kussû*：王座。

ṣahāru=*ṣehēru*：是小的、是年幼的。

ṣahharu：很小的。

ziqnu：胡子。*ša-ziqnu* 蓄胡须的贵族。

ša-rēši：王身边的侍从、（无胡须的）太监。

târu：归还、返回、变成。

dagālu：看、见；*pān*……*dagālu*：看某人的脸色、服从；

tebû：提高、举起。 *tabāku*：倾倒（名词、液体）；

dāmu：血。

附录3　阿卡德语词汇表

A

abbuttum	（奴隶或外族人的）特殊发型
abūbum	洪水
abum	父亲（复数为 *abbū*）
adi I	（前置词）直至；（连词）只要、直到…
adi II＝*qadum*	（前置词）和……一起
ahāzum（*u/a*）	抓住、拿走、娶（妻）
ahum	兄弟
akālum（*u/a*）	吃；过去时 *ikul*，将来时 *ikkal*
alākum（*i/a*）	去、行走；过去时 *illik*，将来时 *illak*
alpum	公牛
ālum	城市
amārum（*u/a*）	看见
ammatum	腕尺
amtum	女仆人，女奴
ana	（前置词）向、至……
ana mīnim，*ammīni*（*m*）	为什么？
ana šimtim alākum	死、“走向（他的）命运”
anāku	我
Anum	神安努
anumma	与此同时
apālum（*u/a*）	回答、回应、使债权人满意、支付
apsûm	地下水源

arhiš	快速地
arkum	长的
arnum	犯罪、惩罚
asu	熊
ašrum	地方、地点
aššatum	妻子
aššum	（前置词）关于…（连词）关于，因为
awātum	话、事件
awīlum	自由人、男人
dAmar-Utu＝Marduk	马尔杜克神、木星

B

Bāb-ilim/Babilumki	巴比伦
bābum	城门
balāṭum（*u/u*）	活着、有生命、是健康；（D）*bulluṭum* 治愈
banûm（*-i*）	建造、创造
bānium，*bānûm*	建造者、制造者
baqārum（*u/a*）	要求、主张
bašûm（*-i*）	出现、存在、那有、成为；过去时 *ibši*，将来时 *ibašši*，（N 头）使成为、出现、成长
bēltum	夫人、女主人
bēlum	主人、所有者
bēšum，*labbum*	狮子
bīrum	（名）占卜、推测
bītātum	（复数，阴性）家
bītum	（单数，阳性）家、房
bīšum	财产
būrum	牛犊，动物幼崽

D

danānum，*dannum*	是强大的
dīnum	审判、案件
dārium	永恒的
dayyānum	法官
dabābum（*u*/*u*）	说、讲话；（D）抱怨
dullum	工作、仪式、典礼
dayyānūtum	审判权、法官权
dâkum（*ū*）	杀；（Š 头）使人杀死
didili	“各类”复数标记

E

É-Abzu：	水神恩齐神庙的名字
ebēbum（*i*/*i*）	是纯洁的、是圣洁的
edēšum（*i*/*i*）	是新的（D）更新
ekallum	宫殿
Elamki	埃兰国
eli	（前置词）在…上面
Ellil	恩利勒神
Ellilūtum	恩利勒权
ellum	纯洁的
elûm（*-i*）	上升；Gt＋*ina* 走开、弃权
enšum	虚弱的
enûm（*-i*）	变化（及物动词）
epēšum（*u*/ * *a*/*e* 或 *u*/*u*）	做、制造
epištum	事件
epru	泥土

eqlum	田地（水渠之间）
erēbum（*u/u*）	进入
erēšumA（*i/i*）	要求、想得到
erēšumB（*i/i*）	耕种（田地）
erretum	诅咒
errēšum	农夫
erṣetum	土壤，土地
eṣemtum	骨头（复数为 *eṣmētum*）
ešērum（*i/i*）	是直的、有秩序的、准备好的（Š 头）放整齐，（Št）保持有序
ešrum	十个、10
etēqum	走近，走过，放过
ezēbum（*i/i*）	离开，放弃，留下（离婚）
ezzum	生气的

G

gamālum（*i/i*）	宽恕、施恩
gigunûm	塔庙
gimrum	总数、全部
gitmālum	完美的、高贵的
gullubum	（只有 D）剃、刮（发）

H

há：	复数标志，各种各类
hadûm（*-u*）	快乐（D）使快乐
halāqum（*i/i*）	消失、不见了、丢了（D）*hulluqum* 破坏
haṭṭum	牧羊杖、王杖，复数 *haṭṭātum*
hulqum	丢失的物品

hurāṣum	金子

I

ibši,	将来时 *ibašši*，（N 头）使成为
idum	胳膊、人体一侧，旁边
idûm（-*e*）	知道
ilum	神，复数 *ilū* 或 *ilānū*
immerum	绵羊
ina	（前置词）在……里面/中间
inamahar	在…前面
īnum	眼睛
inūma	当……时候
isinnu	节日
iṣum	树，木材
iṣṣūrum	鸟
išātum	火
išdum	基础（经常用双数）
Iš₈-tár	女神伊什塔尔、金星
ištu	（前置词）从……，（连词）自从…、在…之后
itti	（前置词）和……
izuzzum	站、伺候、服务

K

kabātum（*i*/*i*）	重的，（D）使沉重，尊重，使荣耀
kabtum	重的、光荣的、沉的、笨的
kadrum	野蛮的、凶恶的
kalbum	狗

kalûm (*-a*)	扣留、扣押、阻碍、耽搁
kalûm	全部、整个、总体
kamārum (*u/a*)	堆、放
kânum (*ū*) *kuānum*	真的、合法的，(D) *kunnum* 稳固、证明、在法律上成立
karābum (*u/a*)	祝福、祈祷
kaspum	银子
kašādum (*u/a*)	到达、征服
kayyāniš	经常地，不断地
kī 'am	因此，如下
kibrātum	阴性复数词，世界各地区、地方
kīma	（前置词）像……（连词）、当……时候
kirûm<*kiri 'um*	果园
kišpū	（恒复数）巫术
kiššatum	全部、所有
kittum（*kīnum* 的阴性词）	真理、公正，复数 *kīnātum*
kunukkum	圆筒印章，加印的文件
kussûm<**kussium*=^{giš}*gu-za*	王座、王位

L

lā	不，从句否定副词
labārum/labirum	变老、老的
labāšum (*a/a*)	穿上；(D) 给某人穿衣服，(Gt) 自己穿衣服
labbum	"巨狗" =狮子
labīrum	老的、旧的
lāma	在……之前
lamādum (*a/a*)	学 (D) 教、使学
lapātum	接触

leqûm（*-e*）	拿走、获得
libbum	心、中心、中间
līmum	千
lū……lū	或者……或者

M

-ma	（小品词）和、并且
magārum（*u/a*）	同意、欢迎，（Gt）关于（*ana*）某事同意某人（*itti*）观点
mahārum（*u/a*）	面对、接受、上诉（面对长官）、向上航行（逆水而行）
mahāṣum（*a/a*）	攻击、打
mahrum	前面的、在……；*inamahar* 在……前面
manā 'um，*manûm*=*ma-na*	斤
manûm（*-u*）	计算、考虑、算作
maqātum	掉下
marāṣum（*a/a*）	病的、困难的
marṣum	困难的、痛苦的
mārum	儿子、下属
mātum	（阴性）国家、地方、土地，（阴性复数）*mātātum*
mâtum	死，（Š 头）引起某人的死亡、谋杀
mītum	死的
mēreštum（**hrš*）	耕作、田地
Mes-lám	庙宇名（苏美尔语）
mimmašumšu	所有、一切
mīšarum	公正
mû	水（复数）

muštālum (*š 'l)	谨慎的
mūšum	夜晚
mutum	丈夫

N

nabalkutum	*N* 头 4 辅）越过、违背、造反
nadānum (*i/i*)	给，过去时 *iddin*，将来时 *inaddin*
nadûm (*-i*)	扔、投、控告
nakādum (*u/u*)	心跳、着急、忧虑
nakārum (*i/i*)	是外国的、是敌意的
nakāsum (*i/i*)	砍下，过去时 *ikkis*，将来时 *inakkis*
namkūrum	货物、财产
napalsuhum	（N 头 4 辅）匍匐在地、屈服
napištum	喉管、呼吸、生活、生命
naplusum	（N 头）看着
narûm (<na_4*-rú-a*)	石碑
naṣārūm (*u/a*)	保卫、照看
našûm (*-i*)	抬起、负担、献上、（不及物）移动
naṭlum	看着、盯看
nawārum	是明亮的、愉快，（D）照亮、使愉快
nērtum	谋杀
nēšu	狮子
nidittum	礼物
nišû	人们、亲属们（复数）
nīšum	举起，生命（誓约用语）
nīšqātim	祈祷
nuhšum	丰富
numātum	家庭日用器皿
nūnum	鱼

nūrum	光线

P

palāhum （*a/a*）	害怕、敬畏
paqādum （*i/i*）	照顾
pānum	前面（复数：脸）
parāsum （*u/a*）	切、分
pašāṭum （*i/i*）	删去
petûm （-*e*）	打开
peṣûm	白色的
pû （*m*）	嘴，口
purussā 'um （*u/a*）	决定
pušqum	困难

Q

qabûm	说
qanûm	芦苇
qaqqadum	头
qaqqadī	反身代词我自己
qarnum	角
qātum	手
qatûm	结束

R

rabûm （-*i*）	是大的、长大、伟大的，（D）抚养大；（Š 头）使伟大
ragāmum （*u/u*）	叫喊

rakāsum	绑（两符合一）
ramānum	自己 *ana ramānišu* 独自
rapāšum	是宽阔的，（D）使宽阔，阔展
rašûm（*-i*）	获得
redûm（*-e*）	引导、带来、驱赶
rē 'ûm	牧羊人
rēûtum	牧羊人
riābum，*râbum*	取代、代替，补偿
riāšum，*râšum*	快乐（D）取悦
rīmum	野牛
rittum	手、手腕
rubā 'um，*rubûm*	王侯、贵族、王公

S

sahārum（*u/u*）	转向、寻找、绕行、关心
salāmum（*i/i*）	是友好的、保持友好关系
sanāqum（*i/i*）	靠近；（D）检查、控制
saphum	分散的
sarrātum	谎言、欺诈
sarrum	错误、谎言、罪行
sattukkum＝sá-dug$_4$-ga	月、供给
^{d}*Sîn*	（月神）辛
sinništum	女人
siri 'um	皮甲、铠甲
sūnum	大腿、怀抱

Ṣ

ṣabātum（*a/a*）	占有、抓住

ṣābum	士兵、劳力（恒单数）
ṣalmum	黑色的
ṣehrum	小的，阴性：*ṣehertum*
ṣēnum	绵羊和山羊/羊群
ṣibtum	财物、利息
ṣīrum	高贵的、崇敬的，阴性：*ṣīrtum*
ṣubātum	衣袍

Š

ša	谁、什么、哪一个（万能关系代词）
šadālum	宽的（D）变宽
šadûm/šadîm	山
šakānum（*u/a*）	放、搁置
šaknum	总督
šalāmum（*i/i*）	是完整的、处于健康的状态
šulmum	完整、健康、安好、平安
šalûm（*-i*）	跳入河中（在“河神考验判案”中）
šaluštum	三分之一
šamāū，*šamû*	（复数）天空、天堂
ᵈ*Šamaš*	太阳神沙马什
šammum	植物油、芝麻油、草、草本植物
šâmum（*ā*）	买
šanûm	（阴性 *šanītum*）第二
šapārum（*u/a*）	派人送信、通知、写信
šaqālum（*u/a*）	称出、付给
šarākum（*u/a*）	赠给
šarāqum（*i/i*）	偷
šarrāqum	小偷
šarratum	王后

šarrum	国王
šarrūtum	王权
šārum	风
šarûm	富裕的、富足的
šasûm	喊
šaṭārum (*u/a*)	刻写（泥板文、铭文）
šebērum (*i/i*)	打碎、打破
šēbum	老的、旧的
šemûm (*-e*)	听见、听到
še 'um	大麦
šiāmum，*šâmun*	决定（命运）
šībūtum	长老权、作证人权
šikarum	啤酒
šīmtum (**šīm*)	命运
šinnum	牙齿
šiprum	工作、制品
šiqlum	锱＝8 克、舍克勒（重量单位）
šīramṣubbum	取悦（使肉体快乐）
šīrum	肉
šittān	2/3
šizbum	牛奶
-šu	他的、它的，（表示时间）*ina ūmi-šu* 那时候，*ūmi-šu* 每天
šubtum	住处、居住地
šuklulum	（只有 Š 头）使完美、完成
šuluhhum (<*šu-luh*)	洗手、洗礼
šumma	（连词）如果……
šumum	名字、后代
šumruṣum	生重病的
šūqurum	珍贵的，阴性：*šūqurtum*

šurqum	被偷的物品
šuršudum	（只有Š头）牢牢地建立
šuttum	梦

T

tamhārum	战斗
tamkārum	商人
târum（*ū*）	回到，（D）使返回、送还、还给
tazzimtum（**nzm*）	抱怨、控诉
tazzimta-ka	对你的抱怨、抱怨你
tebûm（*-e*）	（动物）用后脚立起、攻击、出发，（Š头）举起
têrtum	命令、要求、占卜结果
tilliabūbim	遗址、洪水后的（城市）废墟
tillum	土堆、城市废墟

Ṭ

ṭarādum（*u/a*）	派遣（人）
ṭēmum（**ṭʿm*）	消息、报告、行动
ṭiābum，*ṭâbum*，	是好的、愉快的、甜美的（D）使高兴
ṭābum	好的、美味的
ṭiṭṭum	黏土、泥土
ṭuppum	泥板文书

U

u	和
ū	或者……

ul	不
ūmi-šu	每天
umma	（引导直接引语）原话如下
ummum	母亲
ūmum，*urrum*	白天
uznum	耳朵

W

wa 'ārum，*wârum*，*ârum*	走、前去，(D) *wurrum* 派、命令、指示
wabālum	运送、带来，将来时 *ubbal*，过去时 *ūbil*
walādum	生产、生育，将来时 *ullad*，过去时 *ūlid*
waklum	监督、工头、管吏；
wapûm（-*i*）	是显著的、突出的、优秀的；（Š 头）推广、发扬光大
wardum	奴隶、仆人、臣子
warka	（连词）在……之后
warki	在……之后
warqum	绿、黄绿
waṣûm	（太阳）出来、离开
wašābum	坐着、待在、居住、逗留，将来时 *uššab*，过去时 *ūšib*
waštum	困难的、不愉快的
watar	（副词）更进一步、更加地
watārum	数量超过、是过多的、过量的，将来时 *ittir*，过去时 *ītir*，（Š 头）增加
wuššurum	释放（只有 *D* 词干）

Z

zā 'irum/*za 'irum*	敌对的名词敌人

zakārum （*u*/*a*）	说、叫、命名
zamāru	歌颂（三符变一符）
zâzum （*ū*）	指（财产）、分份，分得到一份
zērum	种子
zêrum （*ī*）	憎恨
zikarum	男人
zittum	（财产）份额

第二编

赫梯语法初探

——古代小亚的赫梯文明使用的最早的印欧语楔形文字研究

第一部分　赫梯文明的近代发现和赫梯楔形文字的破译

在两河流域和埃及文明的影响下，赫梯文明诞生于公元前 1700 年的古代小亚半岛（希腊语称“安那托里亚”，“东方”之意）中部和东部地区（今土耳其境内）。它的古典时期结束于公元前 1200 年，历时约 500 多年，走过了一条短暂而辉煌的道路。此后，在北叙利亚和小亚南部的各赫梯城邦在和两河流域文明的亚述帝国的冲突中延续到公元前 7 世纪，后融入亚述、巴比伦、阿拉美亚文明。赫梯文明虽然远不如古埃及文明和古代两河流域（美索不达米亚）文明著名和久远，但作为印欧人种中最早的文明，它在古代近东诸文明中别具特色，因而在人类早期文明发展史中占有了重要的一席之地。

约公元前 1200 年，新来的迁移民族不断由海上和东南欧草原侵入小亚半岛，赫梯帝国的中心地区遇到了新兴的野蛮民族的毁灭性的打击，不久便被入侵者摧毁而灭亡。帝国分崩离析后，帝国在小亚南部和北叙利亚的十几个属国成功地抵御了外来攻击，成为独立的新赫梯城邦国家，但后被亚述帝国征服。小亚半岛先后成为希腊人、弗瑞吉亚、吕底亚、波斯、马其顿希腊、罗马和希腊语的拜占庭人以及最后来的土耳其人的家园。随着历史的沧海桑田，赫梯人逐渐为人们所遗忘，然而，埋在安那托里亚的土地下的赫梯文明的遗物和藏于高山中的赫梯岩刻等待着掌握了新科学的人们的发现和解释。

赫梯文明的发现和两河流域和埃及文明的发现一样是近代欧洲殖民主义和 19 世纪后半考古大发掘的成果。在两河流域巴比伦、亚述文明的遗址被发现和发掘的同时，欧洲和美国的考古学家也在北叙利亚和小亚的各个古代废墟上发现了赫梯象形文字刻铭、遗迹和非两河流域语言的楔形文献。在古代，后起的赫梯文明的楔形文字是从两河流域引进的。同样的次序也在这一文明的近代被重新发现，欧美的人文学者们首先破译了在两河流域的特有的苏美尔和塞姆语的楔形文字，建立了新的人文学科——亚述学；然后在亚述学研究成果的帮助下，他们又破译了属于印欧语系的赫梯语言楔形文字并建立了广义亚述学（楔形文字研究学科）的分支——赫梯学。新的人文学科亚述学和考古学的建立和紧密合作是揭开赫梯文明之迷的钥匙。

早在1812年，瑞士巴塞尔城旅行探险家博克哈尔特（Johann Burckhardt，1817年死于开罗，年仅33岁）打扮成阿拉伯人酋长在近东旅行。他后来发表的旅行日记（1821）叙述了他在叙利亚的哈马特城的市场的一房墙中发现了一种和埃及象形文字不同的新的象形文字的碑石。60年后，1870年，两个美国旅行家在该城发现了五块这种象形文字的碑刻，但无法得到拓片。1872年，爱尔兰传教士威廉·怀特（William Wright）来到了哈马特城。在土耳其帝国在叙利亚的总督苏比帕沙的帮助下，他能够拓印这五篇象形文字铭文并分寄到大英博物馆和巴勒斯坦发现基金组织。同时，在北叙利亚的阿列颇城的清真寺的墙上也镶有一块这种被当地人认为有魔力的碑铭。1876年，英国学者戴维斯在陶鲁斯山脉的依乌瑞兹（Ivriz）的大岩刻中也见到了同样的象形文字，他把这种象形文字命名为“哈马特文”。1872年，自学成为亚述学者的伦敦印刷铜板雕刻工乔治·史密斯的发现和发掘轰动了世界：他先后在大英博物馆和两河流域的尼尼微遗址发现了记载洪水故事的泥板文书及其断裂部分。在他逝世的那年（1876，年仅36岁），他发现了北叙利亚古城卡尔凯美什的遗址。这一发现导致了1879—1881年间大英博物馆考古队对卡尔凯米什城的挖掘——同样的象形文字碑铭和雕刻品也出土于这里。在1888—1892年间，一支德国探险队在叙利亚北部的金吉尔里（Zinjirli/Sam 'al）也发现了同样文字的石碑，但当时的人文学术界无法破译该种象形文字。1900年，德国学者美舍施密特（L. Messerschimidt）把96篇象形铭文汇编成集。

除了陶鲁斯山和北叙利亚地区外，西方旅游探险家在北方的小亚半岛也发现了一些古迹和遗址，特别引起注意的是在小亚中部的博阿兹柯伊和其周围地区（后证明是赫梯首都哈图沙和赫梯文明的核心地区）。曾默默无闻的小村博阿兹柯伊在土耳其首都安卡拉以东约 160 千米处(位于小亚半岛高原中部)，被先向西南后又北折流入黑海的哈里斯河(古典时期名，今名 Kizil Irmak“红河”）所环绕。最早在 1834 年，法国探险学者查尔斯·泰克谢尔（Charles Texier）到小亚寻找罗马城市塔威温（Tavium)，来到这里发现了在博阿兹柯村后山旁的陡坡处有城墙和壁垒遗迹，表明了此处是一个古代城市的废墟。他在 1839 出版的带有考古绘图的书中描述了“像极盛时的雅典一样大的城墙”，两座巨大的拱形门廊入口：一个入口立着一个狮身人面兽，或称为“斯芬克斯”守护神使，另一个的两边立着前面刻着两头狮子的正面浮雕方形巨石，城外有宽大的神庙基础结构。在该城中的尼桑泰颇丘耸立着一块巨岩石，其上刻有数十行已严重风蚀了的北叙利亚特有象形文字铭文(Nishan Tash)。他还发现城北 3 千米的高原上的雅兹里卡亚（“有铭文的岩石”）的岩壁上刻有 66 个浮雕人物像，有的人物像头的上方刻有象形文字。1842 年英国古董商威廉·哈米尔吞（W. Hamilton）把这里的古代城堡建筑遗迹认做罗马城市塔威温。威廉·哈密尔吞还在城北方 20 千米处的阿拉加修虞克（Alaca Hüyük）发现了另一个哈里斯河流域的古代遗址，其入口处也站立着一对前面为斯芬克斯神兽浮雕的巨石。近东地区旅行的欧洲学者和探险家还报告了带有这种象形文字的岩刻也发现于的安卡拉西南的旮乌尔卡莱斯（Gavur Kalesi）和小亚半岛最西部的斯穆尔那（Smyrna/Izmir)。在 1893 年，法国人桑特尔（Ernest Chantre）在博阿兹柯伊附近获得几块残缺泥板，但他的发现并没引起学术界的注意。

1876 年，英国考古学者赛伊斯（Archibald Sayce）第一次把在小亚半岛、套鲁斯山中和北叙利亚发现的这些不知名的碑文和古遗迹联系起来。1879 年他访问了在小亚半岛的西海岸城市斯穆尔那附近山岗上的两处著名的古代岩刻——卡腊贝勒和西普卢山（Karabel 在以弗所北，Sipylos/Akpinarz在斯穆尔那和萨尔迪斯之间）。希腊人把西普卢山（Sipylos）上的赫梯女神岩刻像当成了因丧失子女而变为石头的女神尼奥博的神祠[1]。公元前5世纪作家希罗多德（484—425）描述了这两处岩刻，但实际上他只见到卡腊贝勒的国王像。在《历史》第二册（106节）中，他认为岩刻中的两个人物都是埃及法老塞嗖斯特瑞（Sesostris）的像，并提到一些人认为岩刻是特洛伊人的盟友、作战中被希腊英雄阿溪里杀死的埃塞俄比亚王孟农（Memnon）的像[2]。1880年，塞伊斯在圣经考古学会上提出了在哈马特和各地发现的特殊象形符号是古代赫梯文字，这些和文字一起被发现的文物一定属于赫梯王国。这正是我们把这一国家和人民称为赫梯，把他们的象形文称为赫梯文的缘故。“赫梯人”原词出自旧约圣经创世记（x—15），是迦南（人）的儿子，住在北叙利亚。圣经的历史卷的“国王书之一和之二”（1 King xi—1，2 King vii—6—7）和“年代记之二”（i—17）也提到所罗门的赫梯籍妻子们和“赫梯人之诸王”。

1887年，近东考古发掘和文明发现的又一个重大事件发生了：在埃及的阿玛尔纳城挖掘出一批楔形文字泥板书信。亚述学家破译了这些文献，确定了它们是亚洲各国写给公元前14世纪下半的阿蒙欧菲斯三世、埃赫那吞和图坦哈蒙三位埃及法老的书信。这些书信的语言文字是公元前1400年到1300年间古代近东各国间的外交语文——两河流域的阿卡德语楔形文字。很多巴勒斯坦和叙利亚的小国王的书信提到“哈梯（＝赫梯）王”和其军队活动。其中一封是哈梯国王苏皮鲁流马一世祝贺埃及国王阿蒙欧菲斯四世（埃赫那吞）即位的信。关于赫梯王国的结

---

① 尼奥博（Niobe）自夸她比太阳神阿颇罗和月神阿尔铁米的母亲蕾托有更多更好的子女，因此，阿颇罗射死了她的儿子们，阿尔铁米射死了她的女儿们。她因悲哀而变成西普卢山上的岩石。

② “在受奥尼亚有两处此人的像刻在岩石上，一个在以弗所到弗卡亚的路边（Karabel），另一处在萨尔迪斯到斯穆尔那之间（Sipylos）。两处有一个四尺高的男人，右手执矛，左手执弓，其余的服饰半是埃及半是埃塞俄比亚，在胸前从一肩到另一肩刻有埃及圣书文字，说：‘我用双肩的力量赢得了这一国家。’无人知道他是谁，他从哪里来。有人猜他们是孟农，但他们绝对远离事实。”希罗多德叙述的只是卡腊贝勒的岩刻国王像，他误把西普卢山的女神也当做国王。

论似乎得到证实。然而，楔文书信中有两封是用一种学者不知道的语言写成的，因此无法破译。根据书信开始的称呼推断，其中一封是埃及法老写给一位阿尔扎瓦国的国王的。因此许多学者称该书信的语言为阿尔扎瓦语。1902 年，挪威学者亚述学家克努特松（J. A. Knudtzon）对这两封书信文献深入研究后指出这种语言与印欧语有明显的姻亲关系。但是，他的观点受到普遍怀疑，他本人也放弃了这一后来被证实是正确的观点。印欧语系的理论最早由英帝国在印度加尔格答的高级法官威廉·钟斯爵士（Sir William Jones）提出的，他早在 1786 年就发现了印度梵语和欧洲各种语言的联系。目前确定的印欧语系的各语族是：安那托里亚（赫梯、帕勒维、卢维）、印度—伊朗（梵语、古波斯语）、希腊和弗瑞基亚、凯尔特（苏格兰、威尔士、爱尔兰）、意大利（拉丁、意大利、法、西班牙）、日耳曼、波罗的和斯拉夫、伊里瑞亚（色雷斯、阿尔巴尼亚）、亚美尼亚、吐火卢（中亚）。

1903 年，德国柏林亚述学家温克勒博士（Hugo Winckler）前进南黎巴嫩的西顿寻找“阿尔扎瓦”语泥板，当然是毫无收获，但他结识了土耳其博物馆的官员马克瑞狄贝（Macridy Bey）。1905 年，当他在柏林收到马克瑞狄贝寄来的一块“阿尔扎瓦语”泥板时，研究阿马尔那的两块阿尔扎瓦泥板已 15 年的温克勒欣喜若狂，立刻前往君士坦丁堡和马克瑞狄贝会合。他俩来到泥板的发现地博阿兹柯伊的遗址考察。在村子的东南入口处的古城里他找到了泥板的出土处并获得了考古挖掘的重大发现：34 块“阿尔扎瓦”泥板。当时他确信这是阿尔扎瓦国的都城。后来知道阿尔扎瓦是和赫梯帝国敌对的小亚西南部的一个国家。由于在博阿兹柯伊废墟发现的许多泥板和断片与从阿马尔那发现的阿尔扎瓦书信是用同一种语言，学者当时认为它是阿尔扎瓦国的都城。1906 年 7 月在马克瑞狄贝的帮助下，温克勒博士代表德国东方学会开始挖掘古城。发掘工作取得了巨大的成功，大约有 2500 块楔形文字泥板文书或断片出土于今称比虞克卡莱（Büyükkale，城堡山）的赫梯王家图书馆遗址。温克勒和马克瑞狄贝于 1907 年、1911 年和 1912 年的冬天在博阿兹柯伊继续挖掘工作。次年，年仅 50 的赫梯文明的发现者温克勒就离世了。在此期间，奥托和普齐斯坦考察了博阿兹柯伊废墟的寺庙建筑并绘出了该废墟的城墙范围。到1912年，从该废墟已出土了大约近万块楔文泥板文书。大多数泥板文书的语言是学者所谓的“阿尔扎瓦语”。另一部分文献则用两河流域的阿卡德语写成。阿卡德语文献主要是书信和条约。其中有埃及国王拉美西斯二世和赫梯国王哈图什里之间的信件。1906年8月20日，温克勒博士发现一篇阿卡德语赫梯文件正是对应于埃及底比斯附近的卡尔纳克寺庙墙壁上的埃及—赫梯条约（象形文字本，拉美西斯第21年），它是赫梯方保留的该条约的文本。该条约的双方是埃及法老拉美西斯第二与赫梯大王哈图什里第三。这些书信和条约中的“哈梯国”表明了废墟所在地并不是“阿尔扎瓦”国都，而属于一个被圣经称做“赫梯”的国家。因此，赫梯国的中心不应在叙利亚北部的哈马特或其他地方，而是在地处小亚半岛中心的博阿兹柯伊的废墟城，古名哈图沙。温克勒还根据文献确定了该王朝七位国王从苏皮鲁流马到阿尔奴汪达的统治次序。1910年，英国人旮尔斯唐（John Garstang）的《赫梯人的土地》一书出版了。该书是多年来考古发掘成就之集成。1911—1914年，大英博物馆派侯旮特、吴雷和劳任斯（D. Hogarth，C. Wooley，T. Lawrence）第二次挖掘卡尔凯美什，又发现了一些象形文字铭文碑。

在巴尔干战争、第一次世界大战和希腊—土耳其战争期间，在小亚半岛和叙利亚的考古发掘工作被迫暂停了，但是在欧洲的德语国家，研究波阿兹柯伊的赫梯语文和象形文字的工作刚刚开始。首先，赫梯楔形文字文献临摹集开始在德国出版。1914年4月，德国柏林东方学会派出了一批亚述学家前往君士坦丁堡的奥斯曼博物馆进行分类和出版赫梯楔形文字文献的任务。他们辨认出许多与亚述楔形文字相同的符号，出版了若干卷临摹的赫梯楔形文字泥板文书汇集。其中就有26岁就成为维也纳大学亚述学教授的出生波兰的捷克学者赫罗兹尼（Bedrich Hrozny）。赫梯语言的最后破译正是由他完成的。战争的爆发使在土耳其工作5个月的赫罗兹尼被征入奥匈帝国的军队，但他没有停止研究。1915年，36岁的赫罗兹尼发表了他破译赫梯语言的方法，指出赫梯单词 ezza-/ed-，water-和印欧语系的 eat/essen(G)/edere(L)，“吃”及 water 与印欧语的 wasser(G)/wadar(Old Saxon)“水”属于同一语系 。

1917年间，他的《赫梯人的语言》奠定了赫梯学的基础。他在书中再次提出了赫梯语属于古代印欧语系的重要观点，并成功地释读了一些赫梯楔形文字文献。然而，因为赫罗兹尼本人不是一位印欧语言学者，在他考察印欧词汇时，他仅仅根据赫梯单词和一些印欧词的发音相似就草率指定赫梯的词义的做法首先遭到印欧语言学家们的反对并因此全部否定了他的理论。然而，赫罗兹尼的突破已经奠定了赫梯学基础，新学科赫梯学建立了。赫罗兹尼率领捷克考古队前往小亚半岛考察，收集和挖掘到近千块楔形文字泥板文献。大约经过20年的时间，赫体语属于印欧语系的观点被普遍地接受了。他对文献深入的理解使他正确地指出了“赫梯人”把自己的语言称做奈什语(Na/eshili)，不是圣经说的“赫梯”。“奈什”一词源于赫梯的奈沙城名(Nesha)，它可能是进入小亚半岛的印欧人部落的第一个定居中心。因此，严格意义上的古代赫梯人的语言应称为奈什语，而不应该用源于圣经的希伯来词“赫梯”。但是，“赫梯”一词在学术界既成事实状况使它成为一个约定俗成的术语。

1920年，德国语言学者嗖默尔（F. Sommer）在掌握了足够的亚述学知识后用严格的科学方法修正了赫罗兹尼的做法。他坚持首先要比较和分析一个赫梯词在它所出现的所有的上下文中表现出的词义，并根据这一文献支持的可靠的词义而不是根据具有欺骗性的词源分析来判定赫梯词的真正词义。另一些亚述学者对确定赫梯词汇也作出了贡献。嗖默尔和他的同事约翰内斯·弗瑞德瑞希（Johannes Friedrich）、埃赫喽弗（H. Ehelolf）以及奥波莱特·格茨（Albrecht Goetze）都注意到了赫梯文献中频繁出现的苏美尔和阿卡德语词汇，认识到这是赫梯书吏以简洁的苏美尔或阿卡德语词做语义符来代替含义相同但用音节拼写而书写较长的赫梯单词。由于赫梯文字是借用苏美尔/阿卡德楔形符号，书吏的阿卡德文很好，所以他们常用苏美尔和阿卡德名词语义符或词符代替赫梯词的拼写（某些赫梯语名词几乎总写成语义符)。同一篇赫梯原文经常有几个抄本，很多赫梯词在一个抄本中是拼写的，在另一个抄本中用阿卡德或苏美尔语义符代替，这样赫梯学者就能找到某个赫梯词所对应的语义符。亚述/赫梯学者在已掌握的阿卡德语词汇的帮助下能准确地理解这些语义符所对应的赫梯词汇。同时，文献中有一类是赫梯语和苏美尔语或赫梯语和阿卡德语相互对照的词汇表，这是赫梯书吏们学习苏美尔和阿卡德语词汇的字典工具书或他们的练习作业。这些字表的抄本多为残本而且表中的词汇多为文献中少见的单词，只能为解决赫梯词汇起辅助作用。在解决了基本的赫梯语词汇知识后，赫梯句法也随之解决了。赫梯学者们开始成功地释读历史文献。到1933年，几乎所有的保存完整的赫梯语历史文献已被编辑和译成德语，但对赫梯语宗教文献的理解还有一定的困难。瑞士亚述学者富尔（Emil Forrer）在这一阶段也在独立地致力于研究赫梯语言和文献，在不知赫罗兹尼的研究的情况下，他也出版了关于赫梯语法问题的专著。他编辑了赫梯古王国时期所有的历史文献并重建了由始至终全部的赫梯国王表。他惊人地发现赫梯王室档案库出土的文献涉及了八种不同的语言，即非印欧语的阿卡德语、苏美尔语、哈梯语、胡里特语和印欧语的赫梯语、楔形文字鲁维语、帕莱克语和象形文字鲁维语。非印欧语的哈梯语文献表明哈梯人是小亚的土著居民，后来的印欧人征服了哈梯人并继承了哈梯人的遗产而自称哈梯国人。因此，我们遇到了古代小亚地区的“哈梯王”的语言是被我们称为印欧语的“赫梯语”而不是本地哈梯语的怪现象。富尔还整理出版了赫梯古王国时期的所有历史文献，设想了一个完整的赫梯国王年表，为赫梯史的研究作出贡献。

破译赫梯象形文字符号的十分困难的工作是由德国人鲍赛尔特（Helmuth T. Bossert），瑞士人富尔，捷克人赫罗兹尼、意大利人梅瑞济（Piero Meriggi）以及美籍波兰人盖尔伯（Ignace Gelb）共同完成的。破译的首次突破是使用同时代的亚述文献的专有名词来辨认赫梯象形铭文中的地名和人名。他们认识到象形文字的语言是赫梯帝国中多种语言文字一种，主要用于碑铭和岩刻。其语言是和赫梯语近似的、用于西南部的阿尔扎瓦和吉组瓦特那（Kizzuwatna）地区的卢维语，多被1200年帝国灭亡后在小亚南部和北叙利亚的建立的晚期赫梯诸小王国使用。1947年秋，时任伊斯坦布尔大学近东研究系主任的鲍塞尔特在基里基亚的卡腊泰培（Karatepe）发现了一个门道：一面是腓尼基文碑石，另一面是赫梯象形文字碑石，两种文字的碑文文字并不一一对应，但记载的内容一致，腓尼基铭文还刻在一石像上。这一重要发现使赫梯象形文字释读工作前进了一大步并肯定了学者们的前期的破译工作。此外，比泰勒在 1937 年到 1939 年间曾先后三次考察了博阿兹柯伊以东的亚兹里卡亚的岩刻，读出岩壁中央的主要女神雕像的名字是海帕特，胡里特人的神后。后来，法国著名赫梯学家拉劳什成功地辨认和破译了亚兹里卡亚岩壁上的象形文字符号，并指出它是胡里特人的万神殿。这表明赫梯人的所有的神灵都有胡里特语的名字。

1929 年，赫罗兹尼为第十四版的大英百科全书撰文，第一次根据赫梯楔形文字文献综合介绍了赫梯人和他们的文化。法国重要的亚述/赫梯学者德拉坡特（Delaporte）1929 年出版了《赫梯语法基础》（*Elements de la Grammaire Hittite*）。1930 年，他在法国创刊了重要的赫梯学杂志《赫梯和小亚半岛》。在 1933 年格茨在《小亚》一书中非常系统、全面地描述了赫梯文明。印欧语比较语言学者的早期的代表是美国学者斯图尔特凡特（E. H. Sturtevant），他的《赫梯语言比较语法》（1933 年，1951 修订）是为数不多的英文版赫梯学专著之一。

1940 年，弗瑞德瑞希的系统的、附加文献阅读的的德文《赫梯语入门》（Johannes Friedrich，*Hethitisches Elementarbuch*，Carl Winter，Heildelberg，1960 年修订）出版，它至今仍是学习赫梯语的必读书。我们这本中文赫梯语法书就是根据它编著的。1952 年，他编写的第一部赫梯语辞典问世，为学习赫梯文献提供了必不可少的工具。在弗瑞德瑞希之后，另一位德国著名的赫梯学女学者卡门胡波（Kammenhuber）编写了 a 到 h 卷的赫梯语词典。这一词典不仅是解释词条，它在每一词条下还详尽地列举了赫梯文献中出现这个词的完整句子和上下文，使读者对感兴趣的词的用法和含义有一个深刻的认识，所以它的学术价值也高于以往任何一部赫梯语辞典。与其类似的英文权威性词典是《芝加哥赫梯语辞典》，它是在美国芝加哥大学东方研究院赫梯学和亚述学研究所从 1980 年开始的跨世纪工程，目前已出版了字母 L、M、N 和 P 共四卷册。这部词典采用了赫梯学的最新成果，在词汇量的收集、文献列举和译文等方面均是世界一流。它是国际赫梯学的共同结晶，许多国家的优秀赫梯学家都参加了辞典的编写工作，目前已经在因特网上使用它。除赫梯大词典外，从词源学角度对赫梯语与其他古代语言作比较研究的比较语言学重要工具书有提什勒（Johann Tischler）的《赫梯词源词汇》（德语，第一卷，A—K，1977—1984）和普赫威勒（Jaan Puhvel）的《赫梯词源词典》（英语，已出了4卷A—K，1984—1997）。

从19世纪30年代开始，更多的考古学家、历史学家和语言学家来到小亚半岛和叙利亚地区，开展了一场更大规模的考古发掘活动。代表美国芝加哥大学的冯德奥斯藤（H. Von der Osten）和盖尔伯在30年代初游览了大半个小亚半岛，发现许多新的古迹。前者在阿里沙尔城（Alishar）进行了考古发掘，建立了青铜时期的陶器序列。1932年，德拉坡特率法国考古队发掘了马拉提亚城（Malatya），一支丹麦探险队在哈拉尔德·英格侯尔特的率领下于叙利亚的哈玛城以及后来的芝加哥考古队在泰那特也开始了他们的考古发掘活动。在1935—1949年间美国人高德曼（H. Goldmam）率队在小亚半岛南部基里基亚的塔尔苏城发掘。英国人旮尔斯唐在同地区的美尔辛城附近的虞穆克泰培（Yumuk Tepe）发掘了一座赫梯人的要塞和赫梯早期的材料。具有重大意义的是土耳其学者也开始发掘本国的宝藏。他们在美国著名的赫梯学家、安卡拉大学教授圭特博克和伊斯坦布尔大学近东系主任鲍塞尔特的指导下掌握了赫梯语言和文化。土耳其学者考塞（Koçay）在阿拉加·胡虞克，鱼兹桂齐（T. Özgüç）在库勒泰培、弗腊克廷、卡腊修虞克（Elbistan）、浩柔兹泰培、阿勒廷泰培、伊南迪克（Horoztepe, Altintepe, Inandik）和马沙特（Maçat，赫梯 Tapikka)），粤兹桂齐（N. Özgüç）在阿杰姆修虞克（Acem Hüyük，赫梯 Burushhatum），阿勒金（B. Alkim）在格迪克里（Gedikeli）和伊基兹泰培（Ikiztepe，赫梯 Zalpa）以及赛达特·阿尔颇（Sedat Alp）在康亚（Konya）的卡腊修虞克（Karahüyük），分别发掘出一些赫梯遗迹和泥板文献。

1931年，以库尔特·比泰勒（Kurt Bittel）为首的德国考古研究所和德国东方学会联合考古队在温克勒之后对博阿兹柯伊废墟再次展开考古挖掘。从比泰勒教授开始，该城的发掘工作使用了科学的考古方法。1970年，比特尔教授在他的《哈图沙——赫梯人的都城》一书中科学地介绍了哈图沙古城的遗址和挖掘情况，并且概述了赫梯历史发展的过程。他根据赫梯王室档案资料，论证了赫梯帝国与埃及帝国之间的关系，这一著作具有很高的学术价值。从1952年起直到现在，从比泰勒教授到比特·奈弗教授，德国考古队每年的夏秋季节来到哈图沙继续考古挖掘工作。考古现场从下城区转到上城区，他们发现泥板文献后，由德国国内的一批亚述学家和赫梯学家们释读并出版临摹本。到目前为止，在哈图沙已发现大约三万多块赫梯楔形文字泥板文书和一定数量的象形文字碑文。在马沙特（修虞克）城，发现了116封赫梯书信。伊南迪克城也成为赫梯文献的发现地之一。1986年秋，奈弗教授和他的同事们在哈图沙发现了一块保存完好的、赫梯楔形文字清晰的青铜铭版。该文是赫梯帝国后期的图坦里亚第四和另一王室成员库仑达签订的条约。它的发现为赫梯楔形文献的断代研究提供了最新的史料。尼桑泰培附近发现了三千多个赫梯印章。除了赫梯国王和王后的印章外，还第一次获得了赫梯书吏和祭司的印章。

国际学者们的探险、发掘和苦心钻研发现了赫梯人中心哈图沙城和其中的古代文献并成功地释读了赫梯楔形文字和基本破译了赫梯象形文字，确认了赫梯语属于古代印欧语的一支。四千年前的赫梯历史、宗教、文学、经济和医学等方面的文献成为我们重新了解和认识赫梯文明的最直接、最可靠的文字资料。

现在，世界各国的赫梯学者们正致力于该学科的研究，有着悠久文明传统的中国学者也开始为研究赫梯文明贡献出一份力量。随着赫梯学研究水平的不断提高，人们对赫梯历史和文化的认识也越来越全面和准确，赫梯文明的原貌也越来越清晰地展现在我们面前。

第二部分　赫梯语法概述

第一章　赫梯的语音

赫梯人借用的阿卡德语楔形文字拼写自己的印欧语，楔形文字的音节能表示出的赫梯辅音有 12 个：h，g/k，l，m，n，b/p，r，š，d/t，w，y，z。z 是 t 和 š 的合音。h 有时弱化，变为 k 或从词中脱落。-r 在词尾有时弱化而脱落。n 是一个弱化辅音，有时它从词中脱落，如：-nza 在词尾有时恢复为-nzan。-nš- 在词尾有时变-šš-。注意-šš-偶尔错误地还原成-nš-：naš-šan＞nan-šan！。-tr-在词尾常常变为-tn-或-nn-。w 有时变成 m。楔形文是音节字，没有单独的辅音字母，所以无法精确地表示印欧语系一些单词在词的开头或结尾出现的辅音连缀音节。它用两个音节 C（V）-CV-（C 代表任意辅音，V 代表任意元音）表示词头的辅音连缀 *CCV-，用两个音节-VC-（V）C 表示词尾的辅音连缀- * VCC，用 CzV 表示词尾三辅音 *-Ctš：za＝-tša，zi/e＝-tši/e。例如，词头 *tri-只能写成 te-ri-，词尾辅音连缀 *link 写成 li-in-ik；三辅音连缀结尾的 *kaštš 写成 ka-aš-za/i/e：；

注意赫梯楔形文字不能区别轻辅音和浊辅音，因此，阿卡德楔文的三对清浊辅音 g 和 k、b 和 p、d 和 t 在赫梯语中表示的是三个辅音，都是轻辅音：k，p，t。可能一些固定的写法可以区别清浊辅音：pa-a＝ba，ta＝da，tta＝ta。楔形文字的符号都是音节字，没有单独的辅音，

赫梯楔形文字表达的元音有四个：a，e，i，u。u 和 i 还表示半辅音 w 和 y。拼写中，e 和 i 常常可以被看成同一元音。动词词干的元音常常可以变换达到元音和谐，：a＞e（多发生在人称后缀有 i，e），e＞a（多发生在人称后缀有 a）。双元音可简化：ai＞e/i，（i＞（，ia＞e/i，uwai＞ui，aya＞a，ue＞u，uwa＞u，uwa＞ue，uwa＞wa。

第二章　名词、形容词

一、构词法

1. 抽象名词

（甲）后缀 ***-an*** 加动词词干：动词 *henk-* *切开、决定* ＞*henk**an*** 命运、死，*nah-* 害怕＞*nahh**an***。

（乙）***-ātar*** 加动词、形容词词干：*idālau-* 是坏的＞ *idālaw**ātar*** 坏，*palhi-* 宽的＞*palh**ātar*** 宽，*šullāi-* 争斗＞*sull**ātar***，*lahhiya-* 行进＞*lahhiy**ātar*** 出征。

（丙）***-eššar*** 加动词、形容词词干：*eš-* 坐＞*a**šeššar***，*hanna-* 审判＞*hann**eššar*** 案。

（丁）***-ašti***，***-ša*** 或 ***-att-***加动词、形容词词干：*palhi-* 宽的＞*palh**ašti*** 宽，*daluki-* 长的＞ *dalug**ašti*** 长，*kartimmiya-* 生气＞*kartimmiy**att-***，*aniya-* 做、进行＞*aniy**att-*** 工作，*nahšariya-* 恐惧＞*nahšaratt-*，*karuili-* 老、旧的＞*karuiliyatt-* 老旧，*unuwāi-* 装饰＞***unuwašha-***，***tešha-*** 梦。

（戊）***-ima-***加动词、形容词词干：*tethāi-* 打雷＞*teth**ima-*** 雷电，*ekuna-* 冷的＞*ekun**ima-*** 冷，*weriteš-* 害怕＞*werit**ema-***。

（己）***-ul***，***-ur***，***zēl*** 加动词、形容词词干：*aššu-* 好的＞*aš**šul*** 喜欢，*aniya-* 做＞*ani**ur*** 仪式，*išhiya-* 捆绑＞*išhiul*，*wašta-* 犯罪的＞*waš**tul*** 罪行，***šarnik-*** 赔偿＞***šarnikzēl***。

（庚）*-āi* 加动词、形容词词干：*lenk-* 发誓＞*leng**āi-*** 誓言，*hurta-* 咒骂＞*hurt**āi-*** 骂、*wašta-* 犯罪的＞*waštāi-* 罪行，*zah-* 打＞*zahāi-*

辛、纯名词干词尾 -(*u*)***war***：*aša**war*** 羊圈，***partawar*** 翅膀。

2. 职业名词

（甲）***-tara*** 加动词词干：动词 ***weši**ya-*** 放牧＞*we**štara*** 牧羊人。

（乙）***-talla*** 加动词、名词干：***aršani**ya-*** 羡慕＞ *aršana**talla*** 嫉妒

者，*erhui-* 筐 > *erhui**talla*** 女筐运工，*uškišk-* 观察 > *uškiška**talla*** 观察者。

（丙）***-ala*** 加名词词干：*auri-* 边界哨所、哨岗 > *auri**yala*** 边界哨兵，*išpantuzzi-* 酒桶 > *išpantuzzi**yala*** 葡萄酒管事，*karimmi* 庙 > *karimn**ālla*** 神庙仆人。

（丁）***-šepa*** 表示神灵：*daganz(**tš**)**ipa**-* 地的守护神，*Išpanza**šepa*** 夜神灵，*Kamru**šepa*** 健康女神，*Miyatan**zipa**-* 植物神。

3. 工具名词

（甲）***-ul*** 加动词词干：动词 ***šešar**iya-* 筛 > *šešar**ul*** 筛子。

（乙）***-uzzi*** 加动词、形容词词干：***išh**iya-* 捆绑 > *išh**uzzi*** 带子、腰带，*lahhurn**uzzi**-* 祭祀用具，*išpant**uzzi*** 酒桶。

（丙）***-alli*** 加名词词干：*kuttar-* 脖子 > *kuttan**alli*** 脖链，*haršan-* 头 > *hanršan**alli*** 花环，*išša-/aiš* 嘴 > *išš**alli**-* 唾沫，*puri-* 唇 > *puri**yalli*** 笼头。

4. ***-ant*** 结尾非动名词的名词和形容词

（甲）集合名词：*utnā-* 国家 > *utnē**yant**-* 所有国家，*tuzzi-* 军队 > *tuzzi**yant*** 全部军队，*antuhša-* 人 > *antuhšan**nant**-* 全体居民，*parn-* 房屋 > *par**nant*** 家庭。

（乙）时间名词：*hamešha* = *hameš**hant*** 春天，*gim-* = *gim**mant*** 冬天

（丙）名词词干：*šankunni-* = *šankunni**yant*** 祭司，*huhha* = *huh**hant*** 祖父，*hilammar* = *hilam**nant**-* 门建筑，*ešhar* = *eša**nant**-*（r > n）血，*uttar* = *udda**nant**-*（r > n）词、事，*kašt* = *kiš**tant**-* 饥饿。

（丁）形容词词干：*aššu-* = *aššu**want**-* 好的，*irmala* = *irmal**ant**-* 病的，*šuppi-* = *šuppi**yant**-* 纯洁的，*dapiya-* = *dapi**yant**-* 全部的，*peruna-* 岩石 > *peru**nant**-* 岩石的，*kanint-* 渴 > *kanin**tant**-* 渴的。

5. 其他词尾的形容词

（甲）形容词尾 ***-ala*** 也见于名词尾，***-ili*** 只用于形容词：*genzu-* 友谊 = *genzu**wala**-* 友好的，*tuwa-* 遥远地 > *tu**wala**-* 远的，*karū-* 早地 > *karū**ili*** 老的。

（乙）***-ia*** 表示时空：*išpant-* 夜晚 = *išpant**iya**-* 夜的，*ištarn-* 中间 =

*ištarn**iya*** 中的。

（丙）动或名词词干加***-want*** 表示状态：*zamankur-* 胡须＝*šamankur**want*** 有胡须的，*kartimmiya-* 愤怒＝*kartimmiya**want*** 愤怒的，*kašt-* 饥饿＝*kištu**want**-* 饥饿的，*ešhar-* 血＞*ešhar**want**-* 血红的，*apēniššan-* 这样＞*apēniššu**want**-* 这样的。

（丁）***-zi*** 见于表示位置的形容词：*hant-* 前面＞*hante**zzi*** 前面的、第一的，*appa* 向后＞*appe**zzi*** 后面的，*šarā* 向上＞*šarā**zzi**-* 上面的。

6. 其他构词法

（甲）加表示女性的词尾***-šara*** 构成女性词：，*išhar-* 主人＋*šara*＞*išha**ššara**-* 女主人；ARAD男奴隶＞GEMÉ-***aššara**-* 女奴隶

（乙）词词尾***-umna*** 表示人民、民族：^{uru}*Hattuša* 哈图沙城＞*Hattuš**umna**-* 哈图沙人，^{uru}*Palā-* 帕拉城＞*Palā**umna**-* 帕拉人，^{uru}*Luwi-*＞*Lu*（*w*）***iumna**-* 卢威人，^{uru}*Hal**pūma**-* 阿勒颇人，*Nē**šumen**ēš* 奈沙城的人们。

（丙）***-anni*** 表示"小"：^{d}*Šarrum**anni*** 神"年轻的王"（阿卡德词 *šarrum*？＝^{d}Lugal-bànd?），^{d}*Ninatt**anni**-* 尼那塔神的小像，*arma-* 月亮＞*arm**anni**-* 月牙。

（丁）可能是卢威语的形容词词尾 ***-alli-***，***-talli-***，*hirunt-* 誓言＞*hiru**talli*** 誓言的，*muwa-* 力量＞*muwa**talli*** 强壮的，*piddāi-* 跑＞*piddiy**alli**-* 敏捷的。

（戊）*ašša/i-*表示小的神明：*hila-* 庭院＞^{d}*Hil**ašši*** 庭院的神，*ištamana-* 耳朵＞^{d}*Ištaman**ašša**-* 耳神，*šakuwa-* 眼睛＞^{d}*Šakuw**ašša**-* 眼神。

（己）***imi-***是被动分词尾：^{d}***Šarlaimi**-*"被提高者"＞。

（庚）词干重复：*mall-* 磨谷＞*me**mal**-* 粗磨的麦，*ti**tita**-* 瞳孔，*dud**dumi**-* 聋的，*hal**hal**tumari-* 角落石，*harši**harši**-* 雷雨，*akuw**akuwa**-*

二、名词、形容词的变格

赫梯语的名词有性别（gender）、数量（number）和格尾（case）的变化。修饰名词的形容词的性、数、格的变化和它修饰的名词一致。赫梯语的名词、形容词有两种属性，即阴阳性与中性。一般而言，表示

各种关于人和动物的名词属于阴阳性的名词，表示事物的名词属于中性名词，如 *antuhš*（人）是阴阳性名词，*arun*（大海）是中性名词。赫梯语名词的数的形式也包括两种，即单数与复数。

赫梯语名词的格的变化形式最为复杂，名词干（stem）在句子中附加不同的格尾音，作不同的句子成分，指示名词在句子中不同的语法作用。我们有如下的十种名词格尾形式。

阴阳性名词和形容词语法格式和格尾变化

格名称	单数名词格尾	复数名词格尾
第一格：主格（nominative），用做谓语动词的主语	在名词干后加-*š*	-*eš* 或-*uš*/-*aš*
第二格：属格（genitive），用做名词的定语和介词的宾语	在词干后加-*aš*	-*aš*　古语-*an*
第三格：予格（dative），表示给予的对象、动作的目的，用做动词的间接宾语。=第六格：位置格（locative）表示位置，句中做地点状语；这两格可称为间接格（oblique）做介词宾语	-*i*/-*ia* 古予格-*a* *haššui*（给）予国王	-*aš*
第四格：宾格（accusative），做及物动词的宾语	-*n* 或-*an*	*uš*
第五格：夺格（ablative），表示来自于某人或某地	-*az*（*a*）	复数的形式与单数相同
第七格：工具格（instrumental）表示动作发生时的工具或方式	-*it*	复数形式与复数相同
第八格：方向格（terminative）：表示方向和目的地，不常用	-*a*	复数的形式与单数相同
第九格：呼格（vocative），用于呼语	-*e* 或保持原形	

除了主格和宾格之外，中性名词的其他的格尾变化都与阴阳性名词的格的变化一样。中性名词的主格与宾格的形式相同，变化与阴阳性词的主格和宾格则不同。以-*a* 结尾的中性单数名词在句子中做主格 h 或宾格时，在词干后加-*n*，其他的中性名词的主——宾格则保持原形；中性名词的复数主格——宾格保持原形，或在词后加-*a* 或-*i*。

中性名词和形容词的主一宾格尾

单数	复数
-，-*n*	-，-*a*，-*i*

名词词干分为两大类：由元音结尾的名词词干以及由辅音结尾的名词词干。

（一）元音结尾的名词词干：

-*a*-尾词干，如 *happira-*（城市）

-*u*-尾词干，如 *haššu-*（国王）

-*i*-尾词干，如 *tuppi-*（泥板）

-*ai*-尾词干，如 *haštai-*（骨头）

（二）辅音结尾的名词词干：

1. 辅音结尾的阴阳性名词：-*t* 结尾词干，如 *kartimmiyat-*，和-***nt*** 尾词干，如 *humant-*。

2. 辅音结尾的中性名词：-*n* 尾词干，-*l* 尾词干，-*r* 尾词干和-*r*/-***n*** 变音尾词干。

1. 元音-*a*-，及-*ā*-结尾的名词干的后接格尾

	单数	复数
中性主宾格	*peda-**n*** 地方	（无格尾）*peda* 诸地方
阴阳性主格	*antuhša-**š*** 人，*anna-**š*** 母亲， *aruna-**š*** 海，*kiššera-**š*** 手， *išhā-**š*** 主人	*antuhš-**eš*** 人们，*ann-**iš*** 母亲们 *išh-ēš* 主人们
宾格	*antuhša-**n***　*aruna-**n*** *kiššara-**n***	*antuhš-**uš***
属格	*antuhša-š* 人的，*pedaš* 地方的， *an**naš*** 母亲的，*kiššara-š* 手的	*antuhš-**aš*** 人们的 *ped-**aš*** 诸地方的
予格、位置格	*antuhš-i* 对人，*ped-**i*** 在地方， *arun-**i**/arun-**a*** 在海中	*antuhša-š* 对人们 *ped-**aš***
夺格	*antuhš-**az*** 从人，*ped**az*** 从地方	*antuhš**az*** *ped**az***＝同单数
工具格	*kiššer-**it*** *ped-**it***	*kiššer-**it*** 用手
呼格	*išhā* 啊，主人	

2. 元音-*i*-结尾的名词-形容词的各种格尾

(例词 *halki*“谷物” *tuzzi*“军队”)

语法格	单数	复数
中性主宾格	(无格尾)*huwaši* 大理石,*utne* 土地,*šalli* 大的,*šuppi* 纯的,*mekki* 多的,*karūili* 老的,	*huwāši*[hi-a] *utne*,*šal**la***,*šup**pa***,*megg**ya***,*karūila*
阴阳性主格	*halki-š* 大麦 *tuzzi-š* *šalli-š* 大的,*šuppi-š* 纯的,*mekki-š* 多的,*karūili-š* 老的	*halk-**iš*** *šalla-**ēš*** 大的,*šuppa-**eš*** 纯的,*megga-**eš*** 多的,*karūil-**ūš*** 老的,
宾格	*halki-**n***,*tuzzi-**n***,*šalli-**n*** 大的,*šuppi-**n*** 纯的,*mekki-**n*** 多的,*karūili-**n*** 老的	*halki-**uš**/**ēš*** *tuzzi-**uš**/-**yaš*** *šalla-**uš*** 大的,*šuppa-**uš*** 纯的,***megga-uš*** 多的,*karūila-**uš*** 老的
属格:单复数相同	*halki-**yaš*** 大麦的,***tuzzi-aš*** 军队的,*huwaši-**yaš*** 大理石的,*utne-**yaš*** 土地的,*šalla-**yaš*** 大的,*šuppa-**yaš*** 纯的,*mekka-**yaš*** 多的,*karūila-**yaš*** 老的	*tuzzi-**yaš***,*megga-**yaš*** 多的
予格、位置格	*tuzzi-**ya*** 在军队,*huwaši*(-*ya*)在大理石上,*utnī*/*utni-ya* 在土地 *šalla-i* 大的,*šuppa-**i***(*a*)纯的,*mekka-**i*** 多的,*karūila-**i*** 老的	KUR-*e-**aš*** 在一些土地,*šalla-**yaš*** 大的,*šuppi-yaš-yaš-yaš* 纯的,*mekka-**yaš*** 多的,*karūili-**yaš*** 老的
夺格:单复数相同	*halki-**yaz*** 从大麦,*tuzzi-**yaz*** 从军队,*utne-**az*** 从土地,*šala-**yaz*** 从大的,*šuppa-**yaz***(*a*)从纯的,*meqqa-**yaz*** 从多的,*karūili-**yaz*** 从老的	*šuppa-**yaz**a* 纯的,*mekka-**yaz*** 多的,*karūila-**yaz*** 老的
工具格:单复数相同	*halk-**it*** 用大麦,*šuppi-t* 用纯的	*tuzz-**it***

3. 元音-*ai* 结尾的名词的各种格尾

	单数	复数
中性主宾格	(无格尾)*haštai* 骨	
阴阳性主格	*zahhai-š* 会战	*lingai-š* 多次誓言
宾格	*zahhai-**n***，*lingai-**n*** 誓言，*zašhai-**n*** 梦	*linga-**uš*** 几誓言，*zašhi-**muš*** 几个梦
属格：单复数相同	*zahhi-**yaš*** 会战的，*linki-yaš* 誓言的，*hašti-yaš*	
予格、位置格	*zahhi-**ya*** 在会战中，*linki-**ya*** 在誓言中，*zašhi-**ya*** 在梦中；(中性)*haštai* 在骨中	
夺格：单复数相同	*zahhi-**yaz**(a)* 从会战，*linki-**yaz**(a)*，从誓言中，*zašhi-**yaz**(a)*从梦中	
工具格：单复数相同	*zašh-**it*** 用梦，*hašt-**it*** 用骨头	

4. 元音-*u* 结尾的名词的各种格尾

	单数	复数
中性主宾格	(无格尾)*genu* 膝盖，*aššu* 好的，*parku* 高的，*idālu* 坏的	*genuw**a*** 膝盖，*aššaw-**a***，*pargaw-a*，*idālaw-**a***
阴阳性主格	*harnau-š* 分娩椅 *wellu-š* 草地 *heu-š* 雨 *LUGAL-u-š* 王 *aššu-š* 好的，*parku-š* 高的，*idālu-š* 坏的	*heu-wēš* 雨 *LUGAL-wēš* 王 *aššau-wēš* 好的，*parga-wēš* 高的，*idāla-wēš* 坏的
宾格	*harnau-**n*** 分娩椅 *wellu-**n*** 草地 *heu-**n*** 雨 *LUGAL-u-**n*** 王 *aššu-**n*** 好的，*parku-**n*** 高的，*idālu-**n*** 坏的	*he-**uš**/heam-**uš*** 雨 *aššam-**uš*** 好的，*pargam-**uš*** 高的，*idālam-**uš*** 坏的

属格：单复数相同	*harnaw-**aš*** 分娩椅，*wellaw-**aš*** 草地的，*heuw-**aš*** 雨的，LUGAL-*w-**aš*** 王的，*genuw-**aš*** 膝盖的，*aššaw-**aš*** 好的，*parkuw-**aš*** 高的，*idāluw-**aš*** 坏的	*genu-waš* 双膝盖的，*aššaw-**aš*** 好的，*pargaw-**aš*** 高的，*idālaw-**aš*** 坏的
予格、位置格	*harnu-**wi*** 在分娩椅，*wellu-**i*** 在草地，*heu-**i*** 在雨，LUGAL-***i*** 对王，*genuw-**a***（古）在膝盖，*aššaw-**i*** 在好的，*pargaw-**e*** 在高的，*idālaw-**i*** 在坏的	*welluw-**aš*** 在草地，*heuw-**aš*** 在雨，*genuw-**aš*** 在双膝盖，*pargaw-**aš*** 在好的，*idālaw-**aš*** 在坏的
夺格：单复数相同	*wellu-w**az*** 从草地，LUGAL-*w-az* 从王，*aššaw-**aza*** 从好的，*pargaw-**az*** 从高的，*idālaw-**az*** 从坏的	*genuw-**az*** 从双膝盖，*idālaw-**aza*** 从坏的
工具格：单复数相同	*heau-**it*** 用雨，*aššaw-**et*** 用好的，*idālau-**it*** 用坏的	*aššaw-**et***

5. *-tt-*，*-nt-*，*-n-*，*-h-*，*-l-*，*-š-*，不变音的*-r-*辅音结尾名词的各种格尾

	单数	复数
中性主宾格	（无格尾）*aniyat* 工作，*šiwat*（UD-*at*）日子，*human* 全部，*šahhan* 赋役，*laman* 名字，*tekan* 土地、*waštul* 罪，*išhiul* 条约，*takšul* 友好的，*tawal* 饮料，*šuppal* 动物；*nepiš* 天，*aiš* 嘴，*išgaruh* 尖容器；*huppar* 汤盆，*šakuwaššar* 公正的，*kurur* 敌意，*keššar* 手	*aniyatt-**a*** 一些工作，*šiwatt-**a*** 几个日子，*humanda-**a*** 全部的，*appant-**i*** 被俘虏的，*waštul*$^{\text{hi-a}}$ 数罪，*išhiul-**i***$^{\text{hi-a}}$ 数条约，*takšul* 友好的，*šuppal-**a*** 动物们；*huppār-**i*** 汤盆，*kurur* 敌意

阴阳性主格：-*t*＋-*š*＝-*z*(*a*)	*aniyaz* 工作、*kartimmiyaz* 怒，*karaiyaz* 洪水，*kašza* 饥饿 *šiwaz*（UD-**az**）日子，*weza*（MU-KAM-*za*）年；*išpanza* 夜 *humanza* 全部的，*appanza* 被俘虏的，*huišwanza* 活着的；MUNUS-*za* 女人；*huppar*-**aš** 汤盆，*šakuwaššar*-**aš** 公正的	*garitt-eš*/*karitti*-**yaš** 几个洪水，*šiwatt*-**uš**（UD-KAM^{hi-a}-**uš**）几个日子，*wett*-**uš**（MU-KAM^{hi-a}-**uš**）几年；*išpand*-**eš** 几夜、MUNUS^{meš}-**uš** 女人们，*humand*-**eš** 全部的，*appant*-**eš** 被俘虏的，*huišwant*-**eš** 活着的；*šakuwaššar*-**uš** 公正的
宾格	*aniyatt*-**an** 工作，*kartimmiyatt*-**an** 怒，*karaiyatt*-**an** 洪水、*kašt*-**an** 饥饿，*šiwatt*-**an**（UD-**an**）、日子 *wett*-**an**（MU-KAM-**an**）年；*išpand*-**an**、MUNUS-**n**-**an** 女人、*humand*-**an** 全部的、*appant*-**an** 被俘虏的、*huišwand*-**an** 活着的、*šakuwaššar*-**an** 公正的	*šakuwaššar*-**uš** 公正的 *kartimmiyadd*-**uš** 多次怒，*šiwatt*-**uš**（UD^{hi-a}-**uš**）几日，**wett-an**（MU-KAM-**an**）几年；*išpand*-**uš** 几夜，*humand*-**uš** 全部的，*huišwand*-**uš** 活着的；*šakuwaššar*-**uš** 公正的
属格：单复数相同	*aniyatt*-**aš** 工作的，*kartimmiyatt*-**aš** 怒的，*karaiyatt*-**aš** 洪水的，*kašt*-**aš** 饥饿的，*šiwatt*-**aš**（UD-**aš**）日子的，**wett-aš** 年的；*išpand*-**aš** 夜的，MUNUS-**n**-**aš** 女人的，*humand*-**aš** 全部的，*appant*-**aš** 被俘虏的，*huišwant*-**aš**/*TI*-**ant-aš** 活着的；*šahhan*-**aš** 赋役的，*tagan*-**aš** 土地的；*wašdul*-**aš** 罪的，*išhiul*-**aš** 条约的，*takšul*-**aš** 友好的，*tawal*-**aš** 饮料的；*nepiš*-**aš** 天的，*išš*-**aš** 嘴的；*huppar*-**aš** 汤盆的，*šakuwaššar*-**aš** 公正的，*kurur*-**aš** 敌意的	*wett*-**an**/-**aš** 几年的；**humand-aš** 全部的；*šuppal*-**an** 动物们的；*kurur*-**aš** 敌意的

予格一位置格，新语：-i，古语：-a，	aniyatt-i 在工作、kartimmiyatt-i/TUG-TUG-att-i 在怒、karaiyatt-i 在洪水、karuiliyatt-a 在从前、kašt-i 在饥饿、šiwatt-i 在日子 wett-i 在年；išpant-i 在夜、MUNUS -n -i 对女人，humant-i 在全部的，appant-i 对被俘虏的，huišwant-i 对活着的；šahhan-i 在赋役、laman-i 在名字、tekan-i/ā 在土地；wašdul-i 在罪、takšul-i 在/对好的，tawal-i 在饮料、šupl-i 对动物；nepiš-i 在天、išš-i 在嘴，išqaruh-i 在尖容器；huppar-i 在汤盆、šakuwaššar-i 在/对公正的，kurur-iz 在/对敌意、kešar-ā 向手、kešr-i 在手	aniyatt-aš 在一些工作、šiwatt -aš（UD^{hi-a}-aš）在几日、wett-aš（MU-KAM^{hi-a}-aš）在几年、MUNUS^{meš}-aš 对女人们、humand-aš 在全部的；laman-aš 在一些名字、kešr-aš 向/在双手
夺格：单复数相同	šiwatt-az（UD-KAM-az）从日子，wett-za（MU-KAM-za）从年；išpand-az 从夜，humand-az 从全部的；šahhan-az（a）从赋役，laman 从名字，tagn-az 从土地；išhiull-aza 从条约 takšul-az 从友好的，tawal-az 从饮料，šuppal 从动物；nepiš-aza 从天 išš-az 从嘴；huppar-aza 从汤盆 šakuwaššar-aza 从公正的；	
工具格单复数相同	kašt-ita 用饥饿；šahhan-it 用赋役，laman-it 用名字，wašdul-it 用，tawal-it 用饮料；išš-it 用嘴，išgaruh-it 用尖容器；huppar-ity 用汤盆 šakuwaššar-it 用公正的；kiššar-at 用手	

6. 以-*r*-或-*tr*-结尾的中性词在其他格时变为-*n*-和-*nn*-音

	单数	复数
中性主宾格（无格尾）	*uttar* 词、*ešhar* 血、*lammar* 时刻、*watar* 水、*pahhuwar* 火、*mehur* 时间、*hanneššar* 诉讼、*uppeššar* 寄送、*ašawar* 羊栏、*partawar* 羽翼、*hilammar* 人口建筑；*paprātar* 亵渎、*lahhiyatar* 出征、*zankilatar* 悔过、*huitar* 动物界	*uddār* 事务、*wedār* 水；*uppeššar* 寄送；*lahhiyatar* 出征、*zankilatar*[hi-a]悔过
属格：单复数相同	*uddan-**aš*** 词的，*ešhan-**aš*** 血的，*lamman-**aš*** 时刻的，*weten-**aš*** 水的，*pahhuwen-**aš*** 火的，*mehun-**aš*** 时间的；*hannešn-**aš*** 诉讼的，*partaun-**aš*** 羽翼的，*hilamn-**aš*** 人口建筑的；*paprann-**aš*** 亵渎的，*huitn-**aš*** 动物界的	*uddan-**aš*** 事务的，*weten-**aš***/A[hi-a]-***aš*** 水的，*pahhuwen-**aš*** 火的，*mehun-**aš*** 时间的
予格、位置格	*uddan-**i*** 在词中，*ešhan-**i*** 在血中，*lamn-**i*** 在时刻，*weten-**i**/**a*** 在水，*pahhuwen-**i*** 在火 *mehu*（*e*）*n-**i*** 在时间；*uppešn-**i*** 在寄送，*partaun-**aš*** 在羽翼，*hilamn-**aš*** 在人口建筑，*hannešn-**i*** 在诉讼、*ašaun-**i*** 在羊栏；*paprann-**i*** 在亵渎，*lahhiyann-**i*** 在出征中，*zankilann-**i*** 在悔过	*uddan-**aš*** 在事务 *mehun-**aš*** 在时间
夺格：单复数相同	*uddan-**aza*** 从词中，*ešhan-**aza*** 从血中，*witen-**aza*** 从水，*pahhuwen-**aza*** 从火；*hannešn-**az*** 从诉讼中，*ašaun-**az*** 从羊栏，*partaun-**az*** 从羽翼，*hilamn-**az*** 从人口建筑；*paprann-**az*** 从亵渎	

工具格：单复数相同	*wudan-da* 用词，*weten-it* 用水，*pahhuwen-it* 用火；*hannešn-it* 用诉讼，*partaun-it* 用羽翼，*huitn-it* 用动物界	

7. 单数主格丢**-n-**尾音但其他格词干留**-n-**的词干和特殊的 **kar（d）-**，**par（n）-**

	单数	复数
中性主宾格（无格尾）	*ker* 心 **per** 房子、家	**ker** 心，**per** 房子、家
阴阳性主格	*memiya-š* 话，*arkamma-š* 贡物，*hara-š* 鹰，*alkišta-š* 树枝，*muri-š* 一串；*kutruwa-š* 证人；	*hāran-iš* 鹰们，*kutruwan-eš* 证人们
宾格	*memiya-n* 话、*arkamma-n* 贡物、*hara-n/haran-an* 鹰、*alkištan-an* 树枝	*memiyan-uš* 话，*arkamm-uš* 一些贡物、*alkištan-uš* 一些树枝、*muriyan-uš* 几串
属格：单复数相同	*memiyan-aš* 话的，*arkamman-aš* 贡物的，*haran-aš* 鹰的，*alkištan-aš* 树枝的；**kardi-yaš** 心的，**parn-aš** 房子的	
予格、位置格	*memiyan-i* 在话、*kutru-i* 对证人；**kard-i** 在心、**parn-i** 在房子、古语：**kart-a parn-a**	*kutru-aš* 对证人们、**parn-aš** 在几个房子
夺格：单复数相同	**memiyan-az** 从话；**kart-az** 从心、**parn-aza** 从房子	
工具格：单复数相同	*memin-it* 话、*murin-it* 用一串；**kard-it** 用心	

第三章 代 词

一、人称代词

由于谓语动词的人称后缀表示了句子的代词主语，赫梯语句子中不必须需要独立的代词。独立代词多用在强调代词的句子中。第一与第二人称有专有的独立代词，强调第三人称的独立代词的用法使用指示代词 *apa-* 和拉丁语“*is*”相同。

1. 第一、二人称独立代词格尾变化

	“我”	“你”	“我们”	“你们”
主格	***uk***(*ugga*, *ammuk*)	***zik***(*zigga*)	***uēš*** (*anzāš*)	***šumēš*** (*šumāš*)
宾格	***ammuk***(*ammugga*)	***tuk***(*tugga*)	***anzāš***	***šumāš*** (*šumēš*)
属格	***ammēl***	***tuēl***	***anzēl***	***šumēl***(***šumenzan***)
予格—地点格	***ammuk*** (*uga*)	***tuk*** (*tuga*)	***anzāš***	***šumāš*** (*šumēš*)
离格	***ammēdaz***(***a***)	***tuēdaz***(***a***)	***anzēdaz***	***šumēdaz***

词源上，我们可以理解“我”的词干是 **wu*（***uk***），**am/an*，*am*＋**wu*＝*ammu-*（阿卡德语 *anāku*，英语 am“我是”）；“你”的词干是 **tš-*（***z-***），**tšu-*（***tu-****k*）。我＋你＋复数词尾形成“我们”：***am＋zu***（*tšu*）＋*āš*＝***anz-****āš*。你＋我＋复数词尾等于“你们”：****tšu＋am＋****ēs*＝***šum-****ēs.*

注意：

（一）古赫梯语言中，主格形式只使用 *uk*，*uēš* 和 *šumeš*；*ammuk*，*anzaš* 和 *šuma****š*** 只表示予格和宾格。新赫梯帝国时期的语言中的宾格和主格的形式一样（就像罗曼语系的语言一样），因此 *uk* 和 *uēš* 几乎被废除。主格 *šumēs* *你们* 也作为宾格被使用，宾格与主格的词尾相同，

šumēš 同样也是予格格尾（KUB XXVI 12 II 25）。类似的还有主格 *uga* *我* 也作为予格使用（Sommer AU 33）。然而，在任何时期，主格 *zik 你* 和予格 *tuk 予你* 从来不互换使用。

（二）在古赫梯语言中，属格形式是 *šumenzan 你们的*“vestri”，*šumēl 你们的* 和 *anzēl 我们的* 出现在新赫梯语（Sommer HAB 77）。

2. 强调自己代词后缀 ***-ila***

后缀 ***-il***（*a*）表示“自己”，它和独立代词连用：***ukila***（***ukel***）“*我自己*”，*zik**ila***“*你自己*”，*šumā**šila***“*你们自己*”，*apa**šila***“*他自己*”（复数：主格 *apa**šila***，宾格 *apa**šiluš***）（Sommer，Heth. II 48；Somer HAB 141）。

3. 予格和宾格代词后缀

第一人称	***-mu*** “*我*”（予格、宾格）	***-naš*** “*我们*”（予格、宾格）
第二人称	***-ta***（*-za*，*-du*） “*你*”（予格、宾格）	***-šmaš*** “*你们*”（予格、宾格）
第三人称	***-ši*** “*他，她，它*”（只有予格）	***-šmaš*** “*他们*”（只有予格）
反身代词	***-za*** *他自己*（予格、宾格）	

予格即宾格代词后缀可以和前置连词 *nu*“和”搭配用：*nu-mu*“与我”，*nu-tta*，“和予你”，*nu-šši*，“和予他”，*nu-nnaš*“和予我们”，*nu-šmaš*，“和予你们，和予您”。*nu-mu-ašta*“和予我，然后（?）”变为 ***numāšta***。

反身代词后缀***-za*** 可以和动词和 *nu-* 搭配。

4. 第三人称代词后缀***-a*** 的主宾格

第三人称代词主格和宾格没有独立形式，总是以后缀形式***-a*** 出现。第三人称代词主宾格后缀 ***-a-*** 和第三人称代词予格后缀 ***-ši***“*予他/它*”和 ***-šmaš***“*予他们*”可以组成一个完整的第三人代词后缀变位表格。***-a*** 的主宾格变化如下

	单数	复数
阴阳性主格	***-aš*** *他、她*	古 ***-e*** 新 ***-at***

阴阳性宾格	***-an***	古 ***-uš***	新 ***-aš***
中性主一宾格	***-at*** 它	古 ***-e***	新 ***-at***

代词后缀 *-a- 他*是指示代词 *a- 这*的弱化形式。它的阴阳性复数主格 *-e* 反映了古印欧语阳性复数代词的主格形式 *-oi*；在新赫梯帝国时期，首先是中性单数人称后缀 *-at 他*，然后复数中性代词后缀 *-at 他们、它们*开始出现了。

连词 *nu-“和”*、*ta-“和”* 以及 *šu-“和”* 可以和第三人称后缀形式搭配：***n-aš***，***š-aš***，*“和他（她，它）”*，***n-at***，***t-at***，“和它”，***n-an***，***t-an***，***š-an***，“以及他（她）（宾格）”；*n-e*，*ta*（< **ta-e*），***š-e***，***n-at***，“和他们（复数主格）”，***n-uš***（*n-aš*），***t-uš***（*t-aš*），***š-uš***（*š-aš*）“和他们”（复数宾格）

在与 *nu* 和小品词 ***-ua(r)-***，我们讨论过相关的：*nu-uar-aš*，（和他/她），***nu-uar-an***（和他/她（宾格））

第三人称强化独立形式词干 ***ši-***“他、她、它”的属、予一地、夺格如下：

属格	*šei 他、她、它的*
予一地点格	*šetani 予/于他、她、它*
夺格	*šez 从他、她、它*

5. 人称物主代词后缀

人称物主代词后缀以名词后缀的形式出现。第一人称复数形式没有发现。各人称的基本元音为*-i*，第一人称单数的辅音是 *m-*，第二人称的辅音是 *t-*，第三人称的辅音是 *š-*。第二、三人称复数的辅音是 ***šm-***。物主代词的语法特性是形容词，做修饰名词的定语，它要和它修饰的名词保持性、数格的一致。当物主代词和单数名词连用时，它的形式也是单数，和服数名词连用时，它的形式也是复数。物主代词的基本词干如下。

物主代词后缀三种人称的基本词干

	单数	复数
第一人称	*-mi- 我的*	无

第二人称	*-ti-* 你的	*-šmi-* 你们的
第三人称	*-ši-* 他，她，它的	*-šmi-* 他们的

在物主代词后缀的各种格尾中，属格和古予格的元音是*-a-*。注意：元音 *i* 和 *e* 经常交换，它们实际上是同一个元音。

物主代词后缀单数形式的格尾变化

	第一人称	第二人称	第三人称	第二人称复数	第三人称复数
阴阳性主格	***-miš*** 我的一个	***-tiš***(*-teš*) 你的一个	***-šiš*** 他/她的一个	***-šmiš*** 你们的一个	*-šemeš* 他们/她们的一个
阴阳性宾格	***-min*** (*-man*)(作)	***-tin***	***-šin***(*-šan*)		***-šman***
中性主—宾格	***-mit***	***-tit***	***-šit***(*-šet*) 它的	***-šmet*** (*-šemet*)	***-šmet***(*-šmit*, *-šemet*, *-šamet*, *-šimit*, *-šummit*)
呼格	*-mi*				
属格	*-maš*	*-taš*	*-šaš*		
予—地点格	*-mi*	*-ti*(*-di*)	*-ši*	*-šmi*	*-šmi* (*-šummi*)
予格(古)	*-ma*	*-ta*	*-ša*		*-šma*
工具格		*-tit*	*-šet*(*-šit*)		*-šmit*

物主代词后缀复数形式的格尾变化

阴阳性主格同单数	*-miš* 我的一些	*-tiš*(*-teš*) 你的一些	*-šeš*(*-šiš*) 他/她的一些	*-šmeš* 你们的一些	
阴阳性宾格	*-muš* (*-miš*)	*-tuš* (*-duš*)	*-šuš*		*-šmuš* 他们/她们的一些
中性主—宾格同单数	*-mit* (*-met*)	无	*-šet* 它的一些		
属格	*man*				
予—地点格	无	*-taš*			*-šmaš*

6．指示代词

指示代词有两个：*kā-* *这个*、*这是*以及 *apa-* *那个*、*那是*。他们的词尾变化和名词基本相同，属格尾 *-el* 和予地格 *-ani*、工具格 *-anda* 有些特殊。注意主格以外的其他格尾的元音之间可以插有元音分隔符 ***-d-***。

	单数	复数
阴阳性主格	**-š**	**-e**，**-eš**，**-uš**
阴阳性宾格	**-n**	**-uš**
中性主宾格	**-t**，——	**-e**，——
属格	*-el*（*-edaš*）	**-enzan**（*-el*）
予一地点格	*-edani*（*-edi*）	*-edaš*
夺格	*-ez*（*-edaz*）	*-ez*
工具格	-（*i*）*t*	

指示代词 ***kā-*** *这个*和 ***apā-*** *那个*的各种格尾

	单数		复数	
阴阳性主格	**kāš**	*apāš*（*abāš*）	*kē*，**kuš**（*kēuš*）	*apē*，**apūš**
	这个	*那个*	*这些*	*那些*
阴阳性宾格	**kūn**（*kān*）	*apūn*（*apān*）	**kūš**（*kē*）	*apūš*（*apē*，）
中性主宾格	**kī**（*kē*）	*apāt*	*kē*（*kī*）	*apē*
属格	**kēl**	*apēl*	**kēnzan**（*kēdaš*）	*apēnzan*（*apēdaš*）
予一地点格	**kēdani**（*keti*）	*apēdani*（*apēti*）	**kēdaš**	*apēdaš*
夺格	**kēz**（*kēzza*）	*apēz*（*apīzza*）	**kīzza**	
工具格	**kēt**（*kēdanda*）	*apīt*（*apēdanda*）		

赫梯语中有一个不完全形式的指示代词 *a-* *那个*、*那是*。它只有固定用法中的复数主格以及予地格和夺格。

	单数	复数
阴阳性主格		*eš-ta* *中的e*，（*e-šta* *他们于是*）
予一地点格	*edani* *予那*	**edaš**
夺格	*ediz*，（*etez*，*edaza*）*从那*	

7. 疑问与关系代词、泛指关系关系代词

赫梯遇的疑问和关系代词 ***kui-*** 等于现代法语中的 qui，que，意大利语的 che。它在赫梯语中使用频繁，它的作用是表示疑问：*谁？什么？*和引出从句修饰名词：*他/她/它/他们/她们/它们是……*。其变格如下：

	单数	复数
阴阳性主格	kuiš *谁*	***kueš*** (***kueue***)
阴阳性宾格	***kuin***	***kueue***(***kueš***，***kuiš***，***kue***)
中性主宾格	***kuit*** *什么*	***kue***
属格	***kuel*** *谁的*	
予一地点格	***kuedani*** *予谁*	***kuedaš***
夺格	***kuez*** (***kuezza***) *从谁*	

疑问/关系代词 ***kui-***加 ***imma*** *任何的* 构成泛指关系代词：*无论谁……*、*无论什么……*、*无论他/她……*、*无论它……*。***kui-*** 本身重复可加或不加 ***imma*** 也构成泛指意义：***kuiš kuiš***，***kuiš-aš kuiš***，***kuiš imma kuiš***。***kuišša*** *每个*、*每位* 也能表达泛指意义。

	单数	复数
中性主宾格		*kue kue* *无论哪些物……*
属格	*kuel imma* *无论谁的……*	
予一地点格	*kuedani* (*imma*) *kuedani* *无论予谁*	*kuedaš kuedaš* *无论予哪些人*
夺格	***kuez*** *imma* ***kuez*** *无论从谁……*	

疑问和关系副词 ***maši-*** *多少* 的变化如下：

	单数	复数
阴阳性主格		*mašeš* *多少人*
阴阳性宾格	*mašin* *多少人*	
中性主宾格		*maše* *多少物*

8. 不定代词

不定代词和形容词是 *kuiški* *某人*、*某物*，*任何一个*、*任何的*。UL *kuiški* 意为 *没有任何人*，UL *kuitki* 意为 *没有任何物*。*kuiš* (*š*) *a* 由

kuiš- 谁、他是和 *-a*“和”构成，意义是每一个（人/物）、任何一个。

不定代词 *kuiški* 和 *kuišša* 的词尾变化

	单数		复数	
阴阳性主格	*kuiški* 某人	*kuišša*（*kuiša*）每个人	*kuešqa* 那些	*kueša* 每批人
阴阳性宾格	*kuinki* 某人谁	*kuinna* 每个	*kuiušga*	*kuiušša* 每批
中性主宾格	*kuitki* 什么	*kuitta* 每个物	*kueqa*（*kueqqa*, *kuekki*）哪些物	
属格	*kuelga*（*kuelga*, *kuelka*, *kuelki*）某人谁	*kuella* 每个		
予一地点格	*kuedanikki*（*kuedanikka*）某人	*kuedaniia* 每个	*kuedašqa* 哪些	
夺格	*kuezqa* 某人	*kuezzi*（*ia*）每个		

127（137）dapiia“所有的，每一个”的变化形式

	单数		复数	
阴阳性主格	*damaiš*		*damauš*	
阴阳性宾格	*damain*		*damauš*	
中性主宾格	*tamai*	*dapiian*（*dapin*）	*tamai*	
属格	*dammel*（*tamedaš*）	*dapiaš*		*dapidaš*
予一地点格	*damedani*	*dapi*	*damedaš*	*dapiaš*
予格（旧）	*tamatta*（*tameda*）			
夺格	*tamedaz*（*damedaza*）	*dapiza*（*dapidaz*）		

第四章　赫梯谓语动词的词尾变化

一、动词的词形

1. 词尾构词法

基本动词干可以添加的几种构词成分，形成新的动词。

（1）***-ahh-*** 使表示状态的不及物动词变成及物动词，有“*成为某种状态*”*之意*，*šarazzi- 是优势的，超越的*，*šarazzi**yahh**- 成为优势，占上风；nakki- 是重的，nakki**yahh**- 使沉重、为难；idālu- 是坏的，idālaw**ahh**- 使坏，做坏事，犯罪；kurur- 敌意，kururi**yahh**- 敌对、作战；3-**yahh**，使增加 3 倍 4-i**yahh**，增加 4 倍。*

（2）***annāi-*** 表示持续的动作。*iya- 行走，i**yannāi**- 不停行走；parh- 追逐，parh**annāi**- 连续追逐；walh- 打，walh**annāi** 持续殴打；hēwāi- 下雨，hēw**anne**šk- 连绵下雨。*

（3）***šk-*** 反复的动作由动词词干加“***šk***”构成，*da- 拿走，da**šk** 再次拿走；pāi-（pay）给 pe**šk**- 再次给；ep- 抓住，appi**šk** 再次抓住；hatrāi- 书写，hatre**šk**- 一再书写，eku- 饮 ekku**šk**- 多次饮用；punuš- 问，punu**šk**- 反复问。ar- 达到，ara**šk**- 再次达到；šipand- 奠祭，šipanzak（＝sipand-**šk**）- 反复奠祭。ed- 吃 azzikk- 贪婪；dāi- 放置，zikk-（d**šk**-）；kuen- 杀死，kua**šk**- 屠杀；hanna- 触及、审判 hannne**šk**-/ha**ššk**- 再次审判；auš 看，u**šk**- 反复看，观察。****šk****-* 还可以加在其他构词成分之后 *kururi**yahh**- 敌对、作战，kururi**yahhešk**- 反复作战；walh**annāi**- 殴打，walh**annešk**- 持续殴打；parš- 打碎，parši**yannešk**- 粉碎。*

在卢维方言中，***-šk*** 变成***-šš***，*iya- 做，**ešša**- 多次做；halzāi- 叫，halze**šša**- 多次叫。*

（4）***-eš*** 表示成为某种状态。*idālu- 坏，idāla**weš**- 变坏；parkui- 纯洁，parku**eš** 变为纯洁；šalli- 大，šall**eš**- 成为伟大。mekki- 多，*

mekkeš- 变多、增长。

(5) **-nin-**, **-ni(n)-** 表示祈使意义，一般和以**-k** 结尾的词干连用，位于-*k* 之前。*hark-* 走向毁灭，*har**nink**-* 毁灭；*ištark-* 生病，*ištar**ni**(**n**)k-* 使生病。

(6) 祈使动作还可以由动词词干加-(*a*)**nu** 构成，*ar-* 达到，*ar**nu**-* 带到、运输；*war-* 燃烧，*war**nu**-* 放火；*link-* 发誓，*ling**anu**-* 诅咒；*hark-* 灭亡，*harg**anu**-* 毁灭；*weh-* 转动、转身，*weh**nu**-* 使转向，派回；*pahš* 保护，*pahš**anu**-* 保护；*mališku-* 重的，*mališk**unu**-* 尊重；*daššu-* 强大、强健，*dašš**anu**-* 使强建；*šalli-* 大，*šall**anu**-* 使伟大；*tepu-* 是少，*tep**nu**-* 减少；*parkui-* 是纯洁的，*park**unu**-* 清洁；*ešhar-* 血，*ešhar**nu**-* 使流血、变红。

(7) 动词的重复书写的意义不变：*wek-*，*wewak-* 请、让；*kiš-*，*kikiš-* 成为；*ki-*，*kikki-* 被放置、被委任；*papparš-* 喷洒；*katkatte**nu**-* 打鼾；*ašaš-* 放置；*wariwar**ant**-* 燃烧着。

2. 动词和副词连用

动词和副词连用。常用的副词有：*anda(n)* 向里、到、入……中，*appan/appa* 向回、向后、再，*arha* 向外、离、开(*awan arha* 向外)，*katta* 向下(*awan katta* 向下)、*parā* 向外、出、触及、附加，*piran* 向前，*šarā* 向上，*šēr* 向上面。

anda pāi- 进入、走入，*appa pāi-* 走回、还、再，*appan pāi-* 向后走、撤退，*arha pāi-* 走开、出走，*parā pāi-* 前进，*katta(n) pāi-* 下行，*šarā pāi-* 上行，*appa(n) dā-* 拿回，*arha dāi-* 拿走，*parā dā-* 拿出，*katta(n) dā-* 拿下，*šarā dā-* 抓住上面、占据，夺得，*appa(n) anda pāi-* 再次进入，*šēr arha dā-* 夺走，*appa šarā dā-* 再次占有

u**-* 表示动作方向是来向，即朝着说话者。*pē* 表示动作方向是前进向，即离开说话者。u**da-* 带来，***pē**da-* 运往；***u**iya-* 寄来，***pe**ya-* 寄前进；***u**nna-* 赶来，***pe**nna-* 赶前进；***u**izzi* 他将来到，***pā**izzi* 他将前进；***u**wate-* 带来，***pe**hute-* 送前进。

二、主动语态的谓语动词变化

赫梯语的谓语动词分为固定的词干和变化的人称后缀两部分。谓语动词的六种人称后缀与句子主语的六种人称（单数“我、你、他”和复数的“我们、你们、他们”）是一一对应关系。根据谓语动词的人称后缀变化不同，动词词干被分为两大类。凡是现在/将来时的单数第一和第三人称后缀分为***-mi*** 和***-zi*** 的动词干都称为“-mi/zi”后缀动词组。凡是现在/将来时的单数第一和第三人称后缀为***-hi*** 和***-i*** 的动词干都称为“-hi/i”后缀动词。谓语动词的语态分为主动语态与中间既被动语态两种语态。各语态的谓语动词还分为陈述式和命令/祈使式两种形式。陈述式有现在/将来时和过去时两种时态。

1. “mi/zi”后缀类型动词的人称后缀变化

第一类动词被称为 mi/zi 动词，因为它们的现在时第一人称后缀是-mi，第三人称后缀是-zi。单数人称后缀的元音为 i，第一人称后缀辅音为 m，第二人称为 š，第三人称为 z。复数第一人称后缀的辅音为 w 加 n，第二人称为 t 加 n，第三人称为（a）n 加 z。

过去时单数的后缀的元音为 **u**，无元音或加助读元音 ai。第一人称后缀辅音为 *n*，第二人称和第三人称均为 *t*。复数第一人称后缀的辅音为 *w* 加 n，第二人称为 t 加 n，它们和现在时的形式基本一样，但无结尾元音；第三人称为 r。

第一人称命令式（自我激励式）后缀为 -llu，第二人称命令式无后缀，复数一、二人称后缀同过去时。第三人命令式（祈愿式）*-du*，复数是***-andu***。下面是主动态动词的现在将来时、过去时及命令式对应于六种人称主语时的人称后缀变化规则：

动词的时态和人称后缀变化表

（括号中的音为有时出现，有时省前进的音或少见形式，/表示可互换）

时态	人称	单数	复数
现在时	1.	***-mi***	***-weni(-wani)***
	2.	***-ši***（或***-ti***）	***-teni***，元音尾词干：***-tteni/šteni***

	3.	**-zi**	辅音**-anzi**（*an*＋*zi*），（u 尾词干）＋**wanzi**，*ā-*/*a-*元音尾词干：**-nzi**
过去时	1.	**-un**，元音尾词干 有时：**-nun**	**-wen**（**wani**，**meni**，**w＞m**）
	2.	**-ta**，元音尾词干：**-t**/**-š**/**iš**	**-tin**/**ten**，元音尾词干：**-tten**/**šten**
	3.	**-ta**，元音尾词干：**-t**/**it**	**-er**/**-ir**，元音尾词干：**-r**
命令式	1.	-(*a*)*llu*	-*wen*
	2.	-∅（无词尾），单音节元音尾词：-*t*，*h-*尾词干：**-i**	-*ten*/*tin*，元音尾词干：-*tten*/*šten*
	3.	-*du*，元音尾词干：-*ddu* 或-*u*	**-andu**，（*u-*尾词干）＋*w***andu**

现在就以动词干 *šeš-*“睡觉”*e*/*aku-*“喝水”*hā-*“相信”为例，分析一下“-mi”人称后缀动词组的各种人称后缀变化。由于楔形文字的音节写法，注意以元音末尾的词干如 *eku-*，*t*/*dāi-*，*dā-*加以 *š*、-*t*，-*h* 音开始的人称词尾时（-*hi*，-*hun*，-*teni*，-*ta*，-*ti*，-*ši*），有时人称后缀的-*š*，-*h* 和-*t* 重复成 -*šš-*，-*hh-*，-*tt-*或-*št-*：*ekuš-ši*，*dah-hun the-hi*，*ekut-ta*，*ekut-teni*，*tāit-teni*，*tāiš-teni*。其原因可能是用重复辅音表示其前面的词干的末尾元音是长元音。

同样，以单辅音结尾的词干如 *šeš-*，*šak-*，*ak-*加上以元音开始的人称后缀 -*er*，**-ir**，-*uweni*，-*allu* 时，词干的末辅音有时也要重复：*šeš-šir*，*šag-*(*g*)*ah-hi*/*šāk-hi*（*“我知道”*），*šek-*(*k*)*uweni* *我们将知道*，*šak-ki*（*“他知道”*），*šek-*(*k*)*anzi* *他们将知道*，*šeg-gallu*（*“让我知道吧！”*），*šek-ku. wen*，*šek-kir*（*“他们知道了”*），*ag-gal lu*，（*“让我死吧！”*），*ak-kan du*（*“让他们死吧！”*）。其原因可能是用闭音节表示后缀的开始元音是短元音。

		单数	复数
现在时	1.	šeš-mi 我将/在睡觉	šeš-**weni** 我们将/在睡觉
		eku-mi 我将/在喝水	aku-**weni** 我们将/在喝水
		hā-mi 我相信	hā-weni 我们相信
	2.	šeš-**ši** 你将/在睡觉	šeš-teni 你们将/在睡觉
		ekuš-ši 你将/在喝水	eku(t)-**teni** 你们将/在喝水
		hā-**ši** 你相信	hāt-teni 我们相信
	3.	šeš-zi 他将/在睡觉	šeš-**an-zi** 他们将/在睡觉
		eku-zi 他将/在喝水	aku-w**an-zi** 他们将/在喝水
		*hā-zi 他相信	hā-**nzi** 他们相信
过去时	1.	šeš-un 我睡觉了	šeš-wen 我们睡觉了
		eku-**n** 我喝水了	eku-(w)en 我们喝水了
		hā-**n** un/un 我相信了	hā-wen 我们相信了
	2.	šeš-ta 你睡觉了	šeš-ten 你们睡觉了
		eku(t)-ta 你喝水了	*ekut-ten 你们喝水了
		hā-**iš** 你相信了	hat-**teni** 你们相信了
	3.	šeš-ta 他睡觉了	šeš-(š)ir 他们睡觉了
		eku(t)-ta 他喝水了	eku-er 他们喝水了
		hā-**it** 他相信了	hā-er 他们相信了
命令式	1.	šeš-**allu** 让我睡觉吧！	šeš-**weni** 让我们睡觉吧！（过前进时相同）
	2.	hā-llu 让我相信！	hā-**weni** 让我们相信！
		šeš（你），睡觉吧！	šeš-**ten**（你们），睡觉吧！
		eku 喝吧！	ekut-**ten** 你们，喝吧！（过前进时相同）
		hā-**i** 相信吧！	hat-**ten** 你们，相信吧！
	3.	šeš-**du** 让他睡觉吧！	šeš——**andu** 让他们睡觉吧！
			aku-w**andu** 让他们喝吧！
		hā-**du** 让他相信！	hā-**ndu** 让他们相信！

注意 **-an-**加单数词尾是现在将来时和命令式的第三人称的复数词尾：*an*＋*zi*＞**-anzi**，*an*＋*-du*＞**-andu**，而 *-an*（*i*）变为*-en*（*i*）后，也是第一、第二人称的复数结尾：*w*＋*an*（*i*）＞（*w*）*en*（*i*），*t*＋*an*（*i*）＞*ten*（*i*）. 过去时的第二人称和第三人称词尾同为*-ta*，复数第三人称词尾是*-er*。

注意，以 d/*t*-结尾的动词干加以 *š*，*t*，*z*（＝*dš*）开始的后缀时，要插入*-ša-*音节，读为 **d -ša-* 写成 *za-*，再加*-ši*，*zi*，*ta*，例如：

ed-ša-ši/zi/teni*＞*ez-zaš-ši* *你要吃*，*ez-zaz-zi* *他要吃*，*ez-zat-teni* *你们要吃*，*ez-zat-ten* *你们，吃吧！* *ez-zat/š-ten* **ed-š-ta*＞*ez-ta* *他吃了*，ed-ša-du*＞*ez-zad-du* *让他吃吧！*

2. "hi/i" 后缀类型动词的人称后缀变化

hi/i 人称后缀类的动词的复数人称的将来时和过去时词尾变化规则和第一类动词一样。它们只是在单数人称方面和-mi/zi 后缀动词不同，第一人称词尾不是*-mi* 而是*-hi*，过前进时不是*-un* 而是*-hun*，第二人称不是*-ši* 而是*-ti*；第三人称不是*-zi* 而是*-i*。第三人称过去时是*-š* 或*-ta*。第二、三人称的过去时增加了**-šta** 词尾。

命令式的词尾变化规则，除了第三人称单数**-u** 词尾以外，和 *mi/zi* 人称后缀的动词一样。

		单数	（复数和-mi 尾类动词一样）
现在时	1.	-(*ah*)***hi***	-(*u*)*weni*
	2.	*-ti*，元音尾词干：*-tti/šti/**ši***	*-teni*，元音尾的词干：*-tteni/šteni*
	3.	***-i***	**-*an***zi
过去时	1.	*-hun*	-(*u*)*wen*
	2.	*-ta*，元音尾词干：*-š*	*-ten/tin*，元音尾词干：*-tten/šten*
	3.	*-ta*，*-iš*，元音尾词干：*-š*，*-šta*，*-tta*	*-ir/er*，元音尾词干：*-r*
命令式	1.	*-allu*，	*-weni*
	2.	***-Ø/-i***，	*-ten/tin*
	3.	*-du*，元音尾词干：***-u***	***-andu***，元音尾词干：*-ndu*

下面就以辅音尾的词干 *šak-* 知道和元音尾的 *dā-* 拿走、*dāi-*（*dē-*）放置和 *pāi-* 给为例看一下 hi 词尾动词三种时态的变化规则：

		单数	复数
现在时	1.	*šag-gah-hi/šāk-hi* 我知道	*šek-(k)uweni* 我们知道
		dah-hi 我将拿走	*dā-weni/wani* 我们将拿走
		teh-hi 我将放置	*tiya-weni* 我们将放置
		pih-hi 我要给	*piya-weni* 我们要给
	2.	*šak/šek-ti* 你知道	*šek-teni* 你们知道
		dat-ti 你将拿走	*t/dat-teni* 你们将拿走
		t/dāit-ti 你将放置	*tāit/tāiš-teni* 你们将放置
		paiš/peš-ti 你要给	*pit/peš-teni* 你们要给
	3.	*šak-ki* 他知道	*šek-(k)anzi* 他们知道
		dā-i 他将拿走	*da-nzi* 他们将拿走
		dā-i 他将放置	*tiya-nzi*，*tie-nzi* 他们将放置
		pā-i 他要给	*piya-nzi* 他们要给
过去时	1.	*šag-gah-hun* 我知道了	*šek-(k)uwen* 我们知道了
		dah-hun 我拿走了	*dā-wen* 他们将拿走
		teh-hun，*tē-hun* 我放置了	*tiya-wen*，*dai-wen* 我们放置了
		peh-hun 我给了	*piya-wen* 我们给了
	2.	*šak-ta* 你知道了	*šekten* 你们知道了
		dā-š 你拿走了	*dat-ten* 你们拿走了
		dāi-š 你放置了	*tiyat-ten* 你们放置了
		pāi-š 你给了	*piyat-ten* 你们给了
	3.	*šak-kiš*，*ša/ek-ta* 他知道了	*šek-(k)ir* 他们知道了
		dā-š 他拿走了	*dā-ir* 他们拿走了
		dāi-š/šta 他放置了	*dai-er*，*ti-ir*，*dā-ir* 他们放置了
		pāi-š，*peš-ta* 他给了	*piā-r* 他们要给
命令式	1.	*šeg-gallu* 让我知道吧！	*šek-kuwen* 让我们知道吧
		dal-lu 让我拿走！	*dā-wen* 让我们拿走！

	dāil-lu 让我放置！	*dāi-wen* 让我们放置！
	pāil-lu 让我给！	*pāi-wen* 让我们给！
2.	*šāk* 了解它！	*še/ik-ten* 你们，了解！
	dā 拿走！	*dat-ten* 你们，拿走！
	dāi 放置！	*dāiš-ten* 你们，放置！
	pāi 给吧！	*peš-ten* 你们，给吧！
3.	*šak-du/-u* 让他知道吧！	**šak-**kandu*** 让他们知道吧！
	dad-du/dā-u 让他拿走！	*da-ndu* 让他们拿走！
	dā-u 让他放置！	*tiya-ndu*，让他们放置！
	pā-u 让他给！	*piya-ndu* 让他们给！

三、中间被动语态不及物、相互和反身动词

中间被动语态动词表示主语处于不及物、相互和反身的动作状态，或者处于被动动作的状态。有些动词的主动语态和中间被动语态的意思相同，有些及物动词的中间被动语态表示不及物意思。所有动词词干的中间被动语态的人称后缀是一致的，因此不分 mi/zi 后缀动词类型与 hi/i 后缀动词类型。其一般现在时、过前进时及命令时的一般变化规则如下：现在时词尾是基本加***-ari***，*-ati*（1. 人称：*-h*＋*ari*，*-wašt*＋*ati*，2. *-t*＋*ari*，*ati*，*dum*＋*ari*，3. *-t*＋*ari*，***-ant***＋*ari*），过去时词尾加***-t*(*i*)**，***tat***，命令式加 ***-aru***（第二人称单数加*-hut*）。

		单数	复数
现在时	1.	*-ha/-(ha)hari*， 元音尾词干：*-hhari*	*-wašta/-waštati(waš+tati)*
	2.	*-ta/-tati/tari*， 元音尾词干：*-tta-ti/ri*	***-duma-***(*ri*)， 元音尾词干：*-dduma(ri)*
	3.	*-tari(mi-*类型)，(*ta+ri*) *-a/-ari(hi-*类型)， 元音尾词干：*-ri*	***-an****ta/*-***an****tari*， 元音尾词干：-***n****tari*
过去时	1.	*-h/-(ha)hat(i)*	*-waštat(waš+ta+t)*

	2.	*-ta/-tat(i)/at,-dat*	*-dumat(duma+t)*，元音尾词干：*-ddumat*
	3.	*-ta/-tat(i)/at(i),-dat*	***-an**tat(i)(an+tat)*，***-an**dat*；元音尾词干：*-ntat(i)*
命令式	1.	*-(ha)ha**ru**(ha+ru)*，元音尾词干：*-hharu*	*-waštaru (waš+ta+ru)*
	2.	*-h**ut**(i)*，元音尾词干：*-hhut,šhut*	*-dumat(i)*，元音尾词干：*-šdumat (dd>šd)*
	3.	*-ta**ru**/-a**ru***，元音尾词干：*-ttaru/-ru*	***-an**taru*，元音尾词干：***-n**taru*

下面就以辅音尾词干 *eš-* 坐、*ar-* 站、*kiš-* 成为和元音尾词干 *iya-* 前进、*nāi-/neya-* 转身、*zahhiya-* 互相战斗为例说明中间被动动词的变化规则：

		单数	复数
现在时	1.	*eš-hah**ari*** 我坐着	*eš-uwaš-ta/tati* 我们坐着
		ar-hahari 我站着	*ar-wašta* 我们站着
		kiš-hahari 我将成为	*kiš-uwašti* 我们将成为
		iya-h-hari 我正前进	*iya-wašti* 我们正前进
		neya-h-hari 我正转身	*neya-wašti* 我们正转身
		zahhiya-h-ha(ri) 我战斗	*zahhiya-waštati* 我们互相战斗
	2.	*eš-**tari*** 你坐着	*eš-duma/dum**ari*** 你们坐着
		ar-tati/tari 你站着	*ar-duma* 你们站着
		kiš-tati/ta 你将成为、出现	*kiš-duma* 你们将成为
		iya-t-tati/ri 你正前进	*iyad-duma* 你们正前进
		neya-t-tati 你正转身	*neyad-duma* 你们正转身
		zahhiya-t-tati 你战斗	*zahhiyad-duma* 我们战斗
	3.	*eš-**ari**/eša* 他坐着	*aš/eš-an.ta/ant**ari*** 他们坐着
		ar-tari 他站着	*ar-an.tari/an.ta* 他们站着
		kiš-ari/-a 他将成为	*kiš-andari/anta* 他们将成为

		iya-t-tari/ta 他正前进	*iya-ntari* 他们正前进
		neya-ri 他正转身	*neya-ntari* 他们正转身
		zahhiyat-tari 他战斗	*zahhiya-ntari* 他们互相战斗
过去时	1.	*iš/eš-hahat/h**at**(**i**)* 我坐了	*eš-waš**tat*** 我们坐了
		*ar-hah**at*** 我站了	*ar-waštat* 我们站了
		kiš-hahat/hat(i) 我成为了	*kiš-uwaštat* 我们成为了
		iyah-hahat/hat 我前进了	*iya-waštat* 我们前进了
		neyah-hat 我转身了	*neya-waštat* 我们转身了
		zahhiyah-hat 我战斗了	*zahhiya-waštat* 我们战斗了
	2.	*eš-**tat*** 你坐了	*eš-dum**at*** 你们坐了
		ar-tat 你站了	*ar-dumat* 你们站了
		kiš-at/tat 你成为了	*kiš-dummat* 你们成了
		iyat-tati 你前进了	*iyad-dumat* 你们前进了
		neyat-tat 你转身了	*neyad-dumat* 我们正转身
		zahhiyat-tat 你战斗了	*zahhiyad-dumat* 我们战斗了
	3.	*eš-**tat**/at(i)* 他坐了	*eš-**antat*** 他们坐
		ar-tat 他站了	*ar-antat/an. dati* 他们站了
		kiš-at(i) 他成为了	*kiš-antat(i)* 他们成为了
		iyat-tat 他前进了	*iya-ntat* 他们前进了
		neya-t/d-t/dat,niya-t 他转身了	*neya-ntat* 他们转身
		zahhiya-t-tat(a) 他战斗了	*zahhiya-ntat(i)* 他们互相战斗了
命令式	1.	*eš-hah**aru*** 让我坐吧！	*eš-wašt**aru*** 让我们坐吧！
		ar-haharru 让我站着吧！	*ar-waštaru* 让我们站着吧！
		kiš-hahari 让我成为	*kiš-uwašti* 让我们成为
		iyah-haru 让我前进吧！	*iya-waštaru* 让我们前进吧！
		neyah-haru 让我转身！	*neya-waštaru* 让我们转身！
		zahhiyah-haru 让我战斗！	*zahhiya-waštaru* 让我们战斗！
	2.	*eš-**hut*** 坐吧！	*eš-dumm**at*** 你们，坐吧！
		ar-hut 站着！	*ar-dumat* 你们，站着吧！

kiš-hut 成为……吧！	*kiš-dumat 你们，成为……吧！*
iya-h-hut 前进前进吧！	*iyad-dumat 你们，前进吧！*
naiš-hut 转身！	*naiš-dumat 你们，转身！*
zahhiya-h-hut 战斗！	*zahhiyad-dumat 你们，战斗吧！*
3. *eš-**aru** 让他坐吧！*	*eš-**an**-taru 让他们坐吧！*
*ar-**taru** 让他站着吧！*	*ar-**an**-taru 让他们站着吧！*
kiš-aru 让他成为	*kiš-**an**-daru 让他们成为*
iya-t-taru 让他前进！	*iya-**n**taru 让他们前进！*
neya-ru 让他转身！	*neya-**n**taru 让他们转身！*
zahhiya-t-taru 让他战斗！	*zahhiya-**n**taru 让他们互相战斗！*

四、动词的非谓语的名词形式变化

动词的名词形式包括分词、动词不定式和动名词，由动词词干加构词词尾构成。由于动词的名词词性是名词，因此也和名词一样有性数格的变化，根据它在句子中的作用，各种动名词词尾之后要加相应的名词格后缀。

1. 动词不定时

动词不定时形式的构成有两种词尾：第一种由动词词干加构词词尾 **-(*u*)*wanzi***（辅音 ***w*** 有时变为 ***m***：***umanzi***）构成，如：*šeš-**uwanzi** 睡觉*。第二种加 ***-anna***（u 结尾的词干加 ***-wanna***）。动词不定式可以做谓语的补足语，表示动作的目的：*antuhša-**š** antuhša-**n** kun-**anna** le šanh-**zi** 这人不想杀人*，*n-aš memiya-**uwanzi** zinna-**i** 他结束讲话*。以单辅音结尾的词干如 *šeš-*，*šak-*，*ak-* 加上以短元音开始的名词构词尾 ***-uwanzi*** 或 ***-anna*** 时，词干的辅音常常重复。第一不定式的例子如下：

甲：辅音结尾的词干

(1) 单辅音结尾的词干，结尾辅音重复，加短元音 ***u*** 拼读（C-C***uwanzi***）：

*ep-**puwanzi** 抓住*，*āš-**šuwanzi** 保留*，*kuen-**nummanzi** 杀死*，*ištamaš-**šuwanzi** 听*。

但是，有的单辅音结尾的词干的末辅音并不重复：

*šeš-**uwanzi** 睡觉*，*ad-**anna** 吃*，*aše/aš-**uwanzi** 设立*。

（2）双辅音结尾的词干（CC-***uwanzi***）：

*walh-**uwanzi** 打*，*šanh-**uwanzi** 寻找*，*harnink-**uwanzi** 毁灭*，*šarnink-**uwanzi** 代替*，*takš-**uwanzi** 加入*，*šipand-**uwanzi** 祭奠*。

乙：元音结尾的词干

（1）长元音 *ā* 和双元音-*uwa*，-*ai*，-*iya* 结尾的词干加-***wanzi***。

*pā-**wanzi** 走前进*，*uwa-**wanzi** 来*，*ar(a)-**wanzi** 到达*（*ar-*），*handa-**wanzi**(handāi) 成立、符合*，*iya-**wanzi** 使成为*，*tiya-**wanzi** 迈步、践踏*，*wemiya-**wanzi** 发现*，*huittiya-**wanzi** 拖*，*piya-**wanzi***（*pāi-*）*给*，*halziya-**wanzi** 叫*，*zahhiya-**wanzi** 战斗*，*memiya-**wanzi** 说*，*šiya-**wanzi** 按下*，*paršiya-**wanzi** 打断*，

（2）以短元音-*u*、*e*、*a* 结尾的词干（-(*u*)*m**manzi***，*a*>*u*，*w*>*m*，经常用重复的 *mm* 表示前面是短元音）：

*wetum-**manzi**(wete- 建筑)*，*wahnum-**manzia** 转身*，*pahšanum-**manzi** 保护*，*aššanum-**manzi** 布置*，*pennum-**manzi**/anzi 驱赶*，*tarnum-**manzi***（*tarna-*）*留下* *šarru(šarra-)-**manzi** 分开*，*šunnu-**manzi**(šunna/ia-) 充填*，*utum-**manzi**(uda-) 带来*，*pedum-**manzi**(peda-) 带走*。

an-na 结尾的第二不定式一般和变元音词干（*e*>*a*）结合，有时无规律。它的例子有：

辅音尾词干 *ap-**panna*** (***ep-***) *抓住*，*aku-**wanna*** (*eku-*) *喝*，*ad-**anna*** (*ed-*)*吃*，*wag-**anna***(*wak-*)*咬*，*aš-**anna***(*ēš-*)*坐*，*han-**anna** 汲取*；

以-*uen*，*uer*，*uek* 结尾的词干变成-*un*，-*ur* 和-*uk*，n 和 r 不重复：*kun-**anna**(kuen-) 杀死*，*kur-**anna**(kuer-) 剪裁*，*huk-**anna**(huek-) 发誓*；

元音尾的词干加-***nna***：*tiya-**nna** 迈步*，*šiya-**nna** 按下*，*uwa-**nna** 出现、来*，*piya-**nna**(pāi-) 给*。

2. 动词的分词

动词的名词性分词由动词词干加名词词尾-***an***(*t*)构成，如：***šeš-** 睡觉*的分词是 *šaš-**ant***。分词的词性是名词，因此也加有有两个性、两个数、五个格的格尾变化。及物动词的分词表示被动作触及的人或物；不及物动词的分词表示处于动作状态的人或物。同时，和形容词一样，分词可

以作名词的定语。和其他印欧语言一样，赫梯动词的分词可以和谓语助动词*有*和*是*构成完成时和过去完成时，及物动词和分词的性数格和宾语一致，不及物动词的性数格和主语一致。

及物动词的完成时和英语 have 加分词一样，赫梯语用 ***har***(*k*)-（有，持有）和及物动词的分词结合构成完成时和过前进完成时态：

过去时：*nat iyah**hun*** 我做了它。

完成时：*nat i**yan*** （分词的中性词尾）*har-**mi*** 我做完它。

过去完成时：*nat i**yan** har**kun*** 我过去做完了它。

不及物动词完成时和法语 *est*（*être*）加分词一样，赫梯语用 ***eš***-*是*、*存在*和不及物动词的分词构成完成时和过去完成时：

过去时：*pa-**un*** 我行进了。

完成时：***panza***（*nza*＝***nt***＋-***š***（*a*）共性单数主格）*eš-**mi*** 我刚行进过了，***panteš***（***-eš***，共性复数主格）*aš-**anzi*** 他们刚行进过了。

过去完成时：***panza*** *eš-**un*** 我以前行进过了。

动词的分词形态的例子如下：

1．辅音结尾的词干加***-ant***

甲：单辅音结尾的词干的结尾辅音重复，与短元音 *a* 拼读（C-C***ant***）：

*ap-**pant** 被抓住的，nah-**hant** 可怕的，āš-**šant** 剩余的，wek-**ant** 渴望的šek-**kant** 知道的，ak-**kant** 死的，tarup-**pant** 扭曲的。*

乙：但是，有的单辅音结尾的词干的末辅音并不重复：

*aš-**ant** 存在的，āš-**ant** 坐下的，ad-**ant**（ed-）吃，šaš-**ant** 睡觉的，ar-**ant** 到达的，ašeš-**ant** 被树立的，kiš-**ant** 变成的。*

丙：双辅音结尾的词干（CC-***ant***）：

*išparz-**ant** 逃脱的，šanh-**ant** 寻找，hark-**ant** 被毁灭的，karp-**ant** 被举起的，link-**ant** 发誓的，ištamaš-**šant** 被听到的，hamenk-**ant** 被捆的，pahš-**ant** 被保护的，takš-**ant** 被加上的，šipant-**ant** 被祭奠的，harnink-**ant** 被毁的，šarnink-**ant** 被替换的，ninink-**ant** 被召集的，zikk-**ant** 常放置的，ušk-**ant** 常见的，*

丁：以***-uen***，***uer***，***uek*** 结尾的词干变成*-un*，*-ur* 和*-uk*，***n*** 和 ***r*** 不

重复：

*kun-**ant**(kuen-)被杀死的，kur-**ant**(kuer-)被剪裁的，hug/k-**ant**(huek-)发誓的。*

2. 元音结尾的词干加 **ant**

甲：元音 *ā*，*a* 和双元音-*uwa*，-*ai*，-*iya* 结尾的词干加-**nt**，-**yant**。

*pa-**nt** 前进的，uwa-**nt** 来的，hatra-**nt** 被写的，kappuwa-**nt** 被计数的，hand-**ant** 已成立的，šarkuwa-**nt** 被穿着的，iya-**nt** 被做的，tiya-**nt** 被践踏的、迈出的，huitiya-**nt** 被拉的，huwiya-**nt**/huwai-**yant** 跑的，piya-**nt** 被给的，neya-**nt** 被驱赶的，halziya-**nt** 被叫名的，tarna-**nt** 被留下的，šarra-**nt** 被分开的，wašta-**nt** 犯罪的，aku-**want** 喝的，uda-**nt** 被带来的，peda-**nt** 被带走的，mema-**nt** 被说的，uppa-**nt** 被寄走的，daliya-**nt** 被留下的，išhiya-**nt** 被捆绑的，šiya-**nt** 被按下的，šuniya-**nt** 被充填的，paršiya-**nt** 被打碎的，iya-**nt** 走的，neia-**nt** 转身的，zahhiya-**nt** 战斗的，*

乙：以短元音 u 结尾的词干加 **want**，**-e** 结尾加 **ant**>**ant**：

*pehuda-**nt**(pehute-)被创造的，watku-**want** 跳起的，wahnu-**want** 转动的，pahšanu-**want** 被保护的，arnu-**want** 被带来的。*

3. 动名词（**-uwar**）

动名词是由动词词干加名词构词成分**-uwar**（辅音尾词）/**war**（—**a** 尾词）构成的名词，有性数格的变化。有时动名词的变格形式不是由 **uwar**/**war** 加格尾，而是**-r** 先脱落，**uwar**/**war** 成为 **uw-**/**w**，再加各种格尾：*pā-**waš** 走的，tiya-**waš** 放置的*（属格形式）；离格：*haneš-**šuwaz** 用灰泥*。在有的词尾中，**-war** 的 **r** 变成 **n**，**war**>**wann**/**un**：*huittiya-**uni** 以拖拉方式*（予格—地点格），*aššya-**wannit** 用爱*（工具格）。

动名词形态例子如下：

1. 辅音结尾的词干加 **uwar**

甲：单辅音结尾的词干，结尾辅音重复，与 **uwa**（***r***）结合（C-C**uwar**）：

*nah-**huwaš** 出自恐惧，kuen-**numaš** 杀死的*（属格 *aš*，*r* 脱落，*w*>

m），*tarup-***puwar** 扭曲。

乙：但是，有的单辅音结尾的词干的末辅音并不重复（*C-***uwar**）：*eš-***uwar** 存在，*šeš-***uwar** 睡觉，*wek-***uwar** 渴望，*ašeš-***uwar** 树立。

丙：双辅音结尾的词干（CC-**uwar**）：

*karp-***uwar** 举起，*walh-***uwar** 打击，*šanh-***uwar** 寻找，*hark-***uwar** 毁灭，*link-***uwar** 发誓，*ištamaš-***šuwar** 听到，*punuš-***uwar** 询问，*hamenk-***uwar** 捆绑，*šuppiyahh-***uwar** 清洁，*harnink-***uwar** 毁灭，*šarnink-***uwar** 替换，*nininl-***uwar** 召集，*ušk-***uwar** 常见，*pahš-***uwar** 保护，*šipand-***uwar** 祭奠，*takš-***uwar** 加上。

2. 元音结尾的词干加 **war**

甲：元音 *ā*，*a* 和双元音-*uwa*，-*ai*，-*iya* 结尾的词干加-**war**：

*šá-***war** 生气，*pā-***war** 走，*uwa-***war** 来到，*hatra-***war** 写，*kappuwa-***war** 计数，*handā-***war** 成立，*šarkuwa-***war** 穿着，*iya-***war** 做，*tiya-***war** 放置，*huitiya-***war** 拖拉，*huwiya-waš* 跑的（属格），*dā-waš* 拿的（属格），*piya-***war** 给与，*neya-***war** 转身。

乙：以短元音 u、e、*a* 结尾的词干（-*u*＋**war**，-*e*/-*a*＋**war**＞-**u**（**m**）**war**，*e-*/-*a*＞-*u*，*w*＞*m*）：

*wetum-***war**（*wete-*）被创造的，*watku-***war** 跳起的，*wahnu-***war** 转动，*pahšanum-***war** 保护，*arnum-***war** 带来，*aššanu-***war** 布置，*tarnum-***war**（*tarna-*）留下，*šarru-***war**（*šarra-*）分开，*wašdu-***war**（*wašta-*）犯罪，*petum-***war**（*pēda-*）带走，*eššu-***war**（*ešša-*）工作，*išhiya-***war** 捆绑，*šunnu-***war**（*šuniya-*）充填，*dalu-***war**（*daliya-*）留下，*aku-***war** 喝的，*uda-***war** 带来。

3. Supine 动名词加（**u**）**wan**

一种称为 Supine 的动词的名词形式是由动词词干加-（**u**）**wan** 构成，如：*šeš***uwan**。它没有格尾性数变化。它的功能主要是和谓语动词 *da-*，*tiya-*，*te-*（放置）搭配表达动作开始之义。*memiš***ki-uwan** *dai*/*tiyaz-zi* 他开始说。

*ešš***uwan**（*ešša-*）*dai*/*tiyaz-ziat* 他开始做/产生。

*katta daš***ki-uwan** *te***hhun** 我开始包围（向下放置）（城市）。

原文翻译：穆尔西里什第二的编年纪

说明：1. 原文转写文献选自 J. Friedrich，*Hethitisches Elementarbuch II*，1946，*Historische Texte*，1-4 页 Aus den Ausfuehrliehen Annalen Muršiliš' II，《穆西里什第二出征编事纪》。

2. 中括号［ ］表示泥板在此处残缺，括号内的符号是学者根据上下文对残缺的修补；尖括号＜ ＞内的符号是赫梯书吏的漏写的，由学者为其补足的符号；小括号（ ）中的字母在有的文献中出现，在有的文献中不出现。

3. 文中如（17）、（18）一类的序号表示在原赫梯语泥板上的行数，不是断句标记。

4. 小写斜体为赫梯语词，大写正体为苏美尔语词，大写斜体为阿卡德语词。

5. 个别单词可能前后拼写并不一致，有时会出现中间脱落一个音节的情况，如 *gi-im-ma-an-ta-ri-ia-nu-un*，有时会漏写 *-ia-* 音节。

6. 原文的楔形符号由拉丁化音节转写（transliteration）表示，段与段之间以长横线分隔。其下是拉丁化的单词转写（transcription）和英译文；中文译文放在每段之后，赫梯语的动词变位和名词变格词尾用黑体，并用短横与词干分开，中文词后附有赫梯原词。

Column III. 第三栏

（17）*nu ma-ah-ha-an* KUR ^{uru}*Kar-ga-miš ta-ni-nu-nu-un*

nu mahhan KUR ^{uru}*Kargamiš taninu**nun***

After I arranged the land of the city Kargamiš,

(18) *nu-kán IŠ-TU* KUR ^{uru}*Kar-ga-miš ša-ra-a ú-wa-nu-un*

nu=*kán IŠTU* KUR ^{uru}*Kargamiš šarā uwa***nun**

I came up from the land of the city Kargamiš,

(19) *nu I-NA* KUR ^{uru}*Te-ga-ra-am-ma an-da-an ú-wa-nu-un nu ma-ah-ha-an*

nu INA KUR ^{uru}*Tegaramma andan uwa***nun** *nu mahhan*

and I came into the city of Tegaramma. When

(20) *I-NA* ^{uru}*Te-ga-ra-am-ma a-ar-ah-hu-un nu-mu* ^{m}*Nu-wa-an-za-aš* GAL-GEŠTIN

INA ^{uru}*Tegaramma ārah***hun** *nu*=***mu*** ^{m}Nuwanzaš GAL-GEŠTIN

I arrived the city of Tegaramma, Nuwanza, the chief of wine,

(21) EN^{meš}*-ia hu-u-ma-an-te-eš I-NA* ^{uru}*Te-ga-ra-am-ma me-na-ah-ha-an-da*

EN^{meš}=*ia humanteš INA* ^{uru}*Tegaram menahh***anda**

and all the lords in the city of Tegaram came toward me.

(22) *ú-e-ir nu-mu an-da ú-e-mi-i-e-er ma-an I-NA* ^{uru}*Ha-ia-ša*

*uw***ēr** *nu*=*mu anda wemī***ēr** *mān INA* ^{uru}*Hayaša*

They reached me, (asked) if I wanted to go into the city of Hayaš,

(23) *pa-a-un-pát nu-za* MU-KAM-*za še-er te-e-pa-u-e-eš-ša-an-za e-eš-ta*

*pā***un**=*pat nu*=*za* MU. KAM-*za šer tepaueš***šanza** *ēšta*.

since the year was short.

(24) *BE-LU* ^{meš}*-ia-mu me-mi-ir* MU. KAM-*za-wa-ta še-ir te-e-pa-u-e-eš-ša-an-za*

BELU meš=*ya*=*mu mem***ir** MU. KAM-*za*=*wa*=*ta šer tepauēš***šanza**

The lords said: " The year is short for you,

(25) *nu-wa BE-LI-NI I-NA* ^{uru}*Har-ia-ša li-e pa-a-i-ši nu* ^{uru}*Ha-ia-ša uwatar*

nu=wa BELI-NI INA ^{uru}*Haryaša lē pāi**ši** nu* ^{uru}*Hayaša*

oh, our lord, don't go to the city of Haryaš. So

(26) *Ú. UL pa-a-un nu I-NA* ^{uru}*Har-ra-na an-da-an pa-a-un*

*ŪL pā**un** nu INA* ^{uru}*Harrana anda pā**un***

I didn't go to the city of Hariaša, but went into the city of Harran.

(27) *nu-mu* KARAŠ *I-NA* ^{uru}*Har-ra-na an-da a-ar-aš*

nu=mu KARAŠ *I-NA* ^{uru}*Harrana anda āraš*

The army stationed in the city of Harran before me.

(28) *nu-za A-NA* KARAŠ *ú-wa-a-tar a-pí-ia i-ia-nu-un*

nu=za A-NA KARAŠ *uwatar apiya iya**nun***

I made an inspection of the troops there。

[17]在（*mahhan*）我安排好了（*tani**nu-nun***）卡尔凯米什城的事务之后，我从卡尔凯米什城向上游行进（*šarā uwa-**nun***）。然后，我来到了（*andan uwa-**nun***）台沓冉城。当（*mahhan* = when）我到达（*ār-ah**hun***）台沓冉城时，祭酒努万扎和台沓冉城的所有的（*humant-**eš***）贵族们来到（*uw-**ēr***）我的（*nu=mu*）面前（*menahh**anda***），他们前来与我会面（*nu=mu anda wemi-**ēr***），（问）是否（*mān*）我要前去（*pā-**un** =pat*）哈亚什城，因为今年时间已经不多了（*šer tepauešš-**anza** ēš-**ta***）。这些贵族们对我（*=mu*）说（*mem-**ir***）：（*nu=wa* 直接引语）

[25]"您（*-ta*）今年的时间已经所剩无几，[25]哦，我们的主啊，你不该前去（*lē pāi-**ši***）哈亚什城。"

[26]因此我就没前去（*ŪL pā-**un***）哈亚什城。我进入了（*anda pā-**un***）哈蓝城，[27]军队驻扎在（*anda āra-**š***）哈蓝城中。我在那里（*apiya*）检阅了军队（*uwa-**tar** 被看*被动中间语态，***iya-nun** 使、做*）。

(29) *nu-mu* ^{uru}*I-ia-ah-re-eš-ša-aš ku-it* KUR ^{uru}*Pí-ig-ga-i-na-re-eš-ša-ia*

nu=mu ^{uru}*Iyahreššaš kuit* KUR ^{uru}*Piggainarešša=ia*

Because the city of Yahreš, the one of the land of the

city Piggainarešša

(30) *ku-u-ru-ur e-eš-ta nu I-NA* ^{uru}*I-ia-ah-re-eš-ša pa-a-un*

*kūrure**šta*** *nu INA* ^{uru}*Iyahrešša pā**un***

was hostile to me, I marched to the city of Yahreš.

(31) *nu-za* UD-KAM^{há} *iš-pa-an-ti-uš i-ia-nu-un nu* KARAŠ^{há}

nu=za UD-KAM^{há} *išpantiuš iya**nun** nu* KARAŠ^{há}

I marched in day and night, and

(32) *pár-he-eš-ni hu-it-ti-ia-nu-un nu* LUGAL. GAL *IŠ-TU* ERÍN ^{meš} ANŠU-KUR-RA^{há}

*parhešni huittiya**nun** nu* LUGAL GAL *IŠ-TU* ERÍN ^{meš} ANŠU-KUR-RA^{há}

I draw the troops in haste. I, the great king, with the troops and horses

(33) *mu-un-na-an-da i-ia-ah-ha-at nu-mu-kán* ^{d}U NIR-GÁL *BE-LÍ-IA*

*munnanda iya**hhat*** *nu=mu=kán* ^{d}*U NIR-GÁL BELI-YA*

marched secretly. The mighty Storm God, my lord,

(34) ^{d}*Ha-ša-am-mi-li-in BE-LÍ-IA ú-e-ri-ia-an har-ta*

^{d}*Hašammilin BELI-IA weriya**n** har**ta***

had sommoned Hašammili, my lord, for me.

(35) *nu-mu mu-un-na-an-da har-ta nu-mu* Ú-UL *ku-iš-**ki** a-uš-ta*

*nu=mu munnanda harta nu=mu ŪL kuiški au**šta***

He kept me secretly, and no one saw me.

(36) *nu-uš-ša-an pa-a-un* KUR ^{uru}*Pí-ig-ga-i-na-re-eš-ša ša-aš-ti*

*nu=**ššan** pāun* KUR ^{uru}*Piggainarešša šaš**ti***

I went there. The land of the city Piggainareš was asleep and

(37) *wa-al-ah-hu-un IŠ-TU* NAM-RA^{há} <*-ma-at*> GUD UDU EGIR^{-an} *ú-e-mi-ia-nu-un*

*wala**hhun** IŠTU* NAM-RA^{há} *= ma = at* GUD UDU *appan wemiya**nun***

I attacked it. I found cattles and sheeps with prisoners.

(38) *na-an an-da e-ep-pu-un* KUR [uru]*Pí-ig-ga-i-na-re-eš-ša-ma*

n=an anda ēpp ***un*** KUR [uru]*Piggainarešša=ma*

and I took them away. Then,

(39) *ar-ha wa-ar-nu-nu-un*

*arha warnu****nun***

I burned the land of the city Piggainareš completely.

[29]皮旮伊那莱什城邦的亚赫莱什城的人曾与我（=*mu*）为敌（*kūrurē-****šta***），所以我前（*pā-****un***）往亚赫莱什城。我昼夜兼程行军（*iya-****nun***），我迅速地（*parhešni*）召集了（*huittiya/huet-****nun***）军队。我，伟大的王，和我的部队和马匹一起秘密地（*munna****nda***）行军（*iya-h****hat*** 被动中间语态）。尊贵的我主暴风雨神为我召唤来了（*weri****yan*** *har-****ta***）我主哈闪米里神。他秘密地带着（*har-****ta***）我，于是无人（*ŪL kuiški*）发现（*au-****šta***）我。我到了那地方（=***ššan***）。在皮旮伊那莱什城仍在沉睡（*šaš-****ti***）的时候，我攻击了（*wala-****hhun***）它。我找到了（*appan wemiya-****nun***）战俘和牛羊。我将它们（=*n*）拿回来了（*anda ēpp-****un***）；[38]我完全焚毁了（*arha warnu-****nun***）皮旮伊那莱什城的国土。

(40) *lu-uk-kat-ta-ma I-NA* [uru]*I-ia-ah-re-iš-ša* EGIR[-pa] *ú-wa-nu-un*

lukkatta=ma INA [uru]*Yahrišša appa uwa****nun***

In the next morning, I came back to the city of Yahreš,

(41) *nu* [uru]*I-ia-ah-re-iš-ša-an* URU-*an ar-ha wa-ar-nu-nu-un*

nu [uru]*Iyahreššan* uru-*an arha warnunun*

and I burned the city of Yahreš completely

(42) *IŠ-TU* NAM-RA[há]*-ma* GUD UDU *an-da e-ip-pu-un*

IŠTU NAM-RA[há]*=ma* GUD UDU *anda ēppun*

I seized cattles and sheeps with the prisoners.

[40]第二天上午，我回到了（*appa uwa****nun***）亚赫莱什城，我便把伊亚莱什的城堡焚毁了（*arha warnunun*）。我将战俘与牛羊拿回来。

(43) *lu-uk-kat-ti-ma I-NA* ^{uru}*Tap-ti-na pa-ra-**a** i-ia-ah-at ma-ah-ha-an-ma*

lukkatti=ma INA ^{uru}*Taptina parā iya**hat** mahhan=ma*

In the next morning, I marched into the city of Taptina further.

(44) *I-NA* ^{uru}*Ta[r-k]u-ma a-ar-ah-hu-un nu* ^{uru}*Tar-ku-ma-an ar-ha wa-ar-nu-nu-un*

INA ^{uru}*Tarkuma āra**hhun** nu* ^{uru}*Tarkuman arha warnu**nun***

When I arrived the city of Tarkuma, I burned the city of Tarkuma completely.

(45) *nu-mu* LÚ $^{meš\ uru}$*Tap-ti-na* LÚ $^{meš\ uru}$*Hur-ša-ma* LÚ $^{meš\ uru}$*Pí-ku-ur-zi*

*nu=mu antuhš**ēš*** ^{uru}*Taptina antuhšēš* ^{uru}*Huršama antuhšēš* ^{uru}*Pikurzi*

The people of the city Taptina, Huršama, and Pikurzi

(46) *me-na-ah-ha-an-da ú-e-er na-at-mu* GÌR ^{meš}*-aš kat-ta-an*

*menahhanda uw**ēr** n=at=mu* GÌR ^{meš}*-aš kattan*

came toward me, knelt down at my feet,

(47) *ha-a-li-ia-an-da-at nu ki-iš-ša-an me-mi-ir BE-LI-NI-wa-an-na-aš*

*hāli**yandat** nu kiššan mem**ir** BELI-NI=wa=naš*

and spoke as follows: "Oh, our lord,

(48) *le-e har-ni-ik-ti nu-wa-an-na-aš-za* ÌR*-an-ni da-a*

*lē harnik**ti** nu=wa=naš=za* ÌR*-anni dā*

don't destroy us, please take us as slaves!

(49) *nu-wa-an-na-aš-za* ERÍN^{meš} ANŠE-KUR-RA^{há} *i-ia nu-wa-ad-da*

nu=wa=nnaš=za ERÍN ^{meš} ANŠE-KUR-RA^{há} *iya nu=wa=da*

please make us as infantries and charioteers!

(50) *kat-ta-an la-ah-hi-ia-an-ni-iš-ga-u-e-**ni** na-aš-za* ÌR*-an-ni*

*kattan lahhiyannišga**weni** n=aš=za* ÌR-*anni*

We will campaign with you." I took them as slaves.

(51) *da-ah-hu-un na-aš-za* ERÍN^meš^ ANŠU-KUR-RA^há^ *i-ia-nu-un*

*da**hhun** n=aš=za* ERÍN^meš^ ANŠE-KUR-RA^há^ *iya**nun***

and I made them as infantries and charioteers.

[43]第二天上午（*lukkatti=ma*），我向前（*parā iya-h**hat*** 被动中间语态）到了塔普提那城，当（*mahhan*）我到达（*āra-**hhun***）塔尔库马城后，我完全焚毁了（*arha warnu-**nun***）塔尔库马城。塔普提那、呼尔沙马和皮库尔孜城的人们来到（*uwēr*）我面前（= *mu menahhanda*），他们跪倒（*kattan hāliy-**andat*** 被动中间语态）在我的脚下，他们这样（*kiššan*=AKK. *ki 'am*））哀求：

[47]"（=*wa* 直接引语）哦，我们的主啊，请不要毁灭（*lē harnik-**ti***）我们，请带走（*dā* 命令式）我们做奴隶！请让我们成为（*iya*）您的步兵与骑兵，我们会（随您）作战（*kattan lahhiy-anni-*（*g*（*k*）*a-**weni***）！"

于是，我把他们当做奴隶带走了（*da-**hhun***），我使他们成为了（*iya-**nun***）步兵与骑兵。

(52) *lu-uk-kat-ta-ma pa-ra-**a** pa-a-un nu* ^uru^*Ha-a-i-še-eh-la-an*

lukkatta=ma parā pāun nu ^uru^*Haišehlan*

In the next morning, I went further. I burned the city of Haišehla

(53) ^uru^*Kán-ti-iš-ši-ša-an-na ar-ha wa-ar-nu-nu-un*

^uru^*Kántiššišann=a arha warnu**nun***

and Kantiššiš completely.

(54) *nam-ma I-NA* ^uru^*Ha-ak-pí-iš-ša* EGIR^-pa^ *ú-wa-nu-un*

namma INA ^uru^*Hakpišša appa uwa**nun***

Then I again came back to the city of Hakpiš,

(55) *nu I-NA* ^uru^*Ha-at-tu-**ši*** EGIR^-pa^ *ú-wa-nu-un*

nu I-NA ^uru^*Hattuši appa uwa**nun***

and I came back to the city of Hattuša,

(56) *nu I-NA* ^{uru}*A-an-ku-wa gi-im-ma-an-ta-ri-ia-nu-un*

nu INA ^{uru}*Ankuwa gimmantariya***nun**

and then I wintered in the city of Ankuwa.

[52]第二天上午（*lukkatta*＝*ma*），我继续前往（*parā pā-***un**）并（*nu*）焚毁了哈伊篩赫拉和刊提西什城。然后，我再次（*namma*）回到了（*appa uwa-***nun**）哈克皮什城，又回到了哈图沙城。然后，我在安库瓦城过（*gimmantariya-***nun**）冬。

(57) *ma-ah-ha-an-ma ha-me-eš-ha-an-za ki-ša-at nu I-NA* KUR ^{uru}*Az-zi*

mahhan＝*ma hamešhanza kiš***at** *nu INA* KUR ^{uru}*Azzi*

When it became spring, then I went by the second expedition.

(58) *da-a-an* KASKAL-*ši nam-ma pa-a-un nu-za I-NA* ^{uru}*In-ga-la-wa*

dān KASKAL -*šinamma pā***un** *nu*＝*za INA* ^{uru}*Ingalawa*

again to the land of the city Azzi. In the city of Ingalawa,

(59) *A-NA* ERÍN ^{meš} ANŠE-KUR-RA^{há} *ú-wa-a-tar i-ia-nu-un* LÚ ^{meš} ^{uru}*Az-zi-ma*

ANA ERÍN ^{meš} ANŠE-KUR-RA^{há} *uwatar iya***nun** *antuhš***ūš** ^{uru}*Azzi*＝*ma*

I made an inspection of the infantries and charioteers.

(60) ^{d}UTU^{ŠI} *ku-it ka-ru-ú hu-ul-li-iš-ki-nu-un*

^{d}UTU^{ŠI} *kuit karū hulliški***nun**

I, Sun, formerly defeated the people of Azzi,

(61) ^{m}*Nu-u-wa-an-za-ša-aš* GAL-GEŠTIN *ŠA-PAL* ^{uru}*Kán-nu-wa-ra hu-u*[*l-li-iš-ki-i*]*t*

^{m}*Nūwanzašaš* GAL-GEŠTIN *ŠAPAL* ^{uru}*Kann***uwar***a hulliški***t**

Nuwanzašaš, the chief of wine, defeated them in the lower

city of Kann***uwar***.

(62) *nu-mu-za nam-ma* UD-KAM^{há} *za-ah-hi-ia-u-wa-an-zi* Ú-UL [*ku-wa-at-ka*]

nu=mu=za namma UD-KAM^{há} *zahhiya**uwanzi*** ŪL *kuwatka*

Hence, they would not again plan to fight against me in the daytime.

(63) *ha-an-da-al-li-i-e-ir nu-mu-za-kán* MI-KAM-*za wa-al-h*[*u-u-wa-an-zi*]

*handalli**ēr** nu=mu=za=kán* MI-KAM-*za walhū**wanzi***

Hence, they wished to strike me at night:

(64) *zi-ik-ki-ir* MI-KAM-*za-wa-aš*[*-ši-kán*]*a*[*n-d*]*a*[*ha-at-ke-eš-nu-um-me-ni*]

*zikk**ir*** MI-KAM-za=*wa=šši=kán anda hatkešn**ummeni***

We will beleaguer him in the night.

(65) *ma-ah-ha-an-ma* ^{d}UTU^{ŠI}[*me-mi-a*]*niš*-[*ta-ma-aš-šu-un*]

mahhan=ma ^{d}UTU^{ŠI} *memi**an** ištamašš**un***

when I, Sun, heard the information:

(66) LÚ^{meš} ^{uru}*Az-zi-wa-*[*ták-kán*] MI-KAM-*za* ŠAG$_4$ K[ARAŠ^{há}]

antuhšēš ^{uru}*Azzi=wa=tá=kkán* MI-KAM-*za* ŠAG$_4$ KARAŠ^{há}

"The people of Azzi will at night

(67) GUL-*ah-hu-u-wa-an-z*[***i** z*]*i-ik-kán-zi*

GUL-*ahhū**wanzi** zikkanzi*

attack your troops."

(68) *nu-za* ^{d}UTU^{ŠI} KARAŠ^{há} *iš-hi-ú-ul-la-ah-hu-*[*un* KARA^{há}]

nu=za ^{d}UTU^{ŠI} KARAŠ^{há} *išhiūllah**hun*** KARAŠ^{há}

I, the Sun, instructed the army that the army

(69) *ma-ah-ha-an* UD-KAM-***ti*** *pu-tal-li-ia-an-da i-ia-at-ta-*[*ri*]

mahhan UD-KAM-***ti*** *putalliyanda iya**ttari***

as is ready to fight in the daytime,

(70) MI-KAM-*az-ma-at-kán še-e-na-ah-aš QĀ-TAM-MA e-eš-*

zi……

MI-KAM-***az***=*ma*=*at*=*kán šēnahaš QĀTAM-MA ēš**zi***……

in the night, they should be ready to fight [against the ambush……]

[57]当春天（*hameshan**za***）来临（*kiš-**at*** 中间语态）的时候，在第二次（*dān*）征途中，我再次（*namma*）前往阿孜城。我在尹旮拉瓦城使步兵与骑兵队被检阅了（*uwa-**tar*** *被看* 中间被动语态，*iya-**nun*** *使*、*做*）。

[60]我是从前（*karū*）几次打败（*hulli-ški-**nun***）阿孜城人们之（*kuit*）太阳：[61]（我的）祭酒官努万扎在刊努瓦尔城的下面几次打败了（*hulli-ški-**t***）他们。因此，他们不打算（*ŪL kuwatka handalli-**ēr***）再次（*namma*）在白天与我作战（*zahhiya**uwanzi***）。于是，他们要（*zikki**r***）在夜晚攻击（*walh-ū**wanzi***）我（=*mu*）：我们将在晚上包围住（*anda hatk-iš-nu-**mmeni***）他（*-ši*）。当我，太阳，听到（*ištamaš-š-**un***）消息（*memi-**an***）（*-wa* 直接引语）“阿孜城的人们试图在夜晚袭击你的军队”时，我，太阳，命令（*išhiūll-ahh-**un***）军队要像白天作好战斗准备（*putalliy-**anda*** 分词，*iya-**ttari*** 中间语态现在时单数）一样，晚上他们（=***at***）也要处于（***ēš-zi***）备战中（*šēnah-**aš***）……

Column IV. （1）—（3）（第四栏）

（4）*nu I-NA* uru*A-ri-ip-ša-**a** an-d*[*a-an za-ah-hi-ia i-ia-an-ni-ia-nu-un*]

……*nu INA* uru*Aripš**a** andan zahhiya iya**nn**-iya**nun***

……I went to the city Aripša for battle,

（5）*a-ši-ma-kán* uru*A-ri-ip-ša-aš*[ŠÀ A-A]B-BA *ki-it-ta-ri*

aši=*ma*=*kán* uru*Aripš**aš*** ŠÀ A-AB-BA *ki**tt**ari*

but the city of Aripša was located in the sea.

（6）*nam-ma-aš-**ši** uru-ri a-še-eš-šar ku-it na-aš* HUR-SAG NA4 *pé-e-ru-nu-*[*uš har-ta*]

namma=*š**ši** uru-ri ašeššar kuit n*=*aš* HUR-SAG na4 *perunuš harta*

Moreover, some settlment of city was occupied on the rocky mountain

(7) *nam-ma-at me-ek-ki pár-ku nu-kán* KUR-*e ku-it hu-u-ma-an ša-ra-a pa-a-*[*an*]

namma=at mekki parku nu=kan KUR-*e kuit human šarā pān*

Moreover, it was greatly high. All the lands (of people) had gone up,

(8) *e-eš-ta na-an* ERÍN^{meš} *pa-an-ku-uš har-ta na-an* ^{d}UTU^{ŠI} *z*[*a-ah-h*]*i-ia-nu-*[*un*]

ēšta n=an ERÍN ^{meš} *pankuš harta n=an* ^{d}UTU^{ŠI} *zahhiyanun*

All the troops held it, I, My Sun, fought against it!

(9) *nu-mu* ^{d}U NIR-GÁL *BE-LI-IA* ^{d}UTU ^{uru}*A-ri-in-na* GAŠAN-*IA* ^{d}U ^{uru}*Ha-at-ti*

nu=mu ^{d}U NIR-GÁL *BĒLI-IA* ^{d}UTU ^{uru}*Arinna BĒLTI-IA* ^{d}U ^{uru}*Hatti*

The mighty storm god, my lord, the sun goddess of Arinna, my goddess, the storm god of Hatti,

(10) ^{d}LAMA ^{uru}*Ha-at-ti* ^{d}U KARAŠ ^{d}*IŠTAR* LÍL DINGIR^{meš}-*ia hu-u-ma-an-te-eš*

^{d}LAMA ^{uru}*Hatti* ^{d}U KARAŠ ^{d}*IŠTAR* LÍL DINGIR^{meš} = *ia humanteš*

the tutelary god of Hatti, the storm god of the army, and the goddess Ištar of the(battle)field,

(11) *pí-ra-an hu-u-i-e-er*……

piran huwēir……

all the gods ran before me.

(12) [*nu*]-*kán* ^{uru}*A-ri-ip-ša-a-an za-ah-hi-ia-az* Ú-UL *da-ah-hu-un*

nu=kán ^{uru}*Aripšan zahhiyaz* ŪL *dahhun*

I did not take the city Aripša with battle,

(13) *na-an* [uru]*Ha-at-tu-ši hu-u-ma-an-ti-i ša-a-ru-ú-**i** ma-ni-ia-ah-hu-un*

n=an [uru]*Hattuš**ī** humantī šārū**i** maniya**hhun***

I distributed it over to all the men of Hittuša as booty.

(14) [*nu-*] *za* ERÍN[meš] ANŠU-KUR-RA[há] *ŠA BI-IR-TI IŠ-TU* NAM-RA[há] GUD-UDU-*ia*

nu=za ERÍN [meš] ANŠU. KUR. RA[há] *ŠA BIRTI IŠTU* NAM. RA[há] GUD UDU-*ia*

The infantries and charioteers got many prisoners with cattles and sheep of the castle.

(15) [*me*]*-ik-ki ú-e-mi-ia-at nu* [d]UTU[ŠI] *a-p-e-da-ni-pat* UD-*ti*

*mek**ki** wemiyat nu* [d]UTU[ŠI] *ape**dani**=pat* UD-*ti*

(16) [*I*]*-NA* [uru]*A-ri-ip-ša-a-pat še-e-šu-un*

INA [uru]*Aripša=pat šēš**un***

I, My Sun, slept in Aripša on that very day.

……[4]我继续前往（*iyann-iya-**nun***）阿瑞普什城作战（*zahhiya*），可阿瑞普什城位于（*ki-t**tari*** 中间态，现在时）海中，而且（*namma*）这个城市的某些（*kuit*）居住区（*ašeššar*）占据（*har-**ta***）多岩的（*peru**nuš***）山地。况且（*namma*），它（山）是非常地（*mekki*）险峻（*parku*）。那个国家所有的（*kuit human*）平民均已撤离（*šarā pān **ešta*** 完成时），可全部的（*panku**š***）军队还占据着（*har-**ta***）它（*n=an*）。我，太阳，与它战斗了（*zahhiya-**nun***）！我的主，强大的暴风雨神，我的女神阿壬那城的太阳女神——赫梯的暴风雨神和赫梯保护神，军队的暴风雨神及战地女神伊什塔尔，和（*-ya*）所有的神灵在我面前（=***mu***）向前跑（*piran huwē-**ir***）。我没有以战斗（*zahhiya-**az***）夺取（*ŪL da**hhun***）阿瑞普什，我把它作为战利品（***šārū̆i***）分（*maniyahh-**un***）给了所有的（*humant-**ī*** 予格）哈图沙人。我的要塞步兵与骑兵从中得到了（*wemiya-**t***）很多（*mekki*）战俘与（*-ya*）牛羊。我，太阳，在那天（*ape-**dani**＝pat* UD-*ti*）就在阿利普什城睡眠了（*šēš-**un***）。

（17）*l*[*u-uk-k*]*at-ta-ma I-NA* ^{uru}*Du-uq-qa-am-ma an-da-an za-ah-hi-ia i-ia-an-ni-ia-nu-un*

lukkatta＝ma INA ^{uru}*Duqqamma andan zahhiya iyanniya**nun***

In the next morning, I went into the city of Duqqamma for battle.

（18）*ma-ah-ha-an-ma-mu-kán* LÚ ^{meš} ^{uru}*Du-uq-qa-am-ma me-na-ah-ha-*<*an*>*-da a-ú-e-ir*

*mahhan＝ma＝mu＝kan antuhš**ēš*** ^{uru}*Duqqamma menahhanda auw**ēr***

When the people of the city Duqqamma saw me far away,

（19）*na-at-mu me-na-ah-ha-an-da ú-e-ir na-at-mu* GÌR^{meš}*-aš kat-ta-an*

n＝at＝mu menahhanda uwēr n＝at＝mu GÌR ^{meš}*-aš kattan*

they came before me, they knelt down at my feet.

（20）*ha-a-li-i-e-ir nu-mu me-mi-ir BE-LI-NI-wa-an-na-aš ŠA* ^{uru}*A-ri-i p-ša-a*

*hā**līēr** nu＝mu mem**ir** BELI-NI*＝wa＝nnaš *ŠA* ^{uru}*Aripša*

They said to me："Our lord,

（21）*i-wa-ar* ^{uru}*Ha-at-tu-ši ša-a-ru-wa-u-wa-an-zi li-e ma-ni-ia-ah-ti*

iwar ^{uru}*Hattuši šāruwau**wanzi** lē maniyahti*

don't allot us as booty in Hattuša just like you did to Aripša,

（22）*nu-wa-an-na-aš BE-LÍ-NI an-da a-ra-an-da ar-nu-ut nu-wa-an-na-aš* ^{uru}*Ha-at*<*-tu*>*-ši*

*nu ＝ wa ＝ nnaš BELI-NI anda ar**anda** arnut nu ＝ wa ＝ nnaš* ^{uru}*Hattuši*

Our lord, may you bring make all together of us march with you.

（23）*ar-ha pé-e-hu-te nu-wa-a*[*n-n*]*a-aš-za* ERÍN ^{meš} ANŠE-KUR-RA^{há} *i-ia nu nam-ma* ^{d}UTU^{ŠI}

arha pehute nu＝wa＝nnaš＝za ERÍN ^{meš} ANŠE-KUR-RA^{há}

iya nu namma ^{d}UTU^{ŠI}

Please lead us to Hattuša, please make us as infantries and charioteers!"

(24) ^{uru}*Du-uq-qa-ma-an* uru-*an* [*ša*]*-a-ru-u-wa-u-wa-an-zi* *Ú-UL tar-na-ah-hu-un*

^{uru}*Duqqaman* uru-*an* *šārūwau**wanzi*** *ŪL tarna**hhun***

I, My Sun, did not allow again to seize the city of Duqqama.

(25) …… NAM-RA ^{uru}*Du-ug-ga-ma*

…… NAM-RA ^{uru}Duqqama

(26) 3 *LI-IM* NAM-RA *I-NA* É-[LUGAL]*ku-in ú-wa-te-nu-un*

3 *LI-IM* NAM-RA *INA* É-LUGAL *kuin uwate**nun***

…… the prisoners of Duqqama which I brought to the palace were 3, 000 captives.

(27) *na-an-za-an* ERÍN^{meš} ANŠU-KUR-R[A^{há}]*i-ia-nu-un*

n=an=šan ERÍN^{meš} ANŠU-KUR-RA^{há} *iya**nun***

I made them as infantries and charioteers。

[17]第二天早上，我继续前往杜卡马城作战。当杜卡马城的居民很远就看到我的时候，他们来到我面前，跪倒在我的脚下。他们对我说：(*-wa* 直接引语)

[20]"我们的主，不要像（*-iwar*）您对阿瑞普什城那样，将我们掠至（*šāruwa-**uwanzi*** 动词不定式）哈图沙并分配（*maniyah-**ti***）。我们的主啊，请把我们迁移（*arnu-**t***）到同盟中间（*anda ar**anda***，*ara-* 同类分词），请把我们领往（*arha pehu-**te***）哈图沙，请让我们成为（*iya*）您的步兵与骑兵！（*-wa* 直接引语）"

[24]于是，我，太阳，没有允许（*ŪL tarna-**hhun***）部下再次（*namma*）劫掠（*šāruwa-**uwanzi*** 动词不定式）杜卡马城……我把杜卡马城俘虏3，000人带到了（*kuin uwate-**nun***）宫殿，并把他们变成了（*iya-**nun***）步

兵与骑兵。

(28) *ma-ah-ha-an-ma* LÚ^{meš} ^{uru}*Az-zi a-ú-e-ir* uru$^{\text{AŠ-AŠ-há}}$ BÀD-*kán ku-it za-ah-hi-ia-az*

mahhan=ma antuhšēš ^{uru}*Azzi au**ēr*** uru$^{\text{didli-há}}$ BÀD=*kán kuit zahhiy**az***

When the people of Azz*i* saw, I began in certain battle

(29) *kat-ta da-aš-ki-u-wa-an te-eh-hu-un nu* LÚ^{meš} ^{uru}*Az-zi ku-i-e-eš*

*katta daški**uwan** te**hhun** nu* LÚ^{meš} ^{uru}*Azzi kui**ēš***

to besiege the fortified cities. The people of Azzi who

(30) uru$^{\text{AŠ-AŠ-há}}$ BÀD $^{\text{NA4}}$*pé-e-ru-nu-uš* HUR-SAG^{meš}-*uš pár-ga-u-e-eš na-ak-ki-i*

uru$^{\text{didli-há}}$ BÀD *peru**nuš*** HUR-SAG ^{meš}-*uš parkau**ēš**, nakkī*

held back the fortresses on the rocky and high mountains,

(31) *AŠ-RI*^{há} EGIR-*pa har-kir na-at na-ah-ša-ri-ia-an-da-ti nu-mu* LÚ^{meš} *ŠU-GI KUR*^{TI}

AŠRI^{há} *appa hark**ir** n=at nahšari**yandati** nu=mu* LÚ^{meš}-ŠU-GI *MĀTI*^{TI}

the difficult places, became afraid. The elders of the land

(32) *me-na-ah-ha-an-da ú-e-ir na-at-mu* GÌR^{meš}-*aš kat-ta-an ha-a-li-i-e-ir*

menahhanda uēr n=at=mu GÌR^{meš}-*aš kattan hālī**ēr***

came toward me, they knelt down at my feet.

(33) *nu-mu me-mi-ir BE-LI-NI-wa-an-na-aš li-e ku-it-ki har-ni-ik-ti*

*nu=mu mem**ir** BĒLI-NI=wa=nnaš lē kuitki harnikti*

They said to me: "Our lord, don't destroy us at all!

(34) *nu-wa-an-na-aš-za BE-LI-NI* ÌR-*an-ni da-a nu-wa A-NA BE-LI-*<*NI*> ERÍN^{meš} ANŠE-KUR-RA^{há}

nu=wa=nnaš=za BĒLI-NI ÌR-*anni dā nu=wa ANA BELI-NI* ERÍN^{meš} ANŠE-KUR-RA^{há}

Our lord, may you take us as slave. To our lord, we shall begin to keep giving

(35) *pé-eš-ki-u-wa-an ti-i-ia-u-e-**ni***[NAM-R]A [uru]*Ha-at-ti-ia-wa-an-na-aš-kán ku-iš*

*pēški**uwan** tīya**weni*** NAM-RA [uru]*Hatti = ia = wa = nnaš = kán kuiš*

the infantries and charioteers. We who are the captives

(36) *an-da nu-wa-ra-an pa-ra-a pí-i-i*[*a-u-e*]*-**ni** na-aš nam-ma* [d]UTU[ŠI] *Ú-UL*

*anda nu = war = an parā piya**weni** n = aš namma* [d]UTU[ŠI] *ŪL*

shall go forth into the Hittite city." So, I, My Sun, did not again destroy them.

(37) *har-ni-in-ku-un na-aš-za* ÌR*-an-ni* [*da*]*-ah-hu-un na-aš-za* ÌR*-ah-hu-un*

*harnin**kun** n = aš = za* ÌR*-anni da**hhun** n = aš = za* ÌR*-**ahhun***

I took them as slave. I subjugated them.

[28]当（*mahhan*）阿孜城的人看到了（*au**ēr***）我（*-ma*），我以某种战斗（*kuit zahhiy**a-z***）开始包围（*da-ški-**uwan** te-**hhun***：Supine 动名词＋***wan***）各个要塞。退守（*appa hark**ir***）位于岩崖的（*peru**nuš***）高（*parkau**ēš***）山的各个要塞——难近之（*nakkī*）地——的（*kui**ēš***）的阿孜城人们害怕了（*nahšariya-**ndati*** 中间语态）。国家长老们来到了（*u-**ēr***）我面前（*menahhanda*），他们跪倒（*kattan hālī-**ēr***）在我脚下。他们对我说（*mem-**ir***）：（＝*wa* 直接引语）

"我们的主啊，请千万不要毁灭（*lē harni**k**-ti*）我们（＝*nnaš*）！我们的主啊，请带走（*dā*）我们（＝*nnaš*）做您的奴隶。我们愿意开始重新交（*pē-ški-**uwan**～tīya**weni*** Supine 动名词）付我们的主以步兵与骑兵们。我们将作为战俘前往赫梯的城中。"

因此，太阳（我＝他 *-aš*），没有再次（*namma*）毁灭（*ŪL harni**nk**-*

un）他们。我带走（*da-**hhun***）他们作为奴隶。我奴役了（ÌR-*a-**hhun***）他们。

（38）*nu-mu* MU-KAM-*za ku-it še-ir te-e-pa-u-e-*[*e*]*š-ša-an-za e-eš-ta nu nam-ma*

nu=*mu* MU-KAM-*za kuit šēr tēpauēšš**anza** ēš**ta** nu namma*

Because the year became short for me，I did not again

（39）KUR [uru]*Az-zi* Ú-UL *da-ni-nu-nu-un nu* LÚ [meš uru]*Az-zi li-in-ga-nu-nu-un*

KUR [uru]*Azzi* ŪL *daninu**nun** nu* LÚ [meš uru]*Az**zi** lingan**unun***

organize the land of Azzi. I made the people of Azzi swear an oath.

（40）*nam-ma* [uru]*Ha-at-tu-ši ú-wa-nu-un nu* [uru]*Ha-at-tu-ši*

namma [uru]*Hattu**ši** uwa**nun** nu* [uru]*Hattuši*

Then again I came back to Hattuša. In Hattuša，

（41）*gi-im-ma-an-da-ri-nu-un nu-za* EZEN[HI-A] ŠA MU-6-KAM *i-ia-nu-un*

*gimmandari**nun** nu*=*za* EZEN[HÁ] ŠA MU-6-KAM *iya**nun***

I wintered. I celebrated the sixth New Year Festival。

[38]这年对我（=*mu*）已经不多了（*šēr tēpauēšš-**anza** ēš-**ta***），我便没有重新（*namma*）安排（*daninu-**nun***）阿孜城的事务。我命令阿孜城的人立了誓言（*linga-nu-**nun***）。我再次（*namma*）回到了（*uwa-**nun***）哈图沙。我在哈图沙越了冬（*gimmandari-**nun***），并庆祝了（*iya-**nun***）第六个新年节。

（42）*ma-ah-ha-an-ma ha-me-eš-ha-an-za ki-ša-at ma-an I-NA* KUR [uru]*Az-zi ta-ni-nu-ma-an-zi*

mahhan = *ma hameš**hanza** kiš**at** man INA* KUR [uru]*Az**zi** tanin**umanzi***

When it became spring，I was going to organize the land of the city of Azzi.

(43) *pa-a-un ma-ah-ha-an-ma* LÚ $^{\text{meš uru}}$*Az-zi iš-ta-ma-aš-šir* ^{d}UTU^{ŠI}-*wa ú-iz-zi*

*pā**un** mahhan=ma antuhšēš* ^{uru}*Azzi ištamašši**r*** ^{d}UTU^{ŠI}-*wa wizzi*

When the men of Azzi heard: "My Majesty would come",

(44) *nu* LÚ $^{\text{meš uru}}$*Az-zi* ^{m}*Mu-ut-ti-in* LÚ ^{meš} *Ha-li-ma-na-**a** me-na-ah-ha-an-da*

nu antuhšēš ^{uru}*Azzi* ^{m}*Muttin antuhša**n*** ^{uru}*Halimana menahhanda*

the men of Azzi sent Muttin, the man of the city Halimana, toward me,

(45) [*u-*]*i-e-ir nu-mu ki-iš-ša-an wa-a-*[*tar*]*-na-ah-hi-ir BE-LI-*<*NI*>*-wa-an-na-aš ka-ru-ú*

*wiē**r** nu=mu kišša**n** wātarnahhi**r** BĒLI-NI=wa=nnaš karū*

they informed me as follows: "Our Lord, because you have already

(46) [*ku-i*]*t har-ni-ik-ta nu-wa BE-LI-N*[*I l*]*e-e nam-ma ú-wa-**ši** nu-wa-an-na-aš-za BE-LI-NI*

*kuit harnik**ta** nu=wa BĒLI-NI lē **namma** uwa**ši** nu=wa=nnaš=za BĒLI-NI*

destroyed us, so, Our Lord, don't come again! May you, Our Lord,

(47) [ÌR-*a*]*n-ni da-**a** nu-wa A-NA BELI-*[*NI* ER]ÍN^{meš} ANŠE-KUR-RA^{meš} *pé-eš-ki-u-wa-an ti-ia-u-e-ni*

ÌR-*anni dā nu = wa ANA BELI-NI* ERÍN^{meš} ANŠE-KUR-RA^{meš} *pešk**uwan** tiya**weni***

take us in slavery. We will begin to give the infantries and charioteers to our lord,

(48) [NAM-R]A ^{uru}*Ha-at-ti-ia-wa-an-na-*[*aš-k*]*án ku-iš an-da nu-wa-ra-an pa-ra-**a** pí-i-ia-u-e-ni*

NAM-RA ^{uru}*Hatti=ia=wa=nnaš=kán kuiš anda nu=war=an parā pīya**weni***

and send out the prisoners of Hatti who is with us."

(49) [*nu-mu* NA]M-RA ^{uru}*Ha-at-ti* 1 *L*[*I-IM*] NAM-RA EGIR-*pa pí-i-e-ir*

nu=*mu* NAM-RA ^{uru}*Hatti* 1 *LIM* NAM-RA *appa* ***pīēr***

They sent forth the prisoners of Hatti who were 1, 000 captives to me.

(50) [*nu-mu e-ni-i*]*š-ša-an ku-ti*[^{m}*Mu*]*ut-ti-in* LÚ ^{uru}*Ha-li-ma-na-a*

nu=*mu eniššan kuit* ^{m}*Muttin* ***antuhšan*** ^{uru}*Halimana*

Because they sent Muttin, the man of the city Halimana, toward me in that way,

(51) [*me*]*-na-ah-ha-an-da u-i-e-ir* [NAM-RA]^{uru} *Ha-at-ti-ia-mu* EGIR-*pa pí-i-e-ir*

menahhanda ***wiēr*** NAM-RA ^{uru}*Hatti*=*ia*=*mu appa* ***pīēr***

and they sent back the prisoners of Hatti.

(52) *nu nam-ma* ^{d}UTU^{ŠI} *I-NA* KUR ^{u}[^{ru}*Az-z*]*i Ú-UL pa-a-un na-aš-za* ÌR-*an-ni*

nu ***namma*** ^{d}UTU^{ŠI} *INA* KUR ^{uru}Azzi *ŪL* ***pāun*** *n*=*aš*=*za* ÌR-*anni*

Then, My Sun I did not go again to the land of the city of Azzi. I took them

(53) *da-ah-hu-un na-aš-za* ÌR-*ah-hu-*[*un*]*nu nam-ma* ^{d}UTU^{ŠI} *a-pí-e-da-ni* MU-KAM-*ti*

dahhun *n*=***aš***=*za* ÌR-*ahhun nu namma* ^{d}UTU^{ŠI} ***apēdani*** MU-KAM-*ti*

in subjugation. I subjugated them. Then, I, My Sun, at that year,

(54) *gi-im-ri Ú-UL ku-wa-pí-*[*ik*]*-ki pa-a-un nu I-NA* ^{uru}*A-an-ku-wa an-da-an*

gimri ŪL kuwapikki ***pāun*** *nu INA* ^{uru}*Ankuwa andan*

did not again go to any field I came into the city

（55） *ú-wa-nu-un nu I-NA* ^{uru}*A-an-ku-wa gi-im-ma-an-ta-ri-ia-nu-un*

*uwa**nun** nu INA* ^{uru}*Ankuwa gimmantariya**nun***

Ankuwa。 I wintered in the city Ankuwa.

[42]当春天来临（*hamešh-**anza** kiš-**at***）的时候，我要前去安排（*tanin-**umanzi** pā-**un***）阿孜地区的事务。当阿孜城的人们听到（*ištamašš**ir***）“太阳（王）就要到来”的话（*wa*），阿孜城的人们（*antuhš-**ēš***）向我（*menahhanda*）派来了（*wi**ēr***）哈里马那城的穆亭，他们要告知（*wātarnahh-**ir***）我如下信息：

“我们的主啊，因为您曾战胜过（*harnik-**ta***）我们，请不要再次（*lē namma*）到来（*uwa**ši***）！我们的主啊，请您（*“他”* $= nn$***aš*** $=$）把我们带走（*da-**a***）当做奴隶。我们愿意开始重新（每年）交（*pē-ški-**uwan**～ tīya-**weni*** Supine（***u***）***wan*** 动名词）给我们的主以步兵们与骑兵们，并把和我们一起的（*kuiš anda*）赫梯的战俘派出（*parā pīya-**weni***）。”

他们向我派送回了（*appa pi**ēr***）赫梯俘虏，1000名俘虏。[50-51]因为（*eniššan*）他们向我派遣了（*wi**ēr***）哈里马那城的慕亭，并且他们遣返了（*appa pi**ēr***）赫梯的战俘。[52]所以，我，太阳，没有再次（*namma*）前往（*pā**un***）阿孜城邦。[53]我带走（*da-**hhun***）他们作为奴隶，我奴役他们（ÌR-*ahhun*）。[53]之后，我，太阳，在那一年（*apē-**dani*** MU-KAM-*ti*）[54]没有再（*namma*）前进（*ŪL-pā**un***）到任何（*kuwapikki*）土地（*gim**ri***）。[55]我进入了（*andan uwa-**nun***）安库瓦城，并在安库瓦城中越冬（*gimmantariya-**nun***）。

第三编

古代乌旮瑞特塞姆语
楔形字母文字语法研究

（公元前 1400—1200 年 叙利亚）

第一部分　历 史 背 景

一、考古发现

乌旮瑞特语文的名字是因叙利亚古城乌旮瑞特而得名，这个名字在出土的楔形字母文献中用 Ugrt 表示，在楔形音节文献中用 *U-ga-ri-it* 表示。乌旮瑞特城遗址在挖掘一个阿拉伯语叫做 Ras-Shamra（意为“茴香之首”）的土丘时发现的。这个土丘离地中海东岸大约有 1000 米，在叙利亚北部城市 Lādiqīye 以北大约 10 千米处。绝大多数的乌旮瑞特语的文献都被是在 1929 年以来的对这个土丘的考古挖掘中出土的。有一小部分的文献是在始于 1977 年的对 Ras-Shamra 以南 5 千米处的 Ras Ibn Hani 挖掘过程中出土的，还有一部分使用乌旮瑞特字母楔文的文献在地中海东部沿岸地区发现：塞浦路斯，叙利亚，黎巴嫩，巴勒斯坦。

乌旮瑞特语至少在方圆 60 千米的乌旮瑞特王国的领域内广泛使用。乌旮瑞特王国的边界北部在 Mount ṣapān 地区（现在的土耳其边境），东部至奥龙特河谷地区（Orontes River Valley）。在南方，席亚努（Siannu）和乌什那图（Ušnatu）两个小国曾在不同的时期内分别臣服于乌旮瑞特王国。

根据考古学的标准，现存的乌旮瑞特语文献写成于公元前 14 世纪至公元前 13 世纪，处于当地的青铜器时代后期。大约公元前 1365 年，一场地震和大火基本上毁坏了整个的乌旮瑞特城，后又有人居住。公元前 1200 年该城再一次遭到摧毁后，被完全放弃了，大部分的古代文献是考古挖掘工作在这两层废墟中发现的。

几乎所有的乌旮瑞特语的文献都是由塞佛尔（C. Schaeffer）指导的法国考古队在 1929—1969 年期间在 Ras-Shamra 挖掘中发现的。发掘工作曾被第二次世界大战和近东冲突打断。有关考古挖掘的报告和文献被马上发表出来了。从1971年以后，又有少量的文献在Ras-Shamra出土。从1977年，叙利亚和法国联合考古队又在Ras-Shamra南部的Ras Ibn Hani挖掘出了大约100块乌旮瑞特语的泥板。

关于乌旮瑞特语法的主要参考书有：

C. H. Gordon, Ugaritic Textbook, Grammar, Texts in Transliteration, Cuneiform Selections, Glossary, Indices (AnOr 38), 1965; Supplement to Ugaritic Textbook, 1967

S. Segert, *A Basic Grammar of the Ugartic Language*, University of California Press, Berkeley Los Angeles, 1984.

J. Tropper, *Ugaritische*, Ugarit-Verlag, Munster 2002.

二、乌旮瑞特语在塞姆语系中的地位

乌旮瑞特语属于西北塞姆语族，但是学术界对于它在这一组中的地位还没有取得一致的意见。根据语言学的标准和地理位置，塞姆语系通常被分为三大分支语族：

(1) 东分支（或称东北分支），只有阿卡德语属于这一分支；

(2) 西北分支（或称西分支），这一分支通常分成两个小分支，迦南语和阿拉美米亚语；

(3) 西南分支（或称南分支），这一分支包括两个分支，北支以阿拉伯语为代表，南支包括埃塞俄比亚语和南部阿拉伯碑文语。

迦南语族这个术语被现在的塞姆语系语言学家用来表示一族语言，包括腓尼基语，希伯来语和一些没有完全被证实了的语言。这个术语的用法并没有完全反映出古代的地理名词迦南的含义。这个古语在公元前1世纪通常表示腓尼基和巴勒斯坦，乌旮瑞特坐落在它们的北部，从狭义上说它并不被认为是迦南的一部分。迦南语族的一些特征在乌旮瑞特语中保存了下来：

(1) 原始塞姆语的$\bar{d}$ 转变成 ṣ；

(2) 在后期文献里，标准乌旮瑞特语把原始塞姆语的 š 变化成 $\underline{\mathbf{t}}$；

(3) $*aw$ 转变成单元音 $\bar{o}$，$*ay$ 转变成 $\bar{e}$。

(4) n 被紧跟其后的辅音所同化。

（5）名词的双数和复数用 m 结尾。许多词汇的相互对应把乌旮瑞特语和其他的迦南语（主要有圣经的希伯来语）的联系建立起来了。

乌旮瑞特语的许多守旧的特点至少可以用它相对的古老以及乌旮瑞特在迦南语地区北部边沿的地理位置给予解释。这些守旧的特点主要有以下几点：

（1）保存了很丰富的辅音；

（2）对第三人称代词的属格和宾格用特殊的形式；

（3）用 $\check{s}$ 作为役使动词的前缀；

（4）缺乏定冠词。这些特点有时被作为例子来反对乌旮瑞特语属于迦南语的论点。乌旮瑞特语可以说是古代北部迦南语的典型方言。

乌旮瑞特语的一些特点和当时甚至更古老的那些其他的叙利亚、巴勒斯坦地区的古代西北塞姆语族的特点是非常相似的。在公元前 14 世纪上半叶的叙利亚、巴勒斯坦地区的一些君主用阿卡德语写给埃及国王的一些书信中，古迦南方言的特点被表现了出来。

从叙利亚和两河流域出土的一些文献中，在用楔行音节表示的成千上万的个人名字中，阿摩利语被广泛应用。

埃卜拉语从 1975 年被发现后，为世人所知晓。埃卜拉语是叙利亚中部城市埃卜拉在公元前第三千纪后期所使用的塞姆语文字。即使它的一些特征还没有得到确切的认定，但是一些和乌旮瑞特相似的特征已经可以观察出来。

三、乌旮瑞特语发展的阶段和风格

因为有关乌旮瑞特语的文献除了个别的一小部分外大都局限在一个地区，所以在以一个地区为语言基础的情况下不同的方言不复存在。在现存的乌旮瑞特语文献所反映的两个世纪里，出现了许多显著的语言发展变化。这个发展阶段可能要比公元前 1400—1200 年这个时段更长。它的最老的文献保存了口头传播代表的更古老阶段的语言。但是，乌旮瑞特城毁灭前写成的最近的文献反映了日用语的更大发展。很多后期的文献刚刚写成于乌旮瑞特城毁灭的前夕：有很多写有文字的尚没有被烧制的泥板在毁灭的陶窑里被发现。这些写有乌旮瑞特语文献的泥板居然在陶窑里等待烧制长达三千多年之久。

现存的最长的乌旮瑞特语文献是诗歌。这些诗歌显示出了高度公式化了的诗体语言，很显然是通过了几世纪的口头语言而形成的。乌旮瑞特的诗体语言是在普通迦南语的诗体方言的基础上形成的，后来在这个基础上又形成了古代希伯来诗体语言。

在现存的乌旮瑞特的档案体和书信体语言文献中，国王和高级官吏之间互相交换的信件的语言特别接近文学文献：风格是限定的、用字是精确的。它和诗体语言的显著不同是：它用完成时和未完成时不是表示状态，而是表示时态的过去和未过去时。

非正式语言：一些晚期的文献显示出乌旮瑞特语日常用语的特点。一些没有受过教育的人和大概一些外来人写的文献显示出了实际的发音特点，而这些特点却被标准的正字法隐藏了起来。

四、乌旮瑞特语的文献资料

1. 非文学文献

在《乌旮瑞特字母楔形原文》（KTU）所搜集的 1341 块乌旮瑞特字母楔形泥板中，大多数都是非文学文献。他们包括离婚文书、数据列表、合同契约、外交书信和私人信件等等。很多信件是十分有趣的，因为他们使用了一些文学的表达模式和措辞。信件和合同契约的语言通常使用一些固定的模式，这些模式大多都是以阿卡德语的模式为基础的。很多的经济文献如数字表格只包括很少的句子，有的甚至没有句子。

在有关宗教典礼的文献中，有很多关于神和祭祀物品的清单。还有一些文献是关于一些在特定的月份中或特定的日子里进行宗教仪式活动的指令。与各种预言占卜有关的一些文献也保存了下来。这些类型的宗教文献是非常模式化的，对它们的释读也是非常困难的。由于许多宗教仪式包含的一些段、节内容也出现在文学文献中，对这两种类型的特性很难划分。也是因为这个原因，文学文献和宗教文献都被划分在 KTU1 同一组中。

2. 文学文献

到 1976 年为止，发表的乌旮瑞特文学文献不超过 50 篇。它们中的大多数泥板都是很大的（每一面上有三到四栏），并且都保存得相当完好。

第二部分　文字和语言

第一章　乌旮瑞特语的楔形字母文字系统

乌旮瑞特是一个世界性的城市，在这个城市里使用着很多的语言和不同的文字书写系统。乌旮瑞特文献基本上使用楔形字母文字。少数个的乌旮瑞特语词汇，特别是人名和地名，出现在用楔形音节文字书写的文献里。乌旮瑞特字母文字对应于毕布勒斯和其他伽南城市出土的辅音字母系统，但字母符号系统是全新的。由于它的书写媒体是泥板，它的字母符号不能采用有弯曲线形笔画的、写在纸草和皮纸上的埃及或腓尼基符号，而只能发明类似两河流域楔形音节符号的30个楔形字母符号。

1. 乌旮瑞特楔形字母符号

乌旮瑞特楔形字母共有30个：27个辅音符号，另加三个表示声门塞音和元音复合的音节符号***'a***,***'i***和***'u***。辅音符号分别为：

b g ẖ d h w z ḥ ṭ y k š l m ḏ n ẓ s ʿ p ṣ q r ṯ ġ t ś(＝***s***＋***u***)

2. 辅音符号和无元音书写法

像西部塞姆语线形字母书写系统一样，乌旮瑞特楔形字母书写系统也是建立在一对一的关系上：一个符号表达了一个辅音音素；一个辅音音素只由一个书写符号来表示。原则上元音音素在这种书写系统中并不表示出来。像其他西部塞姆语一样，乌旮瑞特语里的每一个音节都以一辅音音素开始（c＋v，或c＋v＋c）。在一个以辅音结尾的音节（cvc）里，元音不发音。

3. 三个表示元音的符号

乌旮瑞特书写系统在西方塞姆语严格的辅音系统的基础上又补充了三个和元音相关的符号。这三个符号表示三个元音***a***，***i***，***u***和声门塞音’的结合：在其他西方塞姆语字母表中用字母 ʾalep 表示。在大多数情况下，这三个 ʾalep 符号表示声门塞音加元音，当然它们有时也表示元音加声门塞音。如果在声门塞音之后没有元音，那么就用符号 *i* 表示。这三个符号的声门塞辅音是相同的，不同的元素是元音。因此它们被简单的音译为 ***a***，***i***，***u***。这三个符号仅仅用元音音素来区别是不够的，它们不仅表示长元音，短元音，甚至还表示由原始双元音缩合而形成的相关的元音，下面的例子可以清楚地表示出来：

符号	声门塞音 ＋短元音	声门塞音 ＋长元音	声门塞音 ＋长双元音	短元音 ＋声门塞音
a	*ʾa*	*ʾā*		*aʾ*
u	*ʾu*	*ʾū*	*ʾō* ＜ **ʾaw*	*uʾ*
i	*ʾi*	*ʾī*	*ʾē* ＜ **ʾay*	*iʾ*，*uʾ*，*aʾ*

第二章 名词类变格法

乌旮瑞特语名词类，包括代词、数词和动名词，有性别（*gender*）、数量（*number*）和格位（*case*）的变化。修饰名词的形容词的性、数、格的变化和它修饰的名词一致。在句子中，名词词干（*stem*）加上不同的的格尾形成了动词要求的三种不同格位的名词句子成分，以此表示名词在句子中的不同作用。乌旮瑞特语的名词、形容词有两种属性，即阴性和阳性。不但表示各种关于人类男女和雄雌动物的名词有阴性和阳性的区别，表示事物的名词也有阳性和阴性的区别。乌旮瑞特语名词的数的形式为三种，即单数、双数与复数。虚词没有词尾变化，但是有些可以和代词后缀组合。和阿卡德语一样，乌旮瑞特语名词的格位只有主格、属格（＝予格）和宾格三种。

一、代　词

乌旮瑞特语有不同种类的代词：独立人称代词、依附名词的物主代词后缀、依附动词的宾格代词后缀、限定性/关系代词和疑问代词，而非限定性代词和指示代词在乌旮瑞特语中没有得到充分发展。

独立人称代词单数第一人称和所有第二人称的形式都以**’an-**开头。第二人称的形式包含了第二人称标志辅音**-t-**。第三人称的形式带有标志辅音 ***h***。

单数第一人称代词出现了两种形式，第一种是 *ank*/*’anāku*/，用音节文字写成 *a-na-ku*，第二种是 *an*/*’anā*/。二者没有本质的区别。短形式只限于在文学作品中应用，而长形式则在所有形式的作品中出现；在某些作品中两种形式都被应用。

在第三人称中两种不同的形式也被应用。无**-t** 的短形式用于主格。被**-t-** 扩展的长形式被用于属格和宾格之中：***hwt*** /*huwāti*/（第三人称单数阳性属格、宾格），***hyt*** /*hiyāti* /（第三人称单数阴性属格、宾格），***hmt*** /*humūti*/（第三人称阳性复数属格宾格）。

物主代词（所有格代词）以名词后缀形式出现。所有的依附于名词的、以名词后缀形式的出现的人称代词实际上就是属格代词，或称为物主代词；它们表示的是两部分之间的所有关系。附属于谓语限定性动词后的人称代词后缀处于宾格形式，它们做动词的直接宾语。

除了单数第一人称代词以外，其他人称代词的动词宾格后缀和名词物主代词后缀的形式是一样的。单数第一人称代词宾格后缀为*-n*/*-nī*/，而它的物主代词后缀主格是 /*-ī*/，属格是 /*-ya*/。

第三人称的代词后缀是由独立代词的单数形式发展而来。事实上，复数后缀 *hm* 常常被写成一个单独的词。

单数第一人称的物主代词在字母文字中有两种形式：*-y* 和元音省略不写的/*ī*/：*tnḥ npš* /*napšī*/ *我的灵魂将安息*。这两种形式和不同性数格的名词相配：*-y* 和名词的单数属格、宾格形式、阴性复数的属格、宾格以及所有的双数和阳性复数的名词搭配：

以 /*-i*/ 结尾的单数阳性属格名词、以 /*-ti*/ 结尾的复数阴性属格、宾格名词、以 /*-ī*/ 结尾的阳性复数属格、宾格名词，以 /*-a*/ 结尾的单数宾格名词，以 /*-ā*/ 结尾的双数主格名词，以 /*-ē*/ 结尾的双数属格、宾格名词，以及以 /*-ū*/ 结尾的复数阳性主格名词的物主代词的后缀"我的"均为 *-y* /*-ya*/：*lksiy 到我的王座*……。

1. 独立人称代词、名词和动词的人称代词后缀

	独立人称代词主格	独立人称代词宾一属格	主格物主代词后缀	宾属格物主代词后缀	动词的宾格人称代词后缀
单数第一人称	*ank a-na-ku* /'*anāku*/, *an* /'*anā*/, *ag* "我"		书写省略 /*-ī*/"我的"	*-y* /*-ya*/	*-n*/*-nī*/ "我"
第二人称阳性	"你" *at*、*at-ta* /'*atta*/ < **an-ta*		*-k*/*-ka*/ "你的"	无	*-k*/*-ka*/ "你"
第二人称阴性	*at*/'*atti*/"你"，< **an-ti*		*-k*/*-ki*/ "你的	无	*-k*/*-ki*/ "你"
第三人称阳性	*hw*/*huwa*/"他"，＝*ú-wa*	*hwt*/*huwāti*/ "他的，他"	*-h*/*-hu*/ "他的"	无	*-h*/*-hu*/ "他"

续 表

第三人称阴性	*hy/hiya/*"她"	*hyt/hiyāti/* 她的	*-h/-ha/* "她的"	无	*-h/-ha/* "她"
双数第一人称	无		*-ny/-nayā/* 我们俩的	无	
双数第二人称	*atm/'attumā/*"你俩" < **antumā*		*-km/-kumā/* "你们俩的",		
双数第三人称	*hm/humā/* 他/她俩				
复数第一人称			*-n/-na/* (?), */-nu/* 我们的		
复数第二人称阳性	*atm/'attumū/* "你们"		*-km/-kum/* "你们的"	无	
复数第二人称阴性	**atm/attimā/*		*-kn/-kinā/* "你们的"	无	
复数第三人称阳性	*hm/-humū/* (?) "他们"	*hmt/humūti/* "他们"	*-hm/hum/* "他们的"	无	
复数第三人称阴性	*hm/humā/* (?) "她们"	**hmt /humāti/*	*-hn/hina/* "她们的"	无	

和所有的单数主格和阴性复数主格以短 -u 结尾的名词搭配的代词后缀"我的"的形式在文学作品中不被显示出来。很显然相配的代词后缀的形式是元音 /*-ī*/ 。在一些非文学作品中，主格名词的第一人称物主代词后缀也用 *-y* 来表示。

在一些位于前置介词或动词不定式之后的物主代词后缀中，辅音 /*n*/ 出现在代词的辅音之前；在一些情况中，/*n*/ 显现出来，而第三人称代词后缀 /*h-*/ 则被省略了。

2. 疑问代词和不定代词

人称疑问代词写作 my /*mīya*/ "谁?" 或 mn /*mannu*/ "谁"。比较阿卡德语 *mannu* 谁。

非人类疑问代词 mh /*mah*/ (?)，或 mn /*mīnu*/ "什么?"。比较阿卡德语 *mīnu* 什么，*mimmû* 某物。klkl "每人，任何人"。kll /*kilan*/，klkl /*kil-kil*/ "某人"，比较阿卡德语双数 *kilallān kilattān* 两人。

泛指人类代词有 -mnk /*mīnu* + *k*/，-mnkm，mnn /*mannu*/，mnmn /*manmannu*/，“无论谁、何人”。泛指物代词是 mhk /*mah*+*k*/，mhkm “无论何物”。klkl /*kulkullu*/全部；阿卡德语 kalu，kulu 全部。

指代形容词有 ay /*'ayyu*/ “哪一类的，某种的”。

3. 限定关系代词

根据性、数以及格的不同，关系代词“*他、她、它*”有不同的形式：

单数阳性主格 d /*dū*/ *他*。

属格 d /*dī*/ *“他的”*，

宾格 d /*dā*/ *他*。

单数阴性主格 dt /*dātu*/ 她，属格 /*dāti*/ “她的”，宾格 /*dāta*/ 她。

复数阳性、阴性 dt /*dūtu*/，/*dātu*/ “他们”，她们 。

关系代词的用法：d tšmʻ /*dū tašm*ʻe// 你将听到的东西…… 。*dū*，*dī*，*dā*，*dāt*（*u*），*dūt*（*u*）= 阿卡德语关系代词 *šu*，*ši*，*ša*，*šāt*，*šūt*，*šāt*。

4. 指示代词

指示代词系统在乌旮瑞特语中没有得到充分的发展；这些代词主要出现在晚期的散文中。形容词性的指示代词的指近词的单数阳性形式是 hnd /*hannadī*/*ā*/ = **hn*+*d*“这个” ；带有阴性词尾标志-t 的形式 hndt 在句子中修饰的阴性名词。hnk < **hn*+*k*“ *那个*” 是指远的指示代词。hnhmt*“那些”* < *hn + hmt /*humūtu*/*“他们”*。**hn*/*hanû*/ = 阿卡德语 *šanû 那个*。

二、名 词

1. 名词种类、性别、数、格和在句子中的状态

基本名词和形容词性的名词基本没有差别；它们只在句法功能上有区别，某些形态多和形容词性名词搭配。名词的语法要素有性别（阳性和阴性）、数（单数、双数和复数）、格（主格、属格和宾格）和状态（包括：绝对态和结构态）。一般说来，没有阴性辅音标志的名词都属于阳性名词。名词的阴性标志后缀是辅音 -t。然而，一些特殊的阴性名词没有阴性标志 -t，如 um *母亲*，ḥrb *刀剑*。t 有时直接加在名词的词根

之后，有时在 t 之前加有一个元音 a，*-at*。在元音省略的乌旮瑞特书面文字形式中，两种阴性标志/*-t* /和/*-at*/只能在某些例子中可以被区分开。

单数没有特殊的标志。一些单数名词有集合名词的词义。复数用外加的尾音表示。乌旮瑞特语名词有双数，用不同于复数的尾音表示。

与其他塞姆语相比，乌旮瑞特语的双数形式使用的较多。双数不仅被用于身体的对称的成双部分和天生成双结对的物体，还被用于两个物体和人。在省略元音的书写语文中，无后缀的绝对态名词的双数标志表现为-m：主格可能读为为/*-āmi*/，属格和宾格读为/*-ēmi*/。而有后缀的结构态名词则以/*-ā*/和/*-ē*/结尾。

复数通过加复数词尾构成。阳性复数绝对态主格的词尾是/*-ūma*/，属格和宾格是/*-īma*/。结构态的主格是/*-ū*/，属宾格是/*-ī*/。阴性复数词尾在阴性标志辅音-t-的前面加上一个长/*ā*/：主格是/*-ātu*/，属格和宾格是/*-āti*/，绝对态和非绝对态是一致的。

单数由三个格：主格以/*-u*/结尾，属格以/*-i*/结尾，宾格以/*-a*/结尾。阳性词根是直接加这些结尾。

双数主格以/*-ā*(*mi*)/结尾,属格和宾格以/*ē*(*mi*)/结尾。

阳性复数与双数一样有两种不同的形式:主格/*-ū*(*ma*)/,属格和宾格/*-ī*(*ma*)/。阴性复数形式和单数形式格尾的不同是阴性标志 -t 前的长和短元音。这些复数结尾的长元音与单数格尾的短元音相一致:复数主格/*-ātu*/,对应于单数的/-(*a*)*tu*/;复数属格和宾格是/*-āti*/,对应于单数的属格/-(*a*)*ti*/。

2. 名词的状态

与其他西部塞姆语一样，乌旮瑞特语的名词有两个状态形式-绝对态和结构态：如果在句子中，一个名词后面没有一个修饰它的另一个属格名词，或不带有一个后缀物主代词，它以绝对态出现。如果一个名词和其后的一个属格名词搭配使用，或者带有一个物主代词后缀，它以结构态形式出现。结构态组合中的主要名词有时省略格尾。注意：乌旮瑞特语法中的绝对态在阿卡德语法中被称为“正常态”，不可以称为“绝对态”，因为在阿卡德语中，还有第三种不常用的词态被称为“绝对态”——当句子中的一个名词没有任何格尾时，我们把它称为绝对态名词形式。

在乌旮瑞特语中的阳性单数、阴性单数和阴性复数中，绝对态和结构态没有明显的区别。在双数名词和阳性复数名词中，绝对态和结构态有明显的区别：绝对态格尾为一个长元音加一个鼻元音 m 和一个短元音加粗：*-āmi*，*-ēmi*，*-ūma*，*-īma*，而结构态的形式仅保留长元音结尾，省略了 *m* 干短元音。

乌旮瑞特、阿卡德和阿拉伯名词的名词格尾变化比较表（及词例）

（乌旮瑞特省略元音的书面文字例词用直体字母表示）例词：*mlk 王*

		阳 性			阴 性		
		乌旮瑞特	阿卡德	阿拉伯	乌旮瑞特	阿卡德	阿拉伯
单数 绝对态、 结构态	主格	/*-u*/，ksu 王位 mlk /*malku*/国王	*-um*	-u	/-(*a*)*tu*/mit *百*，pat*边*， /*malkatu*/*王后*	-(*a*) *tum*	-atu
	属格	/*-i*/，ksi， /*malki*/	*-im*	-i	/-(*a*)*ti*/*mit*， /*malkati*/	-(*a*) *tim*	-ati
	宾格	/a/ ksa， /*malka*/	*-am*	-a	/*-ata*/，šnt *女* /*malkata*/	-(*a*) *tam*	-ata
双数 绝对态	主格	/*-āmi*/ qrnm *双角*， /*malkāmi*/	*-ān*	-āni	/-(*a*)*tāmi*/ mitm *二百* /*malkatāmi*/	-(*a*) *tān*	-atāni
	属格 — 宾格	/*-ēmi*/ qrnm， /*malkēmi*/	*-ēn*	-ayni	/-(*a*)*tēmi*/ mitm *二百* /*malkātēmi*/	-(*a*) *tēn*	-atayni
双数 结构态	主格	/*-ā*/， kp *双盘*， /*malkā*/	*-ā*	*-ā*	/-(*a*)*tā*/	*-atā*	-atā
	属格 — 宾格	/*-ē*/， diy *双翅的*， /*malkē*/	*-ī*	-ay	/-(*a*)*tē*/	*-ā*	*-ā*

续 表

复数绝对态	主格	/-*ūma*/, mrum*长官们* /*malkūma*/	-*ū*	ūna	/-*ātu*/ mat*几百* /*malkātu*/	-*ātu*	-*ā*
	属格、宾格	/-*īma*/, mrim, /*markīma*/	*ī*	-īna	/-*āti*/ mat*几百* /*malkāti*/	-*ātim*	-āti
复数结构态	主格	/-*ū*/, mru *长官们*, /*malkū*/	-*ū*	ū	/-*ātu*/ mat*几百* /*malkātu*/	-*āt*	-ātu
	属格、宾格	/-*ī*/, mri /*malkū*/	*ī*	-ī	/-*āti*/ mat*几百* /*malkāti*/	-*āt*	-āti

三、数　词

1. 数词的种类、性和变格

基数词是基础数词，词性是独立名词。单数数词 1 是例外，它被看成形容词。序数词的形成来源于基数词。分数是由一些名词构词模式构成的，有些有前缀 *m*-，有些没有前缀。倍数数字由/-(’)*id*-/构成。也应提到一些表示模糊数量的词，如 kl“所有，每一个”。

数词 1—10、100、1000、10000 的性、数、格

数　字	格	基　数			序　数
		阳性	阴性	十位数	
1. 绝对态＝结构态		aḥd/ ’*aḥad*/	aḥt		prᶜ第一
2. 双数绝对态	主格	ẖnm /*ṯinām*/	ṯtm/*ṯittām*/	20:ᶜšrm /ᶜ*išrūm*/	ṯn/*ṯāinēm*/ 第二
	属格一宾格	ṯnm /*ṯinēm*/	ṯnm/*ṯinēm*/		
2. 双数结构态	主格	ṯn/*ṯinā*/	ṯt/*ṯittā*/		
	属格一宾格	ṯn/*ṯinē*/	ṯt/*ṯittē*/		

续　表

3		ṯtlṯt	ṯlṯtt /ṯalāṯat/	30：ṯlṯm /talṯūma/	ṯlṯ/tāliṯ/ 第三
4		arbʻ	arbʻt/arbaʻat/	40：arbʻm /arbʻūma/	rbʻ/rābiʻt/ 第四
5		ḥmš	ḥmšt /ḥamišat/	50：ḥmšm /ḥamšūma/	ḥmš/ḥāniš/ 第五
6		ṯṯ	ṯṯt /ṯiṯ ṯat/	60 ṯṯm /ṯaṯūma/	ṯdṯ/ṯādiṯ/ 第六
7		šbʻ	šbʻt/šabʻat/	70 šbʻm /šabʻûma/	šbʻ 第七
8		ṯmn	ṯmnt /ṯamānit/	80：ṯmnym /ṯamniyūma/	ṯmnt? /ṯāminīt/ (阴性)第八
9		tšʻ	tšʻt/tišʻat/	90：tšʻm /tiš ʻūma/	tšʻ?/tāšiʻ/ 第九
10		ʻšr	ʻšrt/ʻašrat/		？第十
		单数	双数	复数	
100		mit/mi ʼt/	mitm /mi ʼtāmi/二百	mat/mi ʼāt/	
1,000		alp/ ʼalap/	alpm / ʼalpāmi/二千	alpm/ʼalpūma/	
10,000		rbt/rabût/	rbtm 二万	rbt,rbbt/rabbût/	

数词 1/ʼaḥad/ 是个形容性名词，它的性数格和修饰的名词保持一致。在词根的最后辅音 d 被直接跟在后面的阴性标志-t 同化后，它的阴性形式结尾变成 *-tt-* 。

数词 2 是是个双数名词。基数词从 3 到 10 有两种形式：简单的阳性形式和带有阴性标志/-(*a*)*t*/的阴性形式。

10 的倍数以-m 结尾，与复数的结尾一致：主格词尾/*-ūma*/，属格—宾格/*-īma*/。

数词 100 的单数是 100，双数是 200，复数则被用于相应的阿拉伯数字 300 及以上的数字。单数形式 mit 的发音带有阴性标志 -t-，读为 /*mi 't-*/。双数主格是 /*mi 'tāmi*/，属格和宾格是 /*mi 'tēmi*/；复数形式 mat 的发音是/*mi 'āt-*/。

1000 仍是名词，它有双数形式 alpm，复数绝对态 alpm，非绝对态 alp。它的基本形式是/ *'alap-* /。

10,000 被写成 *rbt*，词根为 *r-b-b*：第二辅音双写。这个数字也有双数：*rbtm* 二万。

2. 小数、倍数和全部数量

小数的形式表现为前缀 m-加上数字词，一般是阴性；这种形式可能是数词动词化后的役使形式的被动动名词：mrbʿ四分之一，mṯlṯt 三分之一，mšbʿt 七分之一。

乘法数词由构成副词的词尾一' id 构成：ṯnid. šbʿd *"两倍的七倍，许多"*。

数字系统以外的数量表示方法*"所有"* 和*"每一个"* 都用 kl/*kull*/表示，例如：kl. dbrm *"所有的事情"*；kl-hm *"他们所有的人"*。

第三章 动词的各种形式和变位法

一、动词概述

1. 变位元音组群

动词的词义特征是由词根辅音及辅音之间的元音的构成而决定的，这些特征基本上不受动词形式的变化（inflectional changes）影响。动词的词汇分类（lexical categories）可以根据在动词变位形态中不同的元音分为三种元音系列组群，不同的元音组表示不同的词义特征：表示动作的 u/a 动词组，表示暂时性状态的 i/a 动词组群，表示永久状态 a/u 的动词组群（?）。由于不同的辅音词根的动词的由于弱辅音发生变音而产生不同的变化形态，动词形态差别还分为规则变化动词和各种类型的不规则变化的弱动词。

动词词形的变化包括了限定形式和非限定形式。限定形式是句子中的谓语动词的形态：它们用不同的前缀或后缀（person markers）指示句子主语的人称、性别（gender)、单数或复数。一般来说，第二、三人称形式中有指示主语阴性或阳性的后缀，而非限定的动词形式即非谓语动词不在句子中做谓语，则没有标记人称、性、数的形式。大多数动词的形式，不管是限定形式还是非限定形式，都能和以后缀形式出现的人称代词连用

谓语动词在句子中还有陈述的语气和表示愿望的语气（aspect）的区别和时态（tense）的变化。时态分为完成时和未完成时。和讲述过去发生过的事件的陈述语气不同，表示愿望的语气是对未来动作的希望和要求，可分为祈愿式语气（jussive)、虚拟式（subjunctive)、激励式(energic)，命令式（imperative 第二人称主语省略）。

动词类型还因为动作发出的因果关系分为三种动作方式，包括简单动作方式、使动方式（factitive，直接宾语后加补语）、役使方式(causative，直接宾语后加不定式)。

动词还因为句子对主动方强调和对受动方的强调的不同而分为几种的语态，包括主动语态、反身语态和被动语态。

在动词的谓语变位规则中，位于第二个和第三个词根辅音之间的元音表明了动词的不同的特征范畴，被称为变位元音：未完成时的变位元音为 *a*，完成时为 *u* 变位的词一般是及物动词，变位元音为 *i* 和 *a* 动词多是表达变化状态的动词，而 *u* 和 *a* 变位动词是表明不变状态的动词(?)。在一个元音组群中，完成时态中的变位元音与未完成时态（以及命令式）中变位元音是固定不变的。

以元音区分语义特征和变位法的三个动词组群

词义范畴	变位元音和完成时态形式	变位元音和未完成时态形式
动作动词	/-a-/ /*malaku*/ 建议	/-u-/ /*yamluku*/
状态动词（暂时性的）	/-i-/ /*gamira*/ 完成	/-a-/ /*yagmaru*/
状态动词（永久性的）?	/-u-/ 无例词?	/-a-/ 无例词

2. 动词的词干类型（Verbal Stem Patterns）

所有塞姆语的动词都是由三个辅音组成的，我们称之为词根。具有三个词根辅音的词干的动词是基本词干动词，在其上附加第四辅音可以衍生出表达不同的动作方式和语态的新的词干类型动词。在乌旮瑞特语中，不同种类的动作方式和语态形成了三种不同的动词词干类型。从词形特征上看，后两种动词词干类型可看作是由三辅音词根构成的基本词干类型加上一个辅音中缀或前缀词素（morpheme）一起形成了新的动词类型。同基本类型词干的三辅音加元音的变位法一样，其他衍生动词词干类型的词根辅音也是可以间断的词素。

“动作方式”这一术语是指完成一个动作的不同方式（ways）。塞姆语用动词的不同的词干表示不同的动作方式。

(1) 动词的基本类型词干（Genreal Stem pattern）即 G 词干表示简单的、基本的及物的或不及物的动作方式。动词的基本词干形态是只由三个词根辅音形成的简单词干，没有作形态标记的第四个辅音词素。

这同表示动作的使动方式（factitive）和役使方式（causative）的其他动词词干形态另加一个辅音前缀或中缀标记不一样。

（2）D词干类型表示使状态发生变化的及物动词方式（factitive manner），它由名词或形容词发展成的。它表示使动词宾语处于某种状态：*染红*、*变绿*、*示好*等等。其词干类型的附加辅音是重复基本词根的第二个词根辅音（D词干），或者在一些动词种类中加长第一词根辅音后的元音（L类型），或者重复某些词根辅音（R词干类型）；

（3）Š头词干类型表示役使动作方式（the causative manner of action），即役使某人去行动。第一个动作是役使，第二个动作是被役使的人的所做的动作。它的标记是在动词根的第一辅音前加 š/š(*a*)-/前缀（“头”）。

动词语态通过元音的变化或由前缀或者中缀来体现：（1）主动语态没有标记词；（2）被动语态由元音 /*-u*/ 来体现，完成时形式中，元音位于词根第一辅音之后，未完成时形式中，位于人称前缀后；（3）反身语态由辅音中缀 /*-t-*/ 来体现；（4）起初为相互形式（reciprocal）的被动语态由辅音前缀 /*n-*/ 形成。

3. 动词的时态：完成时态和未完成时态

乌旮瑞特语的限定动词的时态比阿卡德语减少了两种形式，只有两种类型。按照动词形态中的指示人称的前、后缀的位置和形式的不同分类，它的未完成时的形态和阿卡德语的过去时的形态类似，而它的完成时态（和状态式合一了）和阿卡德语的状态式一样。它没有阿卡德语的将来时（即未完成时）和完成时的形态。

和其他塞姆语一样，乌旮瑞特动词的谓语形式带有指示动词主语人称的性和数的前缀和/或后缀标记。未完成时态通过人称前缀和后缀共同表达人称的性和数，命令式没有前缀，它的后缀未完成时同命令式的一致）。未完成时态的人称前缀由一个辅音和一个元音构成，但这个元音必须不同于动词中表示特性的词根变位元音-u-，-a-，-i-：第一人称单数是’＋元音（基本词干：a），第一人称的双数和复数是n＋元音；第三人称单数是y＋元音，第二人称阴阳性和第三人称阴性和复数人称都是t＋元音。限定动词形式：人称、数、性。

限定动词形式可以表达第一人称（说话者）、第二人称（说话者称呼的人）、第三人称。人称的表达也有数的概念。数包括单数，双数和复数。只在第三人称单和复数人称以及的第二人称单数之中有阴阳性（gender）的区分。表示主语人称的数、性的前、后缀在完成时态的形式中和在未完成时态及其在祈愿语气中各不相同。

在完成时态形式中，动词的第一、二人称的人称后缀同独立人称代词相关联：单数：/*-tū*/，/*-tā*/，/*-tī*/，复数：/*-na*/，/*-tum*/，/*-tin*(*n*)-/。第三人称单、复数的人称后缀形式同名词的单、复数词尾词素一致：/*-a*/，/*-at*/，/*-ū*/，/*-ā*/。

在功能方面，完成时态表示过去已完成的动作，或过去开始被做并且一直持续至现在的动作；未完成时态表示没有发生过的或未没有完成的动作去，即现在和将来时。

二、动词的基本词干类型（G 词干）的变位法

1. 完成时

乌旮瑞特语不像阿卡德语把状态式和完成时分成两种动词形式，它的完成时形式和阿卡德语的状态式的形态近似，没有出现阿卡德语的加中缀*-t-*的完成时形态。和阿卡德语的状态式的形式类似，乌旮瑞特语的完成时态的词干是双音节形式，并且不受人称后缀（afformative）的元音的影响。完成时态的第一个音节中的助读元音为/a/。

完成时态的第二个音节中的元音是表示词性特征的变位元音。根据完成时形态中的三种变位元音，所有的动词基本词干可分为三个不同的变位元音组：表示动作的动词的完成时变位元音为/*a*/；表示暂时的状态或特性意义的动词的完成时变位元音为/*i*/；表示永久状态意义的动词的完成时变位元音为/*u*/。由于表示动作的各动词（及物动词）的变位元音在未完成时是 ***u*** 而在完成时是 *a*，这些动词都归为 u/a 元音组，如：q-t-l（“打杀”）。由于表示状态或特征的各动词的未完成时的变位元音均为 *a*，这些动词都归为 a/i 元音组，例如：g-m-r。由于各弱动词的未完成时的变位元音均为 *i*，这些动词都归为的 i/a 元音组。

注意在所有的第二个词根辅音为’的弱动词中，完成时态形式中变位特征的第二元音和词义无关，均为/*i*/，如 l-’-k*送出*>/*la’iktū*/*我送出了*。

在只写辅音的乌仓瑞特字母文字中，动词的完成时形式的人称后缀的辅音可以正常的拼写出，而它的元音人称后缀则只有当其前面有一个’辅音时，才能写出。

完成时态的人称后缀变化

例词：u/**a** 元音组 q-t-l *“打杀”*、a/**i** 元音组 g-m-r *是完成的*，i/**a** 元音组的 yṣ’ 出去

	单　数	双数 -ā	复　数
第一人称	/*-tū*/：/*qataltū*/ *我杀了(人)。* /*gamirtū*/ *我完成了。* /*yaṣa’tū*/ *我出去了。*	/*-nayā*/ 或 /*niyā*/：/*qatalnayā*/ *我俩杀了*	/*-nū*/或 *nā*：/*qatalnū*/ *我们杀了。* /*gamirnū*/。/*yaṣa’nū*/
第二人称阳性	/*-tā*/：/*qataltā*/*你杀了*	/*-tumā*/：/*qataltumā*/ *你俩杀了*	/*-tum*（*u*）/：/*qataltum*/ *你们杀了*
第二人称阴性	/*-tī*/：/*qataltā*/ *你杀了*	（同上）/*qataltumā*/	/*-tin*(*n*)*ā*)/：/*qataltinnā*/ *你们杀了*
第三人称阳性	/*-a*/：/*qatala*/ *他杀了。* /*yaṣa’a*/，/*gamira*/	/*-ā*/：/*qatalā*/ *他俩杀了*	/*-ū*/：/*qatalū*/ *他们杀了。* /*gamirū*/
第三人称阴性	/*-at*/：/*qatalat*/ *她杀了。* /*gamirat*/	/*-tā*/：/*qataltā*/ *她俩杀了。* /*gamirtā*/	/*-ā*/：/*qatalā*/ *她们杀了，* /*gamirā*/

2. 未完成时

乌仓瑞特语动词的未完成时形态和阿卡德语的过去时的形态类似。乌仓瑞特语的未完成时形态的词干是单音节的，在第一与第二词根辅音之间没有元音。第二与第三词根辅音之间的变位元音由动词的特性来决

定：表示动作的各动词的变位元音均为/*u*/，表示状态或特征的各动词的元音均为/*a*/。在许多弱动词中，变位元音均为/*i*/。

未完成时态的形式由加了变位元音的词干再加人称前缀和后缀来形成。基本词干的未完成时人称前缀的元音和词干的变位元音不能一样。当变位元音是 u 或 i 时，人称前缀的元音是 a；当变位元音是 a 时，人称前缀的元音是 i。

未完成时的人称前缀的辅音为：

’- 用于第一人称单数。

n- 用于第一人称双数和复数。

t- 用于所有的第二人称性和数、第三人称阴性形式以及第三人称阳性的双数和复数形式。

y- 用于单数第三人称阳性形式，有时也可用于双数或复数第三人称阳性。

未完成时态的人称后缀如下：

-*u* 用于单数第一人称共性、第二人称阳性、第三人称阳性或阴性；复数只用于第一人称。

-*īna* 用于单数第二人称阴性；

-*āni* 用于双数第二、三人称；

-*ūna* 用于复数第二、（三）人称阳性；

-*ū* 用于复数第三人称阳性。

-*na* 用于复数第二、（三）人称阴性形式。

-*ā* 用于复数第三人称阴性。

动词未完成时的变化

u/a 原音组：q-t-l（“打杀”），a/i 原音组：g-m-r，弱动词的 i/a 元音组：b-k-y

	单　数	双数-*ā*(*ni*)	复　数
第一人称	/*’aqtulu*/ *我将杀{人}*， /*’igmaru*/ *我将结束* /*’abkiyu*/ *我将哭泣*	/*naqtulā*/ *我俩将杀{人}* /*nigmarā*/ *我俩将结束* /*nabkiyā*/ *我俩将哭泣*	/*naqtulu*/ *我们将杀{人}* /*nigmaru*/ *我们将结束* /*nabkiyu*/ *我们将哭泣*

续 表

第二人称阳性	/taqtulu/ 你将杀{人} /tigmaru/ 你将结束 /tabkiyu/ 你将哭泣	/taqtulāni/ 你俩将杀 /tabkiyāni/ 你俩将哭泣	/taqtulūna/ 你们将杀{人} /tigmarūna/ 你们将结束 /tabkiyūna/ 你们将哭泣
第二人称阴性	/taqtulīna/ 你将杀{人} /tigmarīna/ 你将结束	同上	/taqtulnā/ 你们将杀{人} /tigmarnā/ 你们将结束 /tabkiynā/ 你们将哭泣
第三人称阳性	/yaqtulu/ 他将杀{人} /yigmaru/ 他将结束 /yabkiyu/ 他将哭泣	/t/yaqtulāni/ 他俩将杀{人}	/taqtulāna/ 他们将杀{人} /tigmarūu/ 他们将结束
第三人称阴性	/taqtulu/ 她将杀{人} /tigmaru/ 她将结束 /tabkiyu/ 她将哭泣	/taqtulāni/ 她俩将杀 /tigmarāni/ 她俩将结束 /tabkiyāu/ 她俩将哭泣	/taqtul-**na**/ā/ 她们将杀 /tigmarna/ā/ 她们将结束 /tabkiyna/ā/ 她们将哭泣

3. 带宾格人称代词后缀的动词形式

限定动词形式和动词的非谓语形式都可以加人称代词后缀作和动词连用的句子成分。限定动词的宾格和予格人称后缀同加在名词后的后缀物主人称代词基本上同形。但是第一人称单数除外，动词的第一人称宾格后缀是 -n/*-nī*/，而修饰名词的第一人称物主代词后缀是 -y/*-ya*/或者*-Ø*/*-ī*/。在大多数情况下，宾格代词后缀是动词的直接宾语。

4. 动词的弱化辅音词根和变位规则的类型（强动词和弱动词）

几乎所有的动词都由三个辅音词根构成：它们或者有三个词根辅音，或者由三个词根辅音加其他辅助的辅音变成的。有着三个稳定的词根辅音的动词被称为强动词——即在所有变化形式中这三个辅音都不发生变化的词。强动词的变化是最为规则的。

有一些动词的词根中有一个或两个易于发生音值变化的弱辅音（如 n，w，y）或者某个词根弱辅音在某些动词形态中被附近的辅音所同化。这类有弱辅音词根的动词被称为弱动词。

根据弱辅音在词根中的不同位置，弱动词可被分为三个种类：Ⅰ类或“头弱”动词＝词根第一辅音是 n-，（Ⅰ＝n- 意指第一个词根辅音是 n)；Ⅱ类或“中弱、中空”动词＝第二辅音为 -w- 或 -y-；Ⅲ 类或“尾弱”动词＝第三辅音为 -w 或 -y。

三、动词的愿望语气：祈愿式（jussive）以及其他三种愿望的语气

表示愿望的语气有四种形式，愿望语气是与陈述语气的未完成时态相联系的特殊的限定动词形式，表示没有发生或完成的愿望。表示愿望语气的动词形式包括：

（1）祈愿式（2）虚拟式（3）激励式（energic）（4）命令式。

除命令式外，表达愿望语气的各种动词形式与未完成时态有着同样的词干。表示愿望的语气可以看作是未完成时态的变形，只是与陈述性语气的未完成时态的语气标记后缀不同。祈愿式（jussive）、虚拟式和激励式（energic）的人称前缀同陈述语气的未完成时态形式的前缀是一致的，而命令式没有人称前缀。

祈愿式与虚拟式的形态构词后缀（afformatives）要比在陈述语气的未完成时态中的构词后缀短。祈愿式以零后缀（*yaqtul*），虚拟式以/*-a*/后缀（*yaqtula*）代替陈述语气的第一人称单复数、第二人称单数阳性和第三人称单数阳性和阴性的/*-u*/后缀（*yaqtulu*），它们用/***-ī***/、/***-ā***/、/***-ū***/后缀代替陈述语气的第二人称单数阴性/*-īna*/、第二和第三人称双数的/*-āni*/、复数阳性第二和第三人称/*-ūna*/后缀。它的后缀中没有 **-n-** 辅音。

激励式的形态后缀是在祈愿式和虚拟式的后缀后加 ***-n*** 或者 ***-nn*** (*a*)：/*yaqtula**n***，*yaqtul**anna***/。

用于对第二人称发出愿望或命令的语气是命令式，它的形态特征是省略了人称前缀，它的形态构词后缀同祈愿式的第二人称的形态构词后缀一致，但有一种例外，复数阴性形式可能以 /*-ā*/ 结尾。

1. 祈愿式（jussive）：

祈愿式表达三种意义：（1）针对变化的现实而产生的一种愿望，（2）一种间接的指向，（3）它的否定形式是对现实而发出的禁止愿望。它仅适用于第二和表达第二人称意义的第三人称。如：

yšlm. lk /*yašlim ʻali-ka*/ *愿平安与你同在！*

其否定形式由 al /*'al*/来修饰：

al. tšrg**n** / *'al tašruga-anni*/ *你不要欺骗我！*

2. 虚拟式（subjunctive）：

在主句中，虚拟语气表达一种主观的愿望。虚拟语气也用在从句中以表达愿望，而主句则为祈愿式或命令式。

在主句中的用法，可与第一人称相联系：

ašlw / *'ašluwa* / *我要回答！*

在从句中，可用于所有的人称：

ptḥ. bt. wuba / *pitaḥ bīta wuba* / 打开房子，我要进入！

3. 激励式（energic）：

激励式显然用于所有的三种人称。在第二人称中，它与祈愿式的形式一致，在第一人称中与虚拟式的形式一致：

tqln / *taqūlun* / *愿你（阳性）摔倒！* 在第三人称中，激励式的语义功能同陈述语气的未完成时态形式通常没有区别：

bkm. tmdln. ʻr / *bakim* ***tamdulan*** *ʻēra*（Akk. *ayaru*）/ *她哭着给驴备了鞍。*

激励语气也可与后缀代词连用：

yqbr. nn / yaqburanna / *他埋葬了他。*

4. 命令式（imperative）

命令式表达一种命令或要求（appeal），用于表示愿望和要求的句子。它只用于第二人称做主语，通常与呼格搭配。它的形式和完成时近似，无代词前缀，无后缀时，词干元音用两次，有后缀，用一次。命令式无否定形式（否定命令式被归于祈愿式）。词干中的第一辅音如果是弱辅音 n-，w- 或者 y-，第一辅音被省略。例如：

tn. ks. yn / **tan** kas yêni（酒）/，给（我）一杯酒！（y-t-n 给）

rgm / *rugum* / *告诉我！*

命令式中指示第二人称主语的元音后缀如下（在文字中基本不写出）：

单数阳性	你	-Ø 或 / *-a* /
单数阴性		/ *-ī* /
双数	你俩	/ *-ā* /
复数阳性	你们	/ *-ū* /
复数阴性		/ *-ā* /

四、动词的非谓语形式：动名词（不定式和动名词）

除了句子中做谓语的限定动词形式之外，在动词的词形变化中还存在两种类型的动词的非谓语形式。名词性的非谓语形式包括有两种类型：独立不定式和结构态不定式，后者能与介词和物主代词后缀连在一起使用。形容词性特征的动词非谓语形式是动名词，分为主动态和被动态两类，其变化同其他形容词一样。

1. 动词不定式（infinitive）

动词的非谓语形式（verbal nouns）包括独立不定式，结构不定式和动名词。动词的非谓语形式可以表达动作方式和语态，而表达其他形式的能力是有限的。两种不定式都没有人称、数、性等方面的变化。

独立不定式（absolute infinitive）：

独立不定式经常作为状语来使用，无后缀时，以*-u* 或*-um* 结尾。例如：

bkm. tmdln. ‘r /*bakûm tamdulan ‘ayir*（*‘ēr*）/，哭着，他给驴备了鞍。

在特殊的用法中，它也可作为名词性句子的谓语，这一用法和动名词类似。不定式常与作为主语的第一人称单数独立代词 *anāku* 连用。如：

ngš ank aliyn B‘l /*nagāšu anāku ’aliyān Ba‘al*/ 我是攻击胜利者巴勒神的人。

不定式作为宾语使用时，变为宾格。例如：iqran. ilm…ynqm. ’ap…/*iqran ilīma … yanāqam ’appī*…/我将请求诸神吸食（宾语）（我的）奶。

独立不定式有时也可以表达一种命令，和命令式的用法类似：

lḥm. hm. štym /*laḥāmu himma šatšyum*/*你，吃或者喝！*

独立不定式的变化形式为：/*qatālu*/。

结构不定式（construct infinitive）名词（governing noun）或代词后缀连用时，名词或代词后缀可以做它的主语或宾语。结构不定式在名词前面时，处于无格尾的绝对态形式。结构不定式与它前面的支配名词（governing noun）或代词后缀连用时，它处于属格形态。例如：

mnt. nṯk. nhš /*minūt naṯāk nāḥāši*/ *(治疗)蛇咬的咒语。*

bm. bkyh /*bim bakāyi-hu*/ *当他哭时……*(*bi*/*bim 在……中*)。

2. 动名词 (participles):

动名词是形容性的名词，它们能表达比其他的非谓语形式更广的范畴：不仅可以表达动作方式和语态，还可以如其他形容词一样来表达数和性的不同。

主动动名词 (**active participles**):

作为一个动名词，主动动名词可以有状语修饰，也可以名词或后缀代词作它的直接宾语，其形式为/*qātil-*/，动名词词干的元音是根据其他的塞姆语恢复的。例如：

aḥd. ydh /*'āḥid yadi-hu*/(=*Akk. aḥāz qāti-šu*)一个握住他的手的人……

主动动名词可作为主语、名词性谓语、主语补语、宾语、宾语补语、定语等使用，如：

nḥtm. hṭk /***nāḥitum** haṭ-ka*/你的王杖正在衰落(向下)(名词性句子的谓语)

imhṣ. mhṣ. ahy /*imhaṣ māhiṣ ahiya*/我要杀死那个杀我兄弟的人(动词句子的宾语)。

špk dm km šḫṭ /*šapaku dama kīma* ***šāhiṭi***/ 他像一个屠夫倾洒热血。(前置介词的宾语)

被动动名词(**passive participles**):

尽管被动动名词表示被动的功能，从形态学的角度看，它仍然列在简单主动形式之中。其原因有两点：一是它的表示特征的元音是 -ī-(而被动类型的动词词干中的标记元音为 -u-)；二是因为它没有前缀(而动词的役使词干类型的动名词有前缀 *m*(*u*)- 加上元音；相互动词词干类型的前缀为 *na-*)。

被动分词的结构为 /*qatīlu*/ 。它可作为名词性谓语、主语的补语、定语等使用，如：

alk. brktm…nmrrt /*alik barīktam…namrīrta*/ 我要去被(神)祝福和加强(主语补语)。

五、基本词干 G 的次生词干类型：表示被动、反身、相互动作的 Gp，Gt 和 N 头支词干

1. 基本被动词干类型——Gp 词干（General passive）

Gp 形式中，元音/-*u*-/作为人称代词前缀的元音：*u*-，*tu*，*yu*-，*nu*-，这种形式的功能通常由上下文的具体情况来决定，并且有时不易区分 Gp 形式与 Dp 词干（使动被动类型）、N 头词干（相互被动类型）。

被动词干的未完成时态的变化是：

第三人称单数阳性 yrgm /***yu***-*rgamu*/ *他将被告之*

阴性 **tu**hd /***tu***- *'hadu*/ *她将被抓走*

第三人称双数阳性 tlakn /***tu***-*l 'ak*-***āni***/ *他俩将被派走。*

2. 基本反身动作词干类型——Gt 词干（基本词干加 -t- 中缀）

表示反身动作的 Gt 词干形式与基本 G 词干形式最为明显的区别是在第一个词根辅音之后加入中缀 -t-，其变化如下：

未完成时态

单数第一人称	iḥtrš/ *'iḥtarašu*/	*我将自施魔法(自我催眠、发功)*
	'ištm'/ *'ištama'*/	*我将倾听内心(领悟)*
单数第三人称阳性	yitsp /*yi 'tasapu*/	*他将自敛（财富）*
	yštal /*yišta 'alu*/	*他将自问（思考）*

3. 相互作用和被动词干类型——N 头词干（reciprocal and passive pattern）

N 头被动类型词干表示相互、反身和被动意义，其完成时态和动名词的特征是词干有前缀 /*n*-/。在未完成时态中，这一前缀 n 被紧跟其后的第一个词根辅音所同化，因而在书写形式中，这一词干的 n 头以和第一辅音相同的辅音出现，不易辨别。其变化如：

N 头词干完成时态

第三人称单数阴性	*nlqḥt* /***na***-*l(a)qaḥ*-***at***/	她被夺走了（被动义）

N头词干未完成时态

单数第三人称阳性	yadm /*ya "adim-u*/	他将给自己涂红色（反身义）
双数第二人称阳性	thtan /*ta-hhati'-āni*/	*你俩将互相远离。*（ḥt' *消失*）（相互义）
复数第三人称阴性	tntkn /*ta-nnatik-na*/	*你们将互相哭泣。*（ntk *倾倒、流出（泪）*）

N头词干的动名词

第三人称单数阴性	nmrrt /*namrarat*/	*一个被祝福的女人*

六、与基本词干同级的其他动词衍生词干类型

衍生动词词干类型由一个前缀辅音加上基本词干的三辅音形成。其语法变化和基本动词一样：谓语动词形式由词干辅音、词干前缀和表示主语人称的性和数的前、后缀构成。衍生词干类型的动名词由前缀 m 加上元音来标识，而其词干元音与未完成时态的元音一致。使动词干类型（factitive）通常由双写第二个词根辅音来表示（D 词干）。由前缀 /*ša-*/ 指示的 Š 词干类型表示役使动作（causative），有完成和未完成时态。一些不带 š 头的普通动词词干本身也有役使意义，它们被称为内在的役使动词，只有未完成时态。

1. 使动动词（factitive active pattern）——D（双写）词干的主动词干类型

塞姆语中的由形容词、名词和不及物动词变成的及物动词的称做“使动动词”，由 D（双写）词干表示。D（双写）词干也表示及物动词的反复或彻底的动作或结果。这种动词词干类型在塞姆语文字中用双写动词中间的词根辅音来表示。然而，因为本应该双写的词根第二辅音在乌旮瑞特的字母文字的书写中被省略了，所以双写辅音的特征在文字中并不能直接看出。唯一可以通过字母文字识别的 D 类型动词的形式是动名词，因为 D 词干动名词的前缀是 m- /*mu-*/，如：主动动名词：

mnḥm /***mu**naḥḥimu*/ *一个安慰（他人）的人。* 注意：阿卡德语的 D 词干的主语代词前缀的元音是 u-，乌旮瑞特的基本上也可能是 u-，只是第一人称前缀和基本词干同样，是 a-。

完成时 mla /*malla 'a*/ *他充满（注入）了*（*mala 'u 是满的*）

未完成时 nmlu /*numalli 'u*/ *我们将充满（注入）*（*mala 'u 是满的*）

arhp / *'**a**rahhipu*/ *我将盘旋（飞翔）。*

yarš /***yu** 'arrišu*/ *他将（不断）渴望。*

w yšnn /*wu **yu**šannu*/ *于是，他开始咬牙*（*šinnu 牙齿* > *šunnû 咬牙切齿*）

中间是弱辅音的动词的使动词干类型的形式不是双写中间的词根辅音，而是加长第一与第二个词根辅音之间的元音形成长元音类型的使动词干，或者重复第三个词根辅音以形成 R 类型的使动词干。

2. 使动动词的反身词干类型——tD（双写）词干

在这种类型中，表示反身特性的标记词 t-出现在使动动词的第一词根辅音之前，所以称为 tD 词干。例如：k-m-s *伸展*：

完成时态的单数第三人称阳性 tkms /*takammasa*/ *他伸展自己*。

3. 使动动词的被动词干类型——Dp（双写）词干

在这种类型中，表示被动特性的标记元音-*u*- 出现于使动动词的谓语形式的代词前辍中，如：在祈愿式中，单数第二人称阳性为 tbšr /*tubaššar*/ *愿你被告知好消息！*

在动名词中，前缀是 mu-，如：单数阴性 mtrht /***mu**tarraha**t***/一个被给予聘礼的女人（未婚妻）。注意：口语中的 ***u*** 在省略元音的文字中不显现。

4. 役使动词词干类型（causative active pattern）——Š 头词干

役使动词类型表达动词的主语让或役使别人去做，不是自己所做的动作，因此其所有形式都是及物的，由前缀 *š*-标识，前缀的元音可能是 -*a*-，但-*š*（*a*）未有在元音省略的文字中被证明。例词变化如下：

完成时态

单数第三人称阳性 š ʻly /*ša ʻlaya*/ *他使人奉上（贡品）*

第三人称阴性 š ʻlyt /*ša ʻlayat*/*她使人奉上（贡品）*

未完成时态

单数第一人称　　aš'rb　　/'aša 'ribu/ *我将使(人)进入。*

第三人称阳性　　yššil　　/yašaš'ilu/ *他会让人询问(此事)。*

　　　　　　　　yš'ly　　/yaša'liyu/ *他将使人奉上。*

命令式单数阴性　šlḥm　　/šalḥimī/ *你(女)，让人喂(它)!*

动名词复数阴性为　mšspdt　/mušaspidāt/ *一群哭泣的妇女……。*

5. 役使反身词干类型——Št 头词干：

表示反身语态特性的标记词 /*-t-*/ 跟在役使动作标记词 /*š-*/ 之后成为 Št 词干，如：

未完成时态　单数第三人称阳性为 yšthwy /*yaštaḥwiyu*/ *他要下跪问安*。

6. 役使被动词干类型——Šp 词干

这种被动类型动词中，其标记元音/*-u-*/位于词根的前缀 ša-之前，例如ṯ-w-b *坐下*的 Šp 未完成时态，第三人称阳性 yṯṯb /*yuṯaṯibu*/ *他将落座*。注意这里前缀 ša- 变音为ṯa-。

7. 内在的役使词干类型（causative internal pattern，C)：

此种类型动词的本身含就有役使意义，因此，它们词干中并没有表示役使的辅音前缀 -š。在未完成时态中，它的特性元音为 -i-，这个元音在强动词中是短音，而在第二个词根辅音为 /w/ 的动词中，这个元音加长。它可用于主动语态，也可能出现于被动语态中。如：

未完成时态单数第三人称阳性

yšlm /*yašli*mu/ 他将保证（人）安全（*š-l-m* 使安全）

ylḥm /*yalḥimu*/ *他将使（他/它）吃*（*l-ḥ-m 喂*）。

七、弱动词（weak verbs）变化的各种形式

强动词（strong verbs）是指在动词词干变化中所有三个词根辅音都是强辅音，因此词根不发生变化的动词。乌旮瑞特语言中，除了位于词根 1、2 和 3 各位置上的 w 和 r 以及位于词根的第一位置的 n之外，所有的辅音都是强动词词根辅音。另外，在强动词中，第二个与第三个词根辅音不能相同。除了个别情况之外，词形变化的一般规则适用于所

有强动词。注意强动词的齿音作为词根最后一个辅音时，可能被其后的/-t-/所同化，例如，y-l-d *生育* 的完成时双数第三人称阴性形式/*yaladtā*/成为 ylt /*yalattā*/ *她俩生育了*，词形中的的/*-dt*/变成了/*-tt-*/。注意 n 在强动词词根中处于第二和第三位辅音时的弱化变形：y-t-n *给* 的完成时态单数第一人称形式写成：ytt/*yatattu*/ *我给了*，原因是/*yatan*+*tu*/变成了/*yatat-tu*/。

弱动词的形态看起来像只有两个或一个词根辅音的词。这是由于词根中的一个或两个弱辅音发生了变音。发生变音的原因是在形式变化时，弱辅音受到其前或其后的辅音的影响，变成了和它们一样的辅音。

1. n 头弱动词（词根第一辅音为 n 的动词）和 l-q-ḥ *拿走*

这类动词的词根第一辅音为 n-，且其第二词根辅音不是弱辅音 -w- 或 -y- 。与强动词的规则变位形式相比，此类动词有两种特殊的变化：一是在许多谓语形式中 n 被其后的第二个词根辅音所同化；二是在命令式中，词根第一辅音 n-被省略了。

G 词干类型

未完成时

单数第一人称　ask / *'assuku*/ *我将倾倒*（n-s-k *倾倒，投入*）

单数第三人称阳性　yṣb，*ya-ṣu-ba*/*yaṣṣubu*/ *他将建立起*（*n-ṣ-b 建立*）

Gp（基本被动）词干类型

单数第三人称阳性为　ysk /*yussaku*/ *他将被倾倒。*

命令式中，单数阳性　ša /*iša '(a)*/ *你，携带！*（*n-š-'携带、举起*）

单数阴性　sk /*isukī*/ *你，倾倒！*（*n-s-k 倾倒，投入*）

复数阳性　šu /*iš 'ū*/ *你们，携带！*（*n-š-'*）。

N 头(相互、反身、被动)词干类型

双数第三人称阳性 ynṯkn/*yannaṯik**ā**ni*/ 它俩将互相咬。

动词 l-q-ḥ *(拿走、取得)* 归于弱动词是因为它的第一个词根辅音 l-在某些形式中会被同化而变音，如：

G 类型　未完成时单数第一人称 iqḥ / *'iqqaḥu*/ *我将拿。*

单数第三人称阳性　yq /*yiqqaḥu*/ *他将拿走。*

2. y 头（第一辅音为 y）弱动词的变位、特殊弱动词 h-l-k *走*和 h-l-m *打击*

在这种弱动词中，词根第一辅音原始为 y 者仅存在于某些动词之中，而大部分的 y 头动词都是由原先的 *w 头动词发展而来的。其不同于强动词变化规则的两个特性为：

甲：y（及 w）与其前的元音形成复合元音（diphthongs）后，又缩合为单元音，如 -uw- 缩合为 u，-iy- 缩合为 i，-aw- 缩合为 -ō-，-ay- 缩合为 -ē-。如：Š 词干类型完成时单数第三人称阳性：šṣa/*šōṣa 'a*/ *他送出*（*y-ṣ-' 走出*）。

乙：第一词根辅音不出现于未完成时态、命令式和结构不定式之中。

G 类型未完成时：

单数第一人称 ard / *'aridu*/ *我将走下来*（y-r-d *向下走*）。

单数第三人称阳性 yrd /*yaridu*/ *他将走下来*。

yru /*yīra 'u*/ *他将害怕*（y-r-' 怕）。

命令式单数阳性 rd /*rid*/ *你，走下来!*（y-r-d *向下走*）。

单数阴性 zi /*zi 'ī*/ *你，出去!*（y-z-'=y-ṣ-' *向外走*）。

另外，动词 h-l-k *行走*与 h-l-m *打*的一些变化形式也和 y 头动词的变位一样，词根第一辅音 h 脱落，如：

G 类型未完成时态 单数第一人称 alk / *'aliku*/ *我将去*。

单数第三人称阳性 ylm /*yalimu*/ *他将打击*。

命令式 单数阳性 *lk* /*lik*/ *去!*

3. 第二辅音为 w 和 y 的中弱或中空动词

此类动词的“弱”变化反映在词干中的 w 和 y 变成了一个位于两个辅音之间的长元音。在乌旮瑞特语文献中，几乎没有发现把 w 和 y 作为强辅音的用法。在几乎所有字母书写的词根的第二（或中间）辅音原是 w 或 y 的动词形态中，只有第一和最后的辅音出现。在基本词干类型的未完成时、命令式和不定式中，第二词根辅音为 w 的动词的第一词根辅音后的长元音为 ū；第二词根辅音为 y 的动词的长元音为 ī。在未完成时态中，某些弱动词中间的长元音为 ā。如：

G 类型动词不定式 bu /*bā 'u*/ *来* (*b-w-'*)。

完成时态

单数第三人称阳性 qm /*qāma*/ *他站了起来*。(*q-w-m* *升起*)

单数第三人称阴性 bat /*bā 'at*/ *她来了*。(*b-w-'来*)

未完成时态

单数第一人称 amt /*''amūtu*/ *我要死了*(*m-w-t* *死亡*)。

单数第三人称阳性 ygl /*yagīlu*/ *他将高兴*(*g-y-l* *欢欣*)。

命令式,单数阳性 št /*šīt*/ *你,放置!* (*š-y-t* *放置*)

4. 第二词根辅音与第三辅音相同的动词

这种类型在乌旮瑞特动词中是得到文献证明最少的种类,由于乌旮瑞特文字缺少词汇的元音,我们对不同类别形式的认识研究受到限制。它的"弱"的特性反映在其基本动词词干由第一个词根辅音、一个短元音和两个重复的辅音构成。这种第二、三辅音重复的现象在 L ("长")类型使动形式(加长第一辅音之后的元音)和 R 类型使动形式(重复第一或第三词根辅音)中也存在。重复辅音词干的例词有:

G 类型

完成时单数第二人称阳性 rbt /*rabbāta*/ *你是伟大的*

第三人称阳性 '*z* / '*azza*/ *他是强健的*('*-z-z* *是强壮的*)

未完成时单数第三人称阳性 ysb /*yasubbu*/ *他将转回*(*s-b-b* "转回")

动名词 mṣṣ /*māṣiṣu*/ *吸奶者、婴儿*(*m-ṣ-ṣ* *吮吸*)。

5. 第三词根辅音为 -y 或 -w 的动词

这种弱化类型是由于半弱读的半元音-y 和-w 音丢失而形成的。在某些形式中,它们丢失而留下的元音与前面的短元音形成了复合元音。在另外的一些形式中,它们在两个元音之间被省略,两元音因此而缩合成一个长元音。但是,在书写中,有时末尾的-w 和-y 并不脱落,以强动词的形式出现。第三弱动词实例如下:

G 词干完成时

单数第一、二/第三人称阴性

štt /*ša**tītū***/*ā*/*at*/ *我/你/她饮用了*(*š-t-y* 饮用)。

bnt /*ban**êtū***/***tā***/***at***/ *我/你/她建造了*(*b-n-y* *建筑*)。

单数第三人称阳性

ʿly /ʿ*alaya*/ 或 ʿl /ʿ*alā*/ *他走上来了*（ʿ*-l-y 向上走*）。

单数第三人称阴性 atwt / *'atawat*/ *她来了*（*'-t-w 来*）。

未完成时的词干元音和前面的人称前缀的元音不同，词干元音分为三种 /*i*/、/*a*/、/*u*/：

未完成时单数第一人称 abky / *'abkiyu*/ *我将哭泣*（*b-k-y 哭泣*）。

ašlw / *'ašluwa*/ *我将睡眠*。（*š-l-w 睡眠*）

激励式（*-n* 结尾） ištyn / *'ištayan*/ *让我饮酒吧！*（*š-t-y 饮*）

命令式单数阳性 du /*du'u*/ *你，飞吧！*（*d-'-y 飞*）

单数阴性 di /*du'ī*/ *你，飞吧！*

第四章 副 词

1. 副词和其他虚词：形式和作用

在国际塞姆语研究中，学者们把既不是名词（含形容词），也不是动词的其他所有的词语都被称为“虚词”（particles）。在汉语语法中，我们把这类词称为虚词和虚词组。这一大类分为副词、前置介词（介词）、连词和叹词。它们的区分是根据功能和作用，而不是词型。这些词范畴之间的分界有时并不清楚，因而同一个词可以被用做方向和时间副词、或前置介词、或连词，如 ahr*“之后、在……后”*。

前置介词总是用于结构态中，紧随其后名词变为属格。

关系连词在一个从句的开头，并列连词连接句子中的并列部分。

副词与句子的主要成分有关，一般用来修饰谓语动词；然而副词也可以在名词句子中出现。否定副词和肯定副词也被包含在副词之中，它们之后常常紧连接着动词。“存在”和“不存在”的表达方式传统上也被归为虚词一类，与其他副词表达方式一样，它们可以作为名词句子的谓语。

传统的术语把存在于句子结构之外的虚词称为感叹词。一些感叹词用于引出一个句子，或引导一个在句子结构之外的呼格名词；另外一些则不影响句子或句子结构。

2. 带有副词标志的名词

一些副词是由名词的宾格变成的，它们的副词特征可以由后缀如-m 和-h 来加强；而另一些副词是原始的。原始副词和派生副词都可以作副词性的修饰成分、特殊的附加成分或名词句的谓语。副词可以加到前置介词之后构成一个所有格结构，它们一起做一个副词词组。在乌旮瑞特的缺省元音的书写文中，名词带宾格尾-a 变成的副词形式不能直接地表示出来：mid /ma ’da/ *非常多*。副词后缀 -h/*ah*/ 表示方向：arṣ**h** /*’arṣ**ah***/ *“向土地”*， w ʿlm**h** /***wa***- *ʿāla**mah***/ *“于是，向不朽…”*。

辅音 -m 表示二种名词构成的副词，它实际是名词的宾格和位置格的格尾：

它可以代表宾格尾 -am：špš**m** /*šapšam*/ *在太阳（落山）时*

g**m** /*gam*/ *大声地*，

或者表示位置格尾 -*um*：mt**m** /*mōtum*/ *在临死时*。

3．指示副词和时间副词

指示副词大部分是表示方位或语气的：ṯm /*ṯamma*/ *那里*，kn /*kin*/ *因此*。

一些时间副词来源于表示时间的名词：'nt 和'tn *现在*。另一些则是直接存在的：id(k)，apnk aphn 都表示"然后、那么"。

4．疑问副词

尽管一些疑问副词以 h- 开头，但大部分疑问副词以'(i/e/a)- 开头。一些副词语素如 -k-，甚至疑问代词 *mā*，也被用来形成疑问副词。方位疑问副词也以'- 开头。语素 y 大概是表示固定位置的典型副词，而 n 则表示运动或方向：iy / *'iyy* < *'ayy* / *在哪儿？ an* / *'an* / *到哪儿？*

询问程度、原因的疑问副词是 ik *"怎样"* 或 *"为什么"*，其发音可能是/ *'ēka*/：

*ik. mgy***t** "她如何来的/她为什么来……"。

虚词 hm *"是……不是"* 大概源于一个叹词。

5．否定和肯定的表示法

否定虚词 l- /*lā* / *"不"* 和肯定虚词 l- /*la*/ *"确定的"* 通过元音的长短可以区分：/*-ā*/ 表示否定，/*-a*/ 表示肯定。

虚词 bl /*bal*/ 表示 *"没有"* 或 *"的确"* 两种相反意义。al / *'al*/ *"不是"* 或 *"确定的"* 也同样被用于否定和肯定两种对立的形式之中。它们的否定用法和肯定用法没有明显的不同形式。

肯定虚词 k- *"确定的"* 显然涉及了指示语素；它的发音中的元音不能确定。

否定与肯定虚词如此紧密地附属于动词或名词以至于它们在句子中的功能可以看作对动词或名词的修饰。因此，这些虚词在句子的结构中没有专门的位置。它们可以分为副词性修饰成分或特殊的附件。在乌旮瑞特字母文字中，一些否定和肯定虚词可以用相同的字母来表示，如：

l /*lā*/ *"不"* 又可以理解为 /*la*/ *"的确"*。这种现象使我们对某些句子的理解变为困难与不确定。看下面的例子：bl. nmlk 在否定句中译为*"我们将不称王"*；在疑问句中译为*"我们不应称王吗"*；在肯定句中译为*"是的，我们一定要称王"*。

最常见的静态否定虚词是 l /*lā*/，动态的是 al / *'al*/；二者的意思都是*"不"*。否定虚词 *bl* 仅出现在诗歌中，既有静态的功能又有动态的功能。

静态否定词 *l*-位于动词之前：

bph. rgm. lyṣa /*b-pî-hu ragmu lā-yaṣâ*/ *"这个词没有从她嘴里说出"*。

bnš bnšm l. yqḥnn *"肯定没人会拿走它。"*

在问句中，它要求肯定的回答：lrgmt lk /*lā-ragam***tū** li-ka/ *"难道我没告诉你吗?"*

在形容性、名词前：yn. d. l. ṭb /*yanu du lā-ṭâba*/ *"那种不好的酒……"*

动态否定词仅用在祈愿式（含否定命令式）与从句的虚拟式中：

al. tṣr /*al taṣar* / *"你，不要包围!"*（否定命令式）

w. uḥy. al. ybʿ r**n** / *wa uhiya al yabʿ ir***ni**/ *"那么，愿我的哥哥不要抛弃我!"*

否定虚词 bl /*balu*/ 用来否定名词性从句：

bl. iṯ. bn. lh /*balu 'iṯê binu l-hu*/ *"在他身旁，没有儿子。"*

bl. ṭl /*balu ṭalllu*/ *"没有露珠。"*

它同时否定名词：

l. bl ḥrb /*li-balu ḥarbi*/ *"没有带（用）刀"*（复合前置介词 l-＋bl）

ḥpṯ. dbl. spr /*ḥupṯu dâ balu sipri*/ *"庶人无数"*

umlk. ubl. mlk /*u māliku u balu māliku*/ *"或者他是王，或者他不是王者……"*

与否定词同形的肯定虚词 l- /*la-*/ 与 bl（可能是一个动态肯定词）通常位于谓语动词前面；但是，肯定词 k- /*ki*/ 被用在一个不在句子开头的动词前面：

idk. lttn. pnm /*idāka la tātin panîma*/ *“于是，她真的给出（她）面部”*

bl. ašt /*balu ašīt*/ *“我一定会放置（它）。”*

hlm. Il. kyphnh /*halluma Il ki yaphi-anna-ha*/ *“看吧！伊勒真的看见她。”*

由于表示愿望祈使的虚词 l /*lū*/ 也同样加到谓语动词的前面，因此，区分表示愿望的 l- 与表示肯定的 l- 是困难的。

lyrt /*lu yaratta*/ *“愿你走下坡路！”*（*y-r-d*）

ltbrk /*lu tubarrik*/ *“愿你祝福（我）！”*

用来表达存在的副词 it̠ /*’it̠ê*/ *“那有……”* 和希伯莱词 yēš、阿卡德语 *išû*/*iše* 是同源词，表达不存在的词 in /*’ên-*/ *“那里没有”* 显然源于疑问副词（阿拉伯语 ‘*ayna 在哪儿？*）。表示存在的 it̠ 与表示不存在的 in 都是从名词派生出来的，它们的名词性特征在它们的句法中是明显的；它们作判定名词句子的谓语：

hm. it̠. šmt /*him it̠ê šamtta*/ *“如果有一块肉，……”*

rgm it̠. ly /*rugmu it̠ê le-ya*/ *“有一个誓言在我＝我有誓言。”*

pd. in. bbty /*pa dā ’ên bi-bītiya*/ *“但是，那个东西不在我的房子里。”*

第五章 前置介词

1. 综 述

前置介词和名词搭配形成的词组起到副词的作用。紧随前置介词的名词必须是属格，因此两者总是处于一个结构态中：lksi /*lē kussi ʼi*/ *从王座上*。前置词组的作用和种类如下：

表示地点：b- /*bi*/ *在……中、从……中、在……上、入……中、用……*(阿卡德语 *ina*)

ʻl /*ʻle/a*/ *在……之上、关于……*(阿卡德语 *eli*)

bn /*bêna*/ *在……之间*(阿卡德语 *biri*)

bʻd /*baʻda*/ *在……后*

方向：tḥt /*taḥta*/ *在/朝向……之下*

l /*le/i*/ *对于……*(阿卡德语 *ana*)

ʻm /*ʻimma*/ *和……一起、朝着……*

m,mn /*min*/ *从、自从……*

aṯr /*aṯra*/ *在……后面*(阿卡德 *warki*，注意：*ašar 在……地方*)

yd /*yada*/ *和……一起、用……*(阿卡德语 *itti*)

bl /*balu*/ *不和……一起、在……之外*

时间：ʻ*d* /*ʻāda*/ *直到……*(阿卡德语 *adi*)

k /*kī*/ *当……时、像……一样*

复合介词：byd /*bi-yadi*/ *在……手中*

bqrb /*bi-qereb*/ *在……之中*

lpn /*la-panî*/ *在……面前*

根据辅音的多少，前置介词可以被分为三组：单辅音词、二辅音词、三辅音词。根据句子中主导动词和名词意义的不同，各个前置介词可以有许多不同的意义。这种前置介词对主导动词或名词词义的依附性可以解释为什么前置介词 b- 和 l- 有不同的词义：一方面表示*“在…中、到……中、在…上”*，另一方面又表示*“从……中”*。

2. 单辅音前置介词

我们有三个单辅音前置介词：b- /*bi*/*“在…之中”*，l- /*le*/*“到、向…”*和 k- /*kī*/*“与…一样”*。它们经常与其后的名词合写在一起：lht wʿ lmh /*la hita wu ʿ lmh*/*“从现在和到永远”*。在韵文中它们有时被写成 加 -m 或 -n 的形式：bm /*bim*/，lm /*lem*/，ln /*len*/，km /*kīm*/。前置介词 b- 和名词连用的常见形式是 b-，bym ḥdṯ /*bi yumi ḥadṯi*/ *在新的日子中*。其元音化形式 *bi-* 可以从音节楔形符号的写法中看出来：*bi-i*。前置介词 l- 的常见连写形式是 l-。其元音化形式在音节写法中是 *le-e*。在表示地点和时间时，*bi-* 与 *le-* 也可以表示*“从……中间”*之意，用于表示时间和方向的起点。

前置介词 k- /*kī*/ 和名词的连写形式是 k-：klrmn /*ki lurmāni*/*“像个石榴”*、k. sprt /*kī sapirti*/ *根据文件*……。元音化发音是 *ki*：*Ki-a-bi*（人名）*像父亲（的模样）*。

b- *在……里* 和 l- *向……* 的使用例句如下：

wykn. bnh. bbt /*wa yakun bīn-hu bi bīti*/*“并且，他的儿子将在房间里”*

w. ap. mhkm b. lbk. al tšt /*wa ap mah-kīm bi libbi-ka al tašīt*/*“千万不要把任何（担忧）放到你的心里！”*

lpʿ n. Il. thbr /*la paʿ n Il tahbir* /*“向 Il 的脚，她弯下腰”*

ḥmšm. l. mitim /*ḥamšū-ma le mītīm* / *五十加到二百上（250）*。

wyqḥ. bhm Aqht /*wa yaqḥ. bi-humu Aqhat*/*“于是，他从他们之中拿走了 Aqhat”*

mr. Ym lksih /*mir Yammu le-kussi-hu*/*“把 Yammu 赶下他的王位”*

lhtʿmʿ lmh /*le-hatʿammaʿ lem-hu* *“从现在到永远”*

l. ym hnd /*le yāmi handi*/*“从这一天起”*

3. 双辅音前置介词和三辅音前置介词

由两个辅音构成的前置介词有：mn-/*min*/“*从……*”、yd-/*yada*/“*用*”，bl-“*没有*”。前置介词 yd /*yada*/ 从名词“手（*yad*）”发展而来。前置介词 bl“没有”与否定词 bl- /*bal*/ 有关，但其元音不确定，在阿卡德语中，它读为 *balum 没有*。

前置介词 ‘m- /*‘amm-*/“*和……，到……*”和 tk- /*tōk*/“*在……中间*”源于三辅音词。有时，前置介词 ‘m 和其后的名词之间有一个分隔符：‘m. B ‘l *和巴勒神一起*，‘m. ‘lm *到不朽*。

复合前置介词有 byd /*bi-yadi*/ *在……手中*、bqrb /*bi-qereb* /-btk /*bi-tūk*/ *在……之中*、lpn /*la-panî*/ *在……面前*、b‘d /*ba-‘da*/ *在……后*。

4. 带有-ay /*-ē*/ 尾音的前置介词

带有 /*-ē*/ 的前置介词有双辅音词‘d /*‘adē*/，‘l，或三辅音词 bn(<b-y-n)和 tḥt。它们可能是在后缀的代词之前的一个附加的语素，尽管这个语素在辅音的正确写法中没有被表示出来。它可以被重建为 -ay->/*-ē*/。

前置介词‘d /*‘ad(ē)*/“*直到……，到……为止*”还可以做副词“仍然”，例如：‘dlḥm. šty. ilm /*‘adē laḥamū šatayū ilūma*/“*神灵们仍然在吃喝*”。

前置介词 *bn* /*bēna*/(?)“在…之间”的简单形式（非复合形式）是 bn，如：bn. ‘nm /*bēna‘anīm*/ *在双眼之间*，bn. nšrm /*bēna našrīma*/ 在鹰群之间。

前置介词 tḥt /*taḥta*/“在…之下”的简单形式是 tḥt，例如：tḥt. ṯlḥn /*taḥta ṯulḥāni*/ *在桌子下*。‘bd’il. tḥt lmlk / *‘Abdi-’il taḥta Ilī-mālik*/ *Abdi-ilh 候补(在下) Ili-malik*。

5. 前置介词加物主代词后缀

前置介词除了要求其后的名词变为属格外，还可以和代词后缀连用。因为介词不能独立存在，在分析句子时介词与其后的名词或代词可以看作一个单位，其结构被称为前置介词组。句法里，前置介词组和副词一样做修饰动词的状语。前置介词结构很少做名词句的谓语或特殊附件。前置词和物主代词的搭配如下：

前置词		l-	b	ʿm	bʿd/*baʿda*/	ʿ*l*
代词单数	第一人称	ly /*le-ya*/ *对我*		ʿmy /ʿ*imma-ya*/ *与我*		ʿly /ʿ*eli-ya*/ *在我之上*
	第二人称阳性	lk /*le-ka*/ *对你*		ʿmk /ʿ*imma-ka*/ *与你*		ʿlk /ʿ*eli-ya*/ *在你之上*
	第二人称阴性	lk /*le-ki*/ *对你*		ʿmk /ʿ*imma-ki*/ *与你*		ʿlk /ʿ*eli-ki*/ *在你之上*
	第三人称阳性	lh /*le-hu*/ *对他*			bʿdh /*baʿda-hu*/ *在他之后*	ʿlh /ʿ*eli-hu*/ *在他之上*
	第三人称阴性		bh /*bi-ha*/ *在她之间*	ʿmh /ʿ*imma-ha*/ *与她*		ʿlh /ʿ*eli-ha*/ *在她之上*
双数共性	第一人称			ʿmny/ʿ*imma-na-yā*/ *与我们俩*		
	第三人称		bhm /*bi-humā*/ *在他俩之间*		bʿ dhm/*baʿda-humā*/ *在他俩之后*	
复数	第一人称	ln /*le-nā*/ *对我们*				
	第二人称阳性	lkm /*le-kumū*/ *对你们*				
	第三人称阳性	lhm /*le-humū*/ *对他们*				

6．前置介词的功能

前置介词的功能依赖于句子的其他成分，特别是谓语动词以及句子总的背景。它们指示名词的空间位置：一些前置介词表示地点或前进的方向，而另一些则表示离开的方向；它们也表示类似的时间变化。b-与l-都能表示朝一个方向，但 b 还可以表示在一个地点之中。试比较这些例子：

tbʿ. bbth. Kṯrt /*tabʿi bi-bēti-hu Kuṯrat*/ *Kotharat从他的房子里离开了”*

ʿrb. bkyt. bhklh /*ʿarib bakytu bi-hēkali-hu*/ *“哭泣的妇女进入了他的宫殿”*

前置介词词组可以作名词性句子的表语或谓语、名词的定语、间接宾语：

bʿdh. bhtm. mnt /*bʿd-hu bihitūma manûtu*/ *“被念咒的几间房子在他后面”*

ʿšrm. kspʿl. śknt /*ʿešrūma kaspuʿ la śukiant*/ *“20（钱）银子在Sōkinat之上（负债）*

nʿmt. bn. aḫt. Bʿl /*naʿmat bēna aḫāt Baʿal*/ *“巴阿勒的姐妹中的（最）美丽者”*

ḫmšm. l. mitm. zt /*ḫamšūma le mitāmi zētu*/ *50到200棵的橄榄树*

副词修饰语：

wyrgm. l šmmn /*wa yargumū le Šamuman*/ *“然后，他们将对Shamuman说”；*

wykn. bnh. bbt /*wa yakun bên-hu bi-bêti*/ *“然后，他的儿子将留在房子里”*

第六章　连　　词

1. 形式和作用

连词的形式被分成单辅音连词（如 w），它的扩展性连词（如 wn）和复合连词（k+d）。根据其功能和作用，连词可分为并列连词和从属连词。并列连词即可以连接两个句子成分又可以连接两个从句，从属连词则只引出附属于主句中的从属句。

有些连词只具有连词的意义，不用做介词。而有些前置介词、限定性代词、叹词也有连词的功能。

2. 并列连词

常见的并列连词是 w-/*wa-*/*和、并且*，它常常以前缀的形式出现，与紧随其后的词写在一起：wtn /*wa tan*/*"和给予"*；w. b. spr /*wa bi-sapiri*/*"并在名单中"*。此外，它还有一个扩展的形式 wn /*wan*/。它和阿卡德语连词 *ù* 是同源词。

并列连词 p-/*pa-*/*"和"* 同样常常与紧随的词写在一起，另一个并列连词是 ap*"但是"* 。

连词 w- 通常用来连接两个简单的并列句，没有特别的含义：yšu gh wyṣḥ /*yaššu gâ-hu wa-yiṣaḥu*/"他提高了他的声音，并且叫了起来。"

它还能引导两个并非并列而是连续进行的成分或句子。二者可以是两个对比的成分：lht wʿ lmh*"从现在到永远"。* 同样，它还可以引导两个形式上并列实际上后句依赖于前句的结果从句：ptḥ. bt. wuba /*pataḥ bēta wu-ba*/*"打开房子，于是我能进去"。*

它还可以引出从句或动词不定式之后的主句：

tn. wtn /*tan wa tan*/*"（如果）你要给，就给吧！"*

bnšt.ʿnh wyphn /*bi-našitʿ ēn-hu wa yaphu-n*/*"当他睁眼时，他看见了她。"*

在平行的同位结构中，w- 可以连接两个平行的结构，有"是"之义：Aqht…wbn. Dnil /*Aqht…wa bēn Dan-il*/ *"Aqhat，Daniel 之子"。*

3. 分离和选择连词

连词 u /'ō/"或"和双连词 u-……u-"或者……或者"同样以前缀的形式与紧随的词写在一起：uilm. tmtn /*u ilūma tamūt-ūna*/"或者诸

神死了?”

分离和选择性连词 hm /*him*/ *“是否……，或者……或者”* 在分离式疑问句中出现：lḥm. hm. štym /*laḥāmu him šatāyum*/ *你们，吃饭或者饮水*。从理论上讲，分离和选择连词属于同位连词，因为被连接的两个成分是各自独立的。连词 hm 用于选择式问句：waḥd. hm. iṭ. šmt /*wa-aḥdi him iṭšamta*/ *“那么，我将看看是否有肥肉。”*

条件连词 hm 与选择性连词作用不相同，它用在条件句中：hm. ḫry. bty iqḥ /*him Hurray bēt-ya iqaḥu*/ *“如果我把 Hurray 带到我的房间，……”*；hm. yrgm. mlk /*him yargum māliku*/ *如果国王说了……*

hm 有两个变型 im- 和 m-：

wm. arškm /*wa m agarraš-kumū*/ *那么，如果我驱逐你们……*

4. 从句连词和时间从句连词

一些从句连词原来是前置介词或感叹词。关系代词 *d* 或 *-d* 也可以做连词。关系连词 *d-*、其变形 *dm-* 与一些派生的关系词还可用来引导原因从句。连词 *k-* /*kī*/ 与构词指示性语素 *k-* 有联系。连词 *k-* /*kī*/ 可以引出间接引语：*“(说的) 是……(= that 引出内容)，也表达“因为……如果……”*；它常常与紧随的词写在一起。连词 k-（变形 *ky*, *kī*?）引出的内容从句举例：umy. td ʿ. ky. ʿrbt /*ummuya tēdʿ e ky-ʿarabtū*/ *“愿我母亲知道我进来了。”* 连词 k- 还引导条件和时间关系从句：*如果……，当……时*。

一些时间从句连词具有直证特征，它们的从属功能并不是总是清楚的。它们包括 ahr *“在……以后”*，或许还有 hlm *“一……就，刚一……就”*。

从句连词可以根据其功能来分类。一些从句连词的最初的副词特征可以看出来，它们是连词还是副词修饰成分是永远分不清的。

从句连词的简单形式 d- *“因为、由于……”* 常常与紧随的词写在一起，好像关系代词：din. bn. lh /*din. bēnu lā-hu*/ *由于他无儿子*。dm 属于 d- 扩展形式：dm. rgm /*dim arguma*/ *“因为我要说话……”*。

一些与名词相连的前置介词也可以与从句相连，这种引起从句的功能使它成为连词：k- *“与……一样”*；ʿd- *“直到……”*。

5. 引出祈愿或强调式句子的虚词

有一些虚词并不被称为连词，但是它们同样具有确定其后谓语动词或句子的性质的作用；它们可以被归纳为祈愿和强调引导虚词类。字母 l-可以表示两种不同的谓语动词引导虚词，表示强调的 /*la-*/（或 /*li-*/）和表示愿望的 /*lū*/。ltbrk /*lū tabruk*/ *愿你祝福（我）!*

第七章 感 叹 词

大部分感叹词是由原为指示性的虚词构成，而小部分则与名词或动词有关。

1. 介绍感叹语气的前置感叹词

感叹词 hn*“看呀！注意！”*和它的派生词 hnn、hnny、hl 常常出现在一个句子开头。mk、hlm 可能也是感叹词。

引导呼格名词的感叹词是 y- /*yā*/ *啊*，如：ybn /*yā bēnī*/ *啊，（我的）儿子！* ybtltm /*yā batūlatāmi*/ *啊，两个姑娘！* 感叹词和呼语（它们常常连在一起）处于从句和句子的结构之外或边缘。呼语有助于确定从句的特征。引导呼语的感叹词除了 y-外，还有愿望感叹词 l- /*lū*/ 和 a ḥl *噢，那个！*：

lkrt /*lū Kerat*/“*噢，Kerat*！”

2. 后置的感叹词

后置的感叹词 mʿ*“请、祈求”*用于加强命令式。mʿ/*mʿa*/ 可能由 šmʿ*“听”*变来的：šmʿ mʿ /*šemeʿ maʿ*/ *请听！*

和 mʿ 一样，一些在单词结尾出现的虚词可能是感叹词。后置词素在书写中有 -n、-m、-h、-k、-y、-l。它们被加在各种词类和形式之后，但是我们基本上不知道它们的起源、形式和功能。

第八章 原文拉丁转写和翻译

乌旮瑞特楔形字母文献的主要文献发表在 M. Dietrich，O. Loretz，J. Sanmartin，*Cuneiform Alphabet Texts from Ugarit, Ras-Ibn-Hani and Other Places*，Munster 1995，缩写为 KTU。下面通过翻译一篇原文来实际了解上述的语法的应用。

KTU 2.16 一封王子给母亲乌旮瑞特城邦王后的书信

(1) tḥm. Tlm[yn] *(书吏!) 请把塔勒米延的话*
taḥūmu Talmi[yāna]

(2) lṭryl umy *对(王后)沓瑞里、我的母亲*
lē-ṭarelli (šarri 王 + elli 姐妹) ummi-ya

(3) rgm *说!*
rugum

(4) yšlm lk'ily *愿我的神把平安授予你!*
yušallam (D) *lē-ki 'ilyī*

(5) 'Ugrt tǵrk *愿乌旮瑞特城看守你*
'Ugarita taǵǵurū(naṣāru)-ki

(6) tšlmk umy
tušallimū-ki ummi-ya *和保护你! 我的母亲,*

(7) td'ky'rbt
tēda' kyī' arabtū *知道我来到了*

(8) lpn Špš
lē-panī Šapši *"太阳"(埃及法老)面前。*

(9) wpn špši nr
wa panû Šapši nâru *当时,"太阳"的面容*

(10) by mid wum
bi-ya mi 'da wa ummu *因我而非常灿烂。所以,愿母亲*

(11) tšmh mab

tašmah mi(n)-abī	骄傲！
(12)wa'al trḥl-n	并且愿她
wa 'al tarḥul-nī	不要为我父亲担心！
(13)'tn hrd ank	
'attan haradu anāku	现在，我祈祷着：
(14)'mny šlm	
'amma-nayā šulum	愿全部的平安被给予
(15)kll	
kalīli	我们(父子)俩！
(16)wmnm	
wa minūmē	也愿所有的
(17)šlm 'm	
šalma 'amma-	平安被给予
(18)umy	
ummi-ya	我母亲！
(19)'amma-ya t<u>t</u>t̠b	
'amma-ya tuṯaṯīb(tušaṯīb：Š ṯwb)	愿她派人给我回
(20)rgm	
rigma	话！

后　　记

我从小爱好人文学科，但“文革”后期阴差阳错进了吉林工业大学电子专业，成为1973—1977年的工农兵学生。“文革”结束后，1978—1981年在东北师范大学林志纯教授的指导下攻读历史学世界古代史专业硕士。当时，虽然国际人文学科亚述学已蓬勃发展了一百多年，但由于封闭、战乱和落后，我国人文科学研究领域中一直无人从事亚述学科的研究。改革开放带来了中国历史上科学发展的最好机会，林先生高瞻远瞩，要求我钻研亚述学，填补这一国内空白学科。从那时起，为了在我国创立亚述学学科，我一直锲而不舍地为之奋斗，至今已经近30年了。开始，我攻读了林先生在70年代为图书馆定购的少量亚述学图书，了解到亚述学的基础知识是楔形文字和阿卡德语和苏美尔语法。我自学了King，Mercer（英文）和Ungnad（德文）的早期阿卡德语楔形文字教科书，感到当时的语法书很不系统。后来，我开始为我校亚述学科建设订购图书资料。1982年夏，美国芝加哥大学东方学院的亚述学博士生杨炽回国探亲，带回了Richard Caplice的*Introduction To Akkadian*，Rome，1980（*Studia Pohl* 9，Biblical Institute Press）一书，我去北京请教于她。在她的指导下，我把这本书的12课都学完了，后来又自学了Riemshcneider和其他人的语法书（70、80年代）的阿卡德语法书，体会到当代国际亚述学界对阿卡德语语法规律的最新总结，对楔形文字的认识有了质上的飞跃。1985—1987年我公费赴英国留学，在英国牛津大学师从Stephanie Dalley博士专攻亚述学，又学习了一遍阿卡德语语法，系统地选读了楔形文献，获得哲学硕士。1987—1993年，我在伯明翰大学英国亚述学最著名的学者L. G. Lambert教授的指导下攻读亚述学博士学位。当时没有全额奖学金，学习条件比较坚苦，为了攻克科学高峰，我坚持半工半读，1993年获得哲学博士学位。

在英国历经八年寒窗苦读学成后，立即回国参加东北师范大学的亚述学建设工作。

在东北师范大学世界古典文明史研究所多年从事楔形文献的教学和培养亚述学硕士和博士的过程中，我认识到，1978 年以前中国没有亚述学研究，现在我们虽然有学者参加国际亚述学研究，撰写英文文章，但是用中文发表的亚述学专著很少。目前，在国内教授古代楔形文字的课程中，我们只能使用英文材料，特别缺乏一套用中文叙述的有中国概念的总结三种西亚塞姆语和印欧语楔形文字和语言的专著。因此，我产生了写作一本楔形文字和语法的书的大胆想法。在两河流域的阿卡德语楔形文字方面，由于 Caplice 的书比较简洁、实用，我们在阿卡德语的分析和归纳上参考了它的结构、基本内容和练习，但在许多方面，我们也有自己的理解和阐述。由于该书只涉及古巴比伦语，没有之前的古阿卡德语、古亚述语和之后的中巴比论语、新及晚期巴比伦语和中亚述语和新亚述语的语言变化和语法研究，我们参考 K. Riemshcneider 的 *Lehrbuch des Akkadischen*，在 13—17 课中编写了两河流域文明 3000 年历史中的这些具有时代和地域特点的阿卡德语重要方言的语言变化、词汇和语法的不同特点。本书可以作为专业人员研究古代塞姆语、印欧语语法和两河流域及小亚细亚的楔形文字语言和文献的参考书，也可以作为教授阿卡德语、赫梯语法基础知识的教科书。通过本书的学习，亚述学、赫梯学和比较语言学的中国学生可以为今后直接阅读楔形文字文献打下语法、词汇、楔形符号等方面的基础，从而可以迈入藏满楔形文字文献的“巴比伦之塔”即亚述学的殿堂进行谨慎的科学研究。

我虽然在两河流域楔形文字方面有一定的造诣，但实际上没有系统地学过小亚的印欧语赫梯楔形文字。然而，赫梯语楔形文献是古代西亚文明的一个极重要的组成部分，对它们的研究在国际上称为赫梯学。由于赫梯楔形文字的音节拼音是用阿卡德语楔形符号完成的，并且文献中大量使用阿卡德语和苏美尔语词符，所以，不懂阿卡德语楔文是不能读懂赫梯文字的，而懂阿卡德语楔形文字的人学习赫梯楔形文字是有基础的。古典所曾有过赫梯专业的教学研究工作，图书馆也有许多赫梯学方面的图书。因此，我为了开展赫梯学，申请了 2001 年“国家专家局引